제로베이스에서 취업까지,
부트캠프

QA편

제로베이스에서 취업까지
부트캠프 QA 편

17년 차 QA가 알려 주는 소프트웨어 테스트 가이드

초판 1쇄 발행 2024년 5월 28일

지은이 남효진 / **펴낸이** 전태호
펴낸곳 한빛미디어(주) / **주소** 서울시 서대문구 연희로2길 62 한빛미디어(주) IT출판2부
전화 02-325-5544 / **팩스** 02-336-7124
등록 1999년 6월 24일 제25100-2017-000058호 / **ISBN** 979-11-6921-249-6   93000

총괄 송경석 / **책임편집** 홍성신 / **기획 · 편집** 이희영 / **교정** 홍원규
디자인 최연희 / **전산편집** 다인
영업 김형진, 장경환, 조유미 / **마케팅** 박상용, 한종진, 이행은, 김선아, 고광일, 성화정, 김한솔 / **제작** 박성우, 김정우

이 책에 대한 의견이나 오탈자 및 잘못된 내용은 출판사 홈페이지나 아래 이메일로 알려주십시오.
파본은 구매처에서 교환하실 수 있습니다. 책값은 뒤표지에 표시되어 있습니다.

한빛미디어 홈페이지 www.hanbit.co.kr / 이메일 ask@hanbit.co.kr

지금 하지 않으면 할 수 없는 일이 있습니다.
책으로 펴내고 싶은 아이디어나 원고를 메일(writer@hanbit.co.kr)로 보내주세요.
한빛미디어(주)는 여러분의 소중한 경험과 지식을 기다리고 있습니다.

QA 편

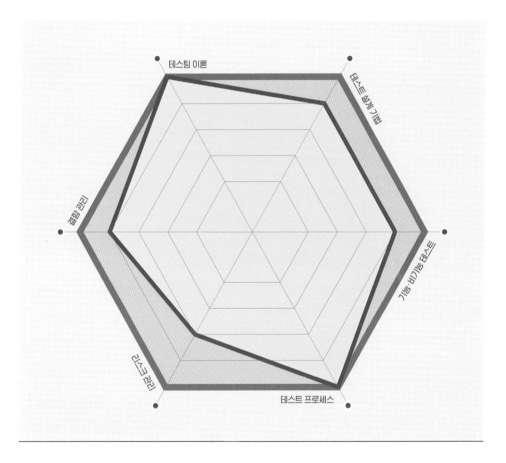

17년 차 QA가 알려 주는
소프트웨어 테스트 가이드

남효진 지음

한빛미디어
Hanbit Media, Inc.

소프트웨어 테스터로 성공적인 안착을 위해 노력하는 이들에게

"네가 처음 왔을 때보다 이 세상을 조금 더 나은 곳으로 만들어 놓고 떠나라."

— 로버트 베이든파월Robert Baden-Powell

17년간 QA라는 직무에 있으면서 많은 후배로부터 당장 닥친 문제를 어떻게 처리해야 하는지, 무엇을 참고해야 하는지, 어떻게 테스트해야 하는지 등 실무와 관련된 고충을 들어왔습니다. 그에 대한 완벽한 해법은 될 수 없을지라도 길라잡이가 알려 주는 '나만의 방법'을 찾아가는 법을 배우고 참고할 수 있도록 책을 집필하게 되었습니다.

품질의 핵심은 실패를 줄이고 일정 수준을 유지하는 것입니다. 마치 요리를 만들기 위한 레시피처럼 말이죠. 실패 없이 일정 수준의 맛을 보장받기 위해 우리는 요리책이나 블로그, 유튜브에서 레시피를 참고해서 요리를 만듭니다. 여기에 착안해서 레시피처럼 소프트웨어 테스팅 실무 지식을 좀 더 쉽게 참고하고 활용할 수 있도록 이 책을 구성했습니다. 이런 책이 있다면 테스트 전문가가 되기 위한 진로 고민부터 당장 내일 할 일에 대한 걱정에서 벗어날 수 있으리라 생각했기 때문입니다. 이 책은 테스트 방법을 찾고 실패를 줄이고 더 넓은 범위의 품질을 검증하고, 일정 수준을 보장할 수 있는 해결책에 이르기까지 여러 업무에 활용할 수 있을 것입니다.

『소프트웨어 테스팅, 마이크로소프트에선 이렇게 한다』(앨런 페이지 외 공저, 에이콘출판사), 『구글은 소프트웨어를 어떻게 테스트하는가』(제임스 휘태커 외 공저, 에이콘출판사), 『NHN은 이렇게 한다! 소프트웨어 품질관리』(정상혁 외 공저, 위키북스) 등 테스트 관련 책이 시중에 많이 나와 있지만 대부분 저자들이 속한 회사의 내부 품질 관리 활동을 다루거나 테스팅 이론을 나열하는 데 그쳐 실무에 활용하기가 어려웠습니다.

또한 가장 실무 참고서에 가까운 『개발자도 알아야 할 소프트웨어 테스팅 실무』(권원일 외 공저, STA)와 차별성을 두기 위해 해당 책에서 다루는 것과 동일한 내용은 다루지 않고자 했습니다. 이 책이 ISTQB^{International Software Testing Qualification Board}에 근간하여 테스팅 지식을 체계적으로 습득할 수 있는 방법을 제시했다면 이제부터 여러분이 볼 이 책은 제가 직접 경험하면서 축적한 노하우와 지식을 바탕으로 테스팅의 의미를 전달하고자 합니다. 그리고 여러 유형의 테스트를 실행하는 방법과 프로세스를 설계하는 방법, 테스트 전략과 실행 계획 등 실무에서 맞닥뜨리는 상황에 대한 대처 방법을 설명합니다. 또한 사례를 중심으로 유의 사항과 해결 방안을 살펴봄으로써 품질 리스크를 조기 예방하고 업무 능력을 한 단계 높일 수 있도록 업무에 대한 경험 정보를 중심으로 다루었습니다.

그렇지만 이 책은 정답을 가르쳐 주지 않습니다. 요리사마다 각자의 레시피와 비법이 있듯 실무에서 일하는 이들에게도 저마다의 노하우와 비법이 있을 것이고, 이 책은 제가 17년간 쌓은 레시피이기 때문입니다. 지금까지는 품질 문제가 발생한 후 대응하는 수준이었다면 이 책을 읽은 후에는 문제를 예방하고 방지하려면 어떻게 준비하고 행동하는 것이 좋은지 그리고 무엇을 어떻게 실행할 수 있는지를 알 수 있습니다. 여러분이 이 책을 통해 개인, 조직, 제품에 닥쳐올 위험에 더 잘 대비할 수 있다면 더할 나위 없을 것입니다. 이 책의 역할과 목적은 바로 이것입니다.

생각보다 실무에서 업무 지식을 체계적으로 배울 수 있는 기회를 제공하는 회사가 많지 않습니다. 회사의 규모가 작을수록, 이력이 짧을수록, 조직이 미성숙할수록 교육을 받을 수 있는 기회는 더 적습니다. 그들에게 소프트웨어 테스트 전문가로서 비전과 목표를 심어 주고 품질을 잘 검증하고 관리하는 방법을 가르쳐 준 조직이나 선배가 얼마나 될까요? 제대로 된 교육을 받지 못한 주니어에게 성과를 기대하며 일을 못한다고 불평할 수는 없습니다. 그들이 일을 제대로 할 수 없는 것은 일을 모르기 때문입니다. 모르는 것 자체를 부정적으로 볼 필요는 없습니다. 선배나 조력자가 가르쳐 주고 그들의 장점을 충분히 존중해준다면 웬만한 경력자보다 잘 해낼 수 있을 것입니다. 체계적인 커리큘럼으로 업무를 배우고 선배, 동료들과 어우러져 배울 수 있는 기회를 제공해야 합니다. 투자가 있어야 좋은 결과로 가는 활로를 찾을 수 있습니다.

자신에게 주어진 환경에서 배울 수 있는 기회나 경로가 없거나 또는 어떤 자료로 교육을 해야 할지 모르겠다면 이 책이 하나의 도구가 되길 기대합니다. 그리고 한 단계 더 성장하기 위하여 무엇을 준비해야 하는지 모르는 이들에게도 작은 도움이 되기를 바랍니다.

한 단계씩 배우고 과정을 밟다 보면 우리가 가고자 하는 곳으로, 되고자 하는 모습으로 변화할 것입니다. 품질을 담당하는 테스터로서 '빨리' 가려고 하기보다 제품을 함께 만드는 사람으로서 '바른 길'을 찾고 올바른 방향으로 전진해 나가길 응원합니다.

끝으로 '테스트 전문가가 되기 위해 준비해야 하는 것은 무엇인지', '소프트웨어 테스팅 기법이나 실무 정보를 얻을 수 있는 창구가 있을지', '연차에 따라 이전에 경험하지 못했던 새로운 업무들을 배우거나 도움을 받을 수 있는 경로가 있을지' 등 수많은 질문을 던져준 동료, 후배들에게 이 책을 바칩니다.

그리고 집필 기간 내내 이 책의 필요성에 대한 수많은 고민과 걱정으로 잠 못 이룰 때마다 무한한 격려와 용기, 가능성과 희망을 전해준 WAYMAKER에게 감사를 전합니다.

남효진

목차

0강

오리엔테이션

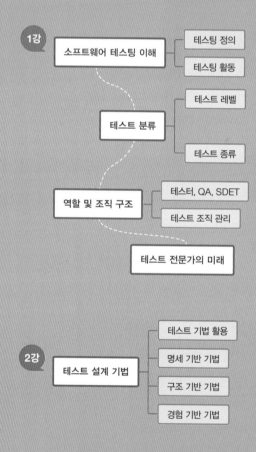

1강

소프트웨어 테스팅 이해
- 테스팅 정의
- 테스팅 활동

테스트 분류
- 테스트 레벨
- 테스트 종류

역할 및 조직 구조
- 테스터, QA, SDET
- 테스트 조직 관리

테스트 전문가의 미래

2강

테스트 설계 기법
- 테스트 기법 활용
- 명세 기반 기법
- 구조 기반 기법
- 경험 기반 기법

시작하기 앞서 도구적 관점에서 기술을 다루고 사람과 기술이 균형을 이루는 소프트웨어 테스팅의 방향을 제시합니다. 더불어 체계적인 학습이 진행될 수 있도록 강의 전략을 살펴보겠습니다.

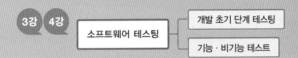

3강 **4강** 소프트웨어 테스팅 ─ 개발 초기 단계 테스팅
　　　　　　　　　　　　└ 기능 · 비기능 테스트

5강 테스트 프로세스 ─ 프로세스 정의
　　　　　　　　　├ 폭포수 모델
　　　　　　　　　└ 애자일 모델

6강 실전 소프트웨어 테스팅 ─ 테스트 우선순위
　　　　　　　　　　　　├ 결함 및 결함 관리
　　　　　　　　　　　　├ 형상 관리
　　　　　　　　　　　　└ 테스트 종료

사람과 기술이 균형을 이루는 소프트웨어 테스팅 학습 전략

다양한 기술 영역과 마찬가지로 소프트웨어 테스팅 영역에도 기술이 활발하게 적용되고 가치를 더 높이기 위한 방편이 마련되고 있습니다. 하지만 여전히 많은 기업이 소프트웨어 테스팅의 주요 핵심 영역인 테스트에 목적을 두기보다 회사에서 직접 개발하는 자동화 도구나 QMS QA Management System와 같은 기술을 생산하는 것과 이를 활용한 업무를 수행할 인력에 더 가치를 두고 있습니다. 품질을 확보하기 위한 업무(수작업이 많은 업무들)를 수행하는 사람들은 별다른 인정을 받지 못하고 자동화와 같은 기술적 역량을 보유하지 않으면 도태되거나 성과 없는 사람 또는 조직으로 평가받기 일쑤입니다. 마치 기술만이 제품과 조직에 큰 영향력을 미칠 수 있다는 것처럼요.

기술이 불필요하다는 뜻이 아닙니다. 소프트웨어 테스팅에도 기술이 필요한 영역이 있고 이를 수행하기 위한 직무 역량은 각자가 노력하고 강화해야 합니다. 이 책에서도 테스트할 때 사용해야 할 기술들을 다루고 있고 더 나은 품질 검증을 위해 배우고 익힐 것을 강조하고 있습니다. 다만, 지금 중요하게 생각하는 업무의 무게 중심을 어디에 두고 있는지 생각해봐야 합니다. 아직도 일부 회사는 품질을 검증하는 테스팅에 대한 편견을 가지고 있고 엔지니어링 기술 활동을 더 선호하고 있습니다. 때로는 테스트 조직이 직접 나서서 기술적 성과만을 강조하며 조직의 존재 이유와 가치를 인정받으려고 합니다.

마치 기술의 발전과 빠른 성장으로 급격한 변화가 일어나던 2000년대에 문학, 철학, 예술 등의 인문학적 요소는 거의 필요하지 않은 것처럼 치부될 때 모습과 비슷해 보입니다. 소프트웨어 품질 활동 중 기술로 대체할 수 없는, 사람의 손으로만 결과를 얻을 수 있는 일이 과연 가치 없는 것이라 할 수 있을까요? 기술은 결국 사람을 돕고 유지하기 위해 개발되는 것입니다. 소프트웨어가 데이터를 분석하지만 분석 데이터를 이해하고 활용하려면 사람의 손이 필요합니다. 기술이 사람에게 이익이 되도록 사용 방법과 방향을 결정하는 것 또한 사람이 토론하고 결정합니다. 기술은 유용하나 옳고 그름의 문제, 공정성, 윤리적 판단이나 문제 또한 사람의 개입으로 해결할 수 있습니다.

이처럼 소프트웨어 테스팅에 활용하는 기술도 결국 품질을 위한 업무와 비용, 시간을 효율적으로 개선하는 데 쓰이는 하나의 도구에 지나지 않습니다. 따라서 기술을 도구적 가치라는 관점에서 바라보고, 사람의 개입이 필요한 영역(문제를 방지하기 위한 활동, 좋은 프로세스를 설계하고 평가하는 활동, 프로젝트를 컨트롤하는 역할 등)에 대한 고유한 가치가 인정되어야 합니다.

이런 의미에서 테스트 전문가는 사람과 기술이 균형을 이룰 수 있는 시스템을 제공해야 합니다. 기술과 사람 그리고 문화에 대한 관심과 이해를 바탕으로 제품이 최종 목표를 이룰 수 있도록 방향을 제시해야 합니다. 어느 한쪽으로 치우쳐서는 목적과 목표를 달성할 수 없습니다.

테스트 전문가는 제품이 유저의 손에 닿기까지 끊임없이 사람들과 소통하고, 새로운 대안을 제시하고, 때론 함께 일하는 사람들을 설득하며, 테스트로 품질이 더 나은 방향으로 개선될 수 있다는 가능성을 보여 주어야 합니다. 그래서 이 책은 도구적 관점에서 기술을 다루고 사람과 기술이 균형을 이루려면 우리가 어떻게 해야 하는지에 초점을 두었습니다.

이 책의 구성

이 책은 총 4주에 걸쳐 6개의 강의로 소프트웨어 테스팅의 개념과 테스터의 역할, 실무 테스팅 기법까지 살펴봅니다.

1강 소프트웨어 테스팅의 이해에서는 소프트웨어 테스팅에 대한 기본 개념과 테스트 전문가가 되기 위해 갖추어야 할 태도, 자질, 역할과 리더십에 대해 이야기합니다. 품질을 검증하고 관리하는 책임자로서 정체성과 역할을 먼저 이해한다면 소프트웨어 테스팅을 체계적으로 이해할 수 있습니다.

2강 테스트 설계 기법에서는 전략적으로 테스팅을 수행하기 위해 테스트 설계 기법을 활용하는 방법을 소개합니다.

3강 소프트웨어 테스트에서는 다양한 기술을 활용한 테스팅 방법을 자세히 소개합니다. 기술적인 내용을 다루지만 주요 개념을 잡을 수 있는 수준으로 쉽게 작성했습니다.

4강 예외 케이스 테스트에서는 의도한 동작에서 벗어난 예외 상황에서 소프트웨어가 적절한 응답을 내려 주는지 확인하는 테스트 방법을 소개합니다. 소프트웨어 테스트에는 성공 케이스뿐만 아니라 실패 케이스와 예외 상황에 대한 처리 또한 중요합니다. 현업에서 수행하는 예외 케이스 테스팅 중 주요 케이스만 선별했고 실무에서 사용 가능한 기법을 소개합니다.

5강 소프트웨어 테스트 프로세스에서는 프로세스를 구성하고 설계하는 방법 그리고 프로세스가 필요한 이유를 설명합니다. 실무에서 테스팅이나 협업 프로세스를 만들려는 이들에게 지침서가 될 것입니다.

마지막 **6강 실무에서 경험하는 테스팅**은 저자의 경험과 노하우를 기반으로 실무에 바로 적용해볼 수 있는 테스팅을 소개합니다. 테스트 크기에 따라 범위를 계획하는 방법, 버그 보고서를 작성하고 관리하는 방법, 제품 출시에 대한 최종 결정을 하는 방법, 버전 관리와 리스크를 다루고 있습니다.

이 책이 여러분의 좋은 선배 또는 조력자가 되어 실무에 필요한 내용을 배우고 도움을 받을 수 있길 바랍니다. 이 책에서 얻을 수 없는 지식이 궁금하거나 전문적인 프로그램으로 교육을 받고 싶다면 STEN(sten.or.kr)에서 제공하는 온·오프라인의 교육 과정을 활용하는 것도 좋은 방법일 수 있습니다.

1
주 차

소프트웨어
테스팅 개요

1주 차
소프트웨어
테스팅 개요

2주 차
기능·비기능
테스팅 방법

3주 차
소프트웨어
테스트 프로세스

4주 차
실전
소프트웨어 테스팅

1주 차에서는 소프트웨어 테스팅에 대한 기본 이론을 설명하고 실무에서 소프트웨어 테스터로서 역할과 태도, 전문가로 성장하기 위한 방법을 다룹니다. 또, 테스팅 이론을 바탕으로 테스트 설계 기법을 활용하여 테스트 케이스를 도출하는 방법과 테스트 케이스 작성에 익숙해지도록 예제를 통한 실습을 합니다.

1강

소프트웨어 테스팅의 이해

1강에서는 소프트웨어 테스팅의 기본을 다룹니다. 테스트 활동과 테스팅 기술을 활용하여 품질을 잘 관리하려면 소프트웨어 테스팅이 무엇이고 테스트 단계는 어떻게 구성되어 있는지, 종류는 무엇이 있는지 등 테스팅의 기초를 이해해야 합니다. 그리고 테스터로서 우리의 역할과 테스트 전문가가 되기 위해 갖추어야 할 태도와 자질을 살펴봄으로써 자신이 보유한 핵심 가치를 점검할 수 있습니다.

1강의 특징은 일반적인 테스팅의 개념을 이해하는 수준으로 다루는 대신 오랫동안 고착된 기존의 테스팅과 테스터에 대한 인식을 전환하고 실무에서 요구하는 테스트 전문가로서 앞으로 우리가 갖추어야 할 역할과 태도를 다룬다는 것입니다.

1강 커리큘럼

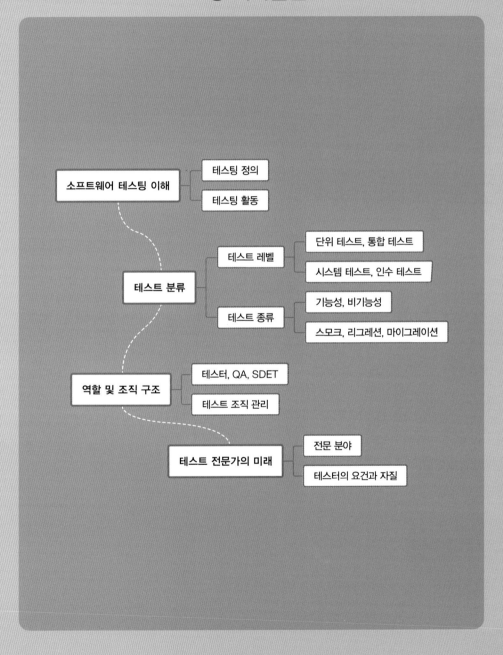

1.1 테스팅의 정의와 활동

테스팅Testing이란 기능적 측면에서 제품 또는 서비스가 고객의 요구 사항을 충족하는지 확인하고 프로덕트Product 동작, 시스템 로직·성능·안전성 등 제품의 내외부 요인에서 발생하는 결함이 없는지 확인하는 활동입니다. 관리적 측면에서는 품질 보증 활동으로 쌓아온 품질 데이터를 활용하여 리스크Risk를 판단하고 문제를 예방하는 활동을 말합니다.

> "테스트는 프로그램이나 시스템이 예상대로 작동할 것이라는
> 확신을 증진시키는 과정이다."
>
> — 윌리엄 C. 헷절Willian C. Hetzel

테스팅의 정의를 꼼꼼히 들여다보면 테스팅을 어느 한 조직에 국한하여 정의하고 있지 않습니다. 지금까지는 테스팅을 기획, 개발과 분리하여 특정 조직이 수행하는 활동으로 인식해왔습니다. 하지만 테스팅은 테스트 조직만의 업무가 아닙니다. '기획'은 최종 결과물의 완성도를 생각하며 제품을 디자인하고 '개발'은 설계부터 코딩까지 개발 프로세스 전반에 걸쳐 제품의 품질을 고려합니다. 그리고 테스터는 제품 설계 단계부터 출시 이후까지 제품에 영향을 미치는 모든 요소를 발견·제어·차단·예방하는 활동을 합니다. 즉, 제품을 만드는 구성원 각자의 작업 범위 안에서 목적과 방법이 다를 뿐 테스팅은 모든 영역에서 빠질 수 없는 활동에 해당됩니다.

그렇다면 테스트 조직에서 수행하는 테스팅 활동 범위를 '제품 개발이 완료된 후 소프트웨어를 실행하면서 결함을 찾아내는 것'이라고 정의할 수 있을까요? 아닙니다. 이것은 테스팅 활동 중 일부에 해당할 뿐입니다. 앞서 테스팅 정의에서도 언급했듯 테스트 조직의 테스팅 활동은 계획·전략, 품질 목표 기준 설정, 분석과 설계, 품질 요소 및 리스크 정의, 테스트 케이스 수행, 완료 조건 평가, 프로세스 준수 감사 및 개선, 회고 활동 등 제품 설계 단계부터 출시 이후까지 모든 영역과 단계에서 존재합니다.

> 🔆 Tip. 이 책에서 정의하는 '테스트 조직'이란 품질 활동의 역할별로 분류하지 않고 QC, QA, QM을 모두 포괄한 역할을 수행하는 조직을 의미합니다.

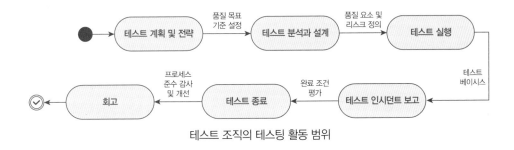

테스트 조직의 테스팅 활동 범위

각 테스팅 활동에 대한 세부 내용은 앞으로 차근차근 그리고 자세히 파헤쳐 보면서 설명해 나갈 것입니다.

1.2 테스트 레벨

소프트웨어 테스팅 활동은 소프트웨어 생명주기 전반에 걸쳐 **테스트 레벨**Test level과 **테스트 종류**Test type로 구분해 수행합니다. 각 테스팅 활동은 개발 활동과 밀접한 관계가 있습니다.

각 테스트에는 목적과 목표가 존재하고 테스트 대상과 방법이 다릅니다. 또한 발견되는 결함의 유형이나 장애도 다르고 테스트를 수행하는 주체도 다릅니다. 예를 들어 단위 테스팅은 프로그래밍 소스 코드를 대상으로 개발자가 수행하고, 시스템 테스팅 단계에서 테스트 조직에 의해 실제 유저가 사용할 제품을 대상으로 테스트를 수행합니다. 그럼 테스팅의 활동 종류와 개념을 간단히 알아보겠습니다.

단위 테스트

단위 테스트 Unit Test 또는 코드 테스트는 하나의 모듈이나 프로그램, 클래스, 메서드 등 가장 작은 단위의 소프트웨어를 대상으로 하며 요구 사항대로 작동되는지 확인하는 테스트입니다. 예를 들어 로그인, 회원가입, 결제와 같은 기능 또는 이보다 더 작은 메서드의 독립된 테스트를 말합니다. 단위 테스트는 소스 코드를 중심으로 개발자가 테스트를 수행하고, 별도 테스트 케이스 없이 개발 설계서, 컴포넌트 명세서와 같은 개발 산출물로 테스트를 수행합니다. 흔히 애자일 테스트 프로세스에서 말하는 **테스트 주도 개발**TDD, Test Driven Development과 개발자 테스트로 지칭한 테스트들이 바로 단위 테스트를 의미합니다.

Tip. 단위 테스트에 대한 자세한 내용은 '5강 소프트웨어 테스트 프로세스'를 참고하기 바랍니다.

단위 테스트의 특징은 코드를 작성한 개발자 또는 개발 팀이 테스트를 수행해서 발견하는 결함을 **디버깅**Debugging 기간을 두지 않고 즉시 수정하며 결함에 대한 기록을 남기지 않는다는 것입니다. 단위 테스트가 잘 정착되면 제품의 모듈별 품질이 향상되어 안정성을 확보할 수 있고 전반적인 테스팅 시간을 절감하고 비용을 줄일 수 있습니다.

통합 테스트

각 모듈에 대한 개발이 완료되면 이를 통합합니다. 이때 발생할 수 있는 모듈 간 인터페이스, 즉 모듈 간 상호작용하는 동작을 확인하는 테스트가 바로 **통합 테스트**Intergration Test입니다. 예를 들어 스마트폰에서 애플리케이션을 실행하면 API를 호출하여 고객의 요청에 대한 응답을 내려 줍니다. 이때 애플리케이션으로부터 API를 호출하여 응답을 내려 주는 동작이 정상적으로 작동하는지 확인하는 것이 통합 테스트입니다.

용어 사전 **API**|Application Programming Interface

API란 소프트웨어 프로그램 간의 통신을 연결하는 인터페이스로 개발과 통합 작업에 필요한 **프로토콜**을 의미합니다.

통합 테스트에는 모듈 간 상호작용뿐만 아니라 시스템 간 상호작용도 포함하여 테스트를 수행합니다. 통합 테스트를 위해 서비스 아키텍처 리뷰는 반드시 필요합니다. 테스팅을 수행하는 담당자는 모듈 간 또는 시스템 간 인터페이스가 발생하는 기능을 아키텍처 리뷰로 이해하고 상호 연동하는 동작에만 집중하여 테스트를 수행합니다.

Tip. 아키텍처 리뷰에 대한 자세한 내용은 '5강 소프트웨어 테스트 프로세스'를 참고하기 바랍니다.

시스템 테스트

시스템 테스트 System Test는 통합이 완료된 완벽한 소프트웨어 제품을 하드웨어와 결합한 뒤 시스템 기능과 하드웨어 통합 간 인터페이스 전체를 확인하는 테스트입니다. 시스템 테스트의 목적은 기능적 요구 사항과 비기능적(시스템 성능, 상호작용 및 응답 속도 등) 요구 사항 모두를 포함하기 때문에 일반적으로 유저가 사용할 환경 또는 그와 유사한 환경에서 테스트를 수행합니다. 또, 이러한 환경에서 테스트를 수행해야 실제 환경이 가진 제한적인 결함이나 장애, 리스크를 최소화할 수 있습니다.

실무에서는 일반적으로 테스트 조직에서 수행하는 인수 테스트가 출시 여부를 결정하기 위한 최종 테스트라 인식하고 있지만, 시스템 테스트가 그 역할을 대신하는 경우도 있습니다.

인수 테스트

인수 테스트 Acceptance Test는 실제 시스템을 사용하게 될 최종 유저(고객)가 제품이 요구 사항을 충족하는지 확인하고 이에 대한 평가를 얻기 위한 테스트입니다. 또 다른 목적은 제품이 실제 운영 환경에서 사용할 준비가 되었는지 확신을 얻는 것입니다. 인수 테스트는 '알파 또는 베타 테스팅'이라는 이름으로 실제 유저가 테스트를 수행하기도 하고, 직접 참여가 어려울 경우 테스트 조직이나 제품 관련자가 '유저 입장'에서 제품 완성도를 확인하는 테스트를 수행합니다.

> **🔍 용어 사전** **알파·베타 테스팅**Alpha · Beta Testing
> 하드웨어나 소프트웨어 제품을 상용화하기 전에 미리 정해진 유저 계층이 실제 제품을 상대로 실시하는 테스트입니다. 제품이 지닌 결함, 불편사항, 그 외 제품을 상용화할 때의 가치 등 종합적인 사항을 평가하는 단계입니다.

1.3 테스트 종류

테스팅 종류는 테스트를 수행하는 목적에 따라 분류할 수 있습니다. 예를 들어 소프트웨어의 동작 확인을 위한 기능 테스트, 변경 및 수정 사항을 확인하기 위한 회귀 테스트, 시스템의 성능과 안정성이 요구되는 수준을 만족하는지 확인하는 비기능 테스트 등 특정한 목적에 중점을 두고 활동을 수행합니다. 이 절에서는 테스트의 종류를 알아봅니다. 테스트 종류 중 꼭 기억해야 할 대표 테스트는 다음과 같습니다.

기능 테스트

기능 테스트^{Functional Test}는 기획서 또는 고객 요구 사항 명세서, 개발 설계서와 같은 문서를 기반으로 도출된 테스트 케이스를 사용하여 시스템의 기능과 특징 그리고 시스템 간 상호작용을 확인하는 테스트입니다. 기능 테스트에는 단위 테스트, 스모크 테스트, 통합 테스트, 시스템 테스트, 인수 테스트, 리그레션 테스트 등이 포함됩니다.

비기능 테스트

비기능 테스트^{Non-Functional Test}는 시스템의 성능, 유용성, 안전성, 확장성 등 비기능적인 측면에서 시스템의 동작을 확인하는 테스트입니다. 예를 들어, 신규 게임을 출시한 후 많은 유저가 한꺼번에 접속했을 때 서버가 다운되지 않고 잘 버틸 수 있는지 확인하는 서버 부하 테스트가 비기능 테스트에 해당됩니다. 이외 클라이언트 성능 테스트, 네트워크 테스트, 호환성 테스트, 어뷰징 테스트, API 테스트, 데이터 테스트 등이 포함됩니다.

스모크 테스트

스모크 테스트^{Smoke Test}는 테스트 조직에 의해 정식 테스트 절차를 시작하기 앞서 테스트가 가능한 상태인지 확인하기 위한 목적으로 신속하게 주요 기능과 해당 기능에 연관된 상호작용을 확인하는 테스트입니다. 또는 새너티 테스트^{Sanity Test} 또는 BAT^{Build Acceptance Test} 등으로 불리기도 합니다.

리그레션 테스트

리그레션 테스트^{Regression Test}는 이미 테스트된 시스템을 반복해서 확인하는 것으로 결함 수정 이후 변경한 결과에 기반해 이전에 제대로 작동하던 기능에 문제가 발생하지 않는지, 사이드 이펙트로 새롭게 발생한 결함은 없는지, 수정했던 결함이 재발생하지 않는지 확인하는 테스트입니다. 리그레션 테스트는 모든 테스트 단계에서 수행할 수 있지만 실무에서는 가급적 발견한 결함을 대부분 수정 조치하고 시스템이 안정되는 단계에서 기능 상태를 최종으로 확인하기 위한 용도로 사용합니다.

마이그레이션 테스트

서버 버전이 업데이트되거나 서버 또는 디바이스가 교체되거나, 데이터베이스를 통합하거나 폐기할 때 데이터를 한 위치에서 다른 위치로 이동하는 것을 데이터 마이그레이션이라고 합니다. **마이그레이션 테스트**Migration Test는 데이터 마이그레이션 후 분실되거나 변경되는 데이터, 기능상 작동되지 않는 문제, 새롭게 발생하는 결함은 없는지 확인하고 시스템 안정성을 보장하기 위해 수행하는 테스트입니다.

1.4 소프트웨어 품질 관리자의 명칭과 역할

테스팅을 수행하는 포지션에는 각각의 활동과 임무에 따라 여러 단계의 역할로 나눌 수 있습니다. **QA**Qulity Assurance, **테스터**Tester, **테스트 엔지니어**Test Engineer, **소프트웨어 테스트 엔지니어**Software Test Engineer 등 담당하는 직무에 따라 명칭을 달리 사용하고 있습니다. 그러나 이 모두는 '품질을 검증하고 관리하는 전문가'를 뜻합니다. 각 역할별로 어떤 활동과 임무를 담당하는지 살펴보겠습니다.

테스터

테스터TE, Test Engineer or Tester는 테스트 리더의 테스팅 수행 계획 지침에 따라 유저의 입장과 개발자의 입장에서 기획·개발 명세서를 바탕으로 테스트 케이스를 설계하고 테스트를 실행하는 역할을 수행합니다. 일부 테스터는 반복된 테스트에 대해 자동화 스크립트를 구현하는 업무를 함께 수행하기도 합니다. 하지만 일반적으로 자동화 관련 업무는 별도의 소프트웨어 테스트 엔지니어 전문가 조직으로 구성되어 있습니다. 테스터가 해야 할 역할과 임무는 다음과 같습니다.

테스터의 역할

- 전체 프로젝트를 통제하면서 테스팅 수행 업무를 계획한다.
- 기획·고객 요구 사항·개발 명세서를 분석하여 테스트 케이스를 작성한다. 확인된 수정 및 개선 의견은 제품 관련자에게 전달한다.
- 테스트 케이스를 작성할 때 많은 케이스를 작성하기보다 테스트 목적을 고려하고 테스트할 제품에서 가장 중요한 요소가 무엇인지 식별하여 작성한다. 그리고 그 속성을 만족시킬 수 있는 시스템의 핵심 역량을 검증하

는 데 초점을 두고 작성한다.

- 다른 인원이 작성한 테스트 케이스에 대한 리뷰를 진행하고 검토한다.
- 시스템 아키텍처를 분석하고 검토하여 계획한 내용과 설계 간 불일치하는 부분을 확인하고 수정 및 개선 의견을 전달한다.
- 테스트 실행을 위한 데이터를 준비한다.
- 테스트 계획과 목적에 맞는 테스트를 수행하며 이슈 및 테스트 결과를 기록하고 보고한다.
- 테스트 지원 도구를 사용하여 비기능(성능, 네트워크, API 등) 테스트를 수행한다.
- 결함 발견 시 보고하고 종료할 때까지 이슈를 추적하고 관리한다.
- 테스트 진행 중 해결이 어려운 문제에 직면하면 테스트 리더에게 보고한다.

테스트 리더

테스트 리더[TL, Test engineer Leader]는 QA 조직과 테스트 조직이 서로 독립적일 때 테스터들을 관리하고 테스트 활동 계획 및 수행 상황을 체크하고 보고하는 역할을 합니다. 테스트 리더가 해야 할 역할과 임무는 다음과 같습니다.

테스트 리더의 역할

- 테스터 관리 및 테스트 투입 리소스를 산정한다.
- 테스트 계획을 수립하고, QA와 합의 및 조정한다.
- 테스트 산출물(테스트 케이스, 결함, 결과 보고서)에 대한 점검 및 검토를 통한 보완을 요청한다.
- 테스트 결과 및 데이터를 기반으로 결함을 분석하고 문서화하여 보고한다. 테스트 리더가 작성한 분석 결과는 전체 제품에 영향을 미치는 수준이어야 한다.
- 테스트 수행 일정 내 목표 달성을 위해 테스팅 활동을 지원하고 관리한다.
- 테스트 진행 중 발생한 이슈를 해결한다. 만약 해결이 어려운 경우 QA에게 보고한다.

QA

QA[Quality Assurance]는 일반적으로 QC[Quality Control]와 QM[Quality Management]의 역할을 포함합니다. QA는 제품 또는 서비스가 필요한 수준 이상의 품질을 달성했는지 평가합니다(QC). 그리고 제품이 품질 요구 사항을 충족한다는 확신을 제공하고 이를 보장하기 위해 품질 관련 프로세스 및 절차를 정의하고 개선합니다(QA). 아울러 품질 목표를 달성하기 위한 품질 검증 활동을 계획하고 실행하여 최종적으로 품질을 판단하는 시스템을 보장하는 업무를 수행합니다(QM). QA가 해야 할 역할과 임무를 정리하면 다음과 같습니다.

QA의 역할

- 품질 검증 활동 계획을 수립하고 프로젝트 관련자와 합의하고 조정한다.
- 품질 관련 프로세스, 기준, 절차를 정의하고 개선한다.
- 테스트 활동을 모니터링하고 제어하는 역할을 수행하며 진행 중 발생하는 문제 상황을 조정하고 보완한다.
- 테스팅 전략, 품질 특성(기능성, 효율성, 신뢰성 등), 리스크 요소, 테스트 범위, 품질 목표 수준을 수립하여 테스트 리더에게 전달한다.
- 테스트 프로세스 생명주기 진행 과정을 점검하고 주도한다.
- 형상 관리 활동을 주도한다.
- 품질 달성 평가, 테스트 진척 상황 측정, 테스트 활동 품질 측정을 위한 메트릭Metric을 도입한다.
- 테스트 범위에 따른 테스트 지원 도구를 선정한다.
- 테스트 환경을 구축한다.
- 프로젝트 관련자, 테스트 수행 인원을 대상으로 품질 검증에 필요한 가이드 및 교육을 진행한다.
- 품질에 대한 최종적인 판단 및 개선을 수행한다.
- 프로젝트 진행 상황을 공유한다(일정 지연, 품질 이슈에 대한 경고 사항 전달 등).
- 테스터의 모든 역할을 기본으로 수행한다.

용어 사전 **메트릭**Metric

제품 품질과 품질 검증 활동에 영향을 끼치는 특징을 항목화하여 측정하는 것입니다.

소프트웨어 테스트 엔지니어

소프트웨어 테스트 엔지니어SET, Software Engineer in Test 또는 **SDET** Software Development Engineer in Test는 품질 보증 관련 조직 내 테스트와 관련된 개발 활동을 수행하는 전문가 조직입니다. 조직이 세분화되어 있는 경우 화이트박스 테스팅, 자동화, 시스템 성능 측정, 테스트 조직에서 사용하는 운영 도구 또는 품질 관리 시스템Quality Management System 등의 프로그램을 개발하는 조직으로 운영됩니다. 소프트웨어 테스트 엔지니어는 '개발자'지만, 소프트웨어 엔지니어와의 차이점은 시스템 또는 **소프트웨어 아티팩트**Software Artifact에 초점을 둔 품질 검증 및 향상과 테스트 효율화를 목표로 품질에 관련한 서비스 개발을 수행하고 테스트 기능을 제공한다는 점입니다.

🔖용어 사전 소프트웨어 아티팩트 Software Artifact

소프트웨어 개발 과정에서 생성되는 다양한 유형의 부산물입니다. 예를 들어, 소프트웨어 모듈, 요구 사항 문서, 애플리케이션 등이 있습니다.

소프트웨어 테스트 엔지니어가 해야 할 역할과 임무를 정리하면 다음과 같습니다.

소프트웨어 테스트 엔지니어의 역할

- 모듈 및 기능 레벨의 코드 테스팅을 수행한다.
- 소프트웨어의 테스트 가능성Testability을 개선하기 위한 코드 품질을 검증한다.
- 단위 테스트가 가능하도록 코드의 구조를 조정하고 프레임워크를 작성해 자동화한다.
- 반복된 기능 테스트의 효율화를 위해 자동화를 설계하고 구현한다.
- 컴포넌트나 시스템 성능을 측정하고 개선 또는 시정 사항에 대한 의견을 전달한다.
- 품질 관리 시스템 등 품질 관리를 위한 소프트웨어를 개발한다.

🔖용어 사전 프레임워크 Framework

품질 목적 달성을 위해 단위 테스트에 필요한 것을 개발자가 고민할 필요 없이 일관된 코드 구성 규칙을 제공하여 프로그래밍 작업을 보다 쉽게 수행할 수 있도록 만들어 놓은 틀입니다.

역할에 따른 명칭은 전문가마다 견해가 다릅니다. 누군가는 테스터나 QA가 같은 직무를 수행하는 사람이니 무엇으로 불리든 상관없다고 하고, 누군가는 테스트 인프라스트럭처Test Infrastructure에 중점을 두고 소프트웨어 테스트 엔지니어로 부르는 것이 맞다고 주장합니다. 또, QA는 소프트웨어를 테스트하지 않고 프로세스의 품질을 검증하는 역할자로 테스터와 구분하여 불러야 한다는 견해도 있죠. 이건 각자의 견해에 따라 정의와 주장이 달라질 수 있어서 이에 대한 판단은 여러분에게 맡기겠습니다.

다만 이 책에서 말하고 싶은 것은 담당하는 활동과 임무에 따라 명칭을 분류하며 본인의 역할을 현재 하는 활동에 제한하지 않아야 한다는 것입니다. 스스로 직무상의 한계를 정하고 업무 범위를 넘어가지 않으려는 태도를 취하지 말아야 합니다. 품질을 검증하고 관리하는 직무를 담당하는 전문가로서 모든 활동과 임무를 아우를 수 있는 수준에 이를 때까지 도전과 성장을 도모해야 합니다. 결국 자기 개발하는 것을 멈추지 않는 것이 중요하다는 것을 말하고 싶습니다.

실무에서도 이런 경우를 접할 기회가 많습니다. 특히 직무에 따라 조직별로 계급이 구분되어 있는 회사의 경우(예: QA는 본사로, 테스터는 지사로 조직이 구분되어 있는 경우) 테스트 케이스를 작성하고 실행하며 결함을 보고하는 역할은 테스터가, 테스터를 관리하고 품질 상태를 평가하고 프로세스 준수를 심사하는 역할은 QA로 임무가 나뉘어 있습니다. QA는 테스터가 QA의 역할을 침범하는 것을 허용하지 않고 테스터는 스스로 본인의 활동을 테스트 케이스를 작성하고 수행하는 것에 제한하고 그 이상의 품질 관리는 고려하지 않으려는 것을 볼 수 있습니다.

직무의 범위가 명확히 구분되어 있는 경우 품질을 확보하고 향상하기 위한 노력에도 어느 정도 직무상 제동이 걸리는 것은 불가피합니다. 테스트를 직접 수행하는 테스터가 표면상 경험되는 프로세스의 문제점을 QA는 모르고 지나칠 수 있습니다. 이런 상황에서 일부 테스터는 본인의 직무 범위를 넘어서는 역할은 무시하거나 또는 개선하려는 시도를 포기합니다. 또는 개선 방향에 대한 의견을 적극 제시해보지만 QA에 의해 의견이 묵살되어 버리는 경우가 발생하기도 합니다.

이와 같은 방식은 개인의 성장, 조직의 성과, 프로젝트의 성공, 제품의 품질 향상 모두에 도움이 되지 않습니다. 개인의 능력이 성장하면 조직의 성과에 밑거름이 되고 조직의 성장은 관리하는 제품의 품질에도 영향을 미치기 때문입니다. 직무의 범위를 구분하기보다 인원이 보유한 역량과 수준에 맞추어 단계적으로 임무를 쌓아 올라가는 방식으로 운영된다면 보다 긍정적인 효과를 기대할 수 있을 것입니다. 전문성, 기술, 경험, 역량을 하나씩 쌓아 올려 소프트웨어 테스트 전문가가 될 때까지 지속적으로 성장하기 위한 노력이 필요합니다.

1.5 소프트웨어 테스터의 태도

테스터는 제품 또는 서비스가 특정 요구 사항을 충족하는지 개발 후반부에 제품의 기능적 측면에서 테스트를 수행하고 결함을 찾는 역할을 합니다. 우리는 여기서 더 나아가 문제를 예방하고 방지하는 역할을 해야 합니다. 소프트웨어 테스터는 파이프라인을 통해 이슈가 유입되는 경로를 확인해 원인을 제거하고, 제품이 필요한 수준 이상의 품질을 달성했는지 평가합니다. 또, 품질에 영향을 미칠 수 있는 요소를 정의하거나 개선하고, 품질 목표를 달성하기 위해 프로젝트를 전반적으로 조정하는 역할을 합니다.

물론 테스터의 실무 역할도 중요하지만 많은 후배, 동료로부터 "좋은 테스터란 어떤 사람인가?"라는 질문을 받아왔습니다. 즉, 역할을 수행하는 직업군이 아닌 사람으로서 테스터는 어떤 태도를 가져야 하는지 제 경험에 비추어 4가지로 정리해보았습니다.

1. 반대되는 결론도 생각해야 한다

"반대되는 결론도 항상 함께 생각하라."

– 루트비히 비트겐슈타인 Ludwig Josef Johann Wittgenstein

독일의 철학자 루트비히 비트겐슈타인이 했던 말을 저는 저만의 업무 철학에 적용하고 있습니다. 제품의 품질은 상황, 환경, 도구, 인간, 시간 등 영향을 미치는 모든 요소로부터 위협을 받을 수 있습니다. 품질을 검증하고 관리하는 테스터라면 생각의 틀에서 벗어나 편파적이지 않고 관행을 따르지 않는, 남들과 다른 시선에서 문제를 볼 수 있어야 합니다. 정상적인 환경에서만 보는 것이 아니라 반대되는 환경에서 발생할 수 있는 문제까지 폭넓은 이슈 유입 경로와 요소, 해결법을 찾는 감각을 가져야 합니다.

2. 빠른 길이 항상 좋은 길이 아니다. 바른 길이 좋은 길이다

일을 하다 보면 항상 시간에 쫓기거나 부족하기 마련입니다. 빠르게 가려 편법을 쓰기도 하고 특정 수준에 다다르면 스스로 만족하고 타협하기도 합니다. 또는 빠르게 변화하는 시장과 고객의 요구 사항에 응답하기 위해 테스트 단계를 건너뛰라는 요청을 받기도 합니다. 이렇듯 업무 중에는 항상 다양한 사건과 사고, 요청이 발생합니다. 지금 맞닥뜨린 사건을 피하기 위해 일을 빨리 처리해버리는 대신 품질을 포기할 것인지, 아니면 소프트웨어 테스터로서 마땅히 해야 할 일을 충실히 수행할 것인지 결정해야 합니다. 품질을 포기하고 일을 빨리 처리한다면 결과물은 얻을 수 있습니다. 하지만 그렇게 얻은 결과물에서 파생되고 재생산된 결함은 손을 댈 수 없는 수준이 되거나 제품을 포기하게 만드는 원인이 될 수 있습니다.

테스터로서 마땅히 해야 할 일을 충실히 수행한다는 것은 주어진 조건에서 최대한의 품질을 확보하기 위한 전략이 포함되어 있다는 의미입니다. 테스터가 제품을 이해하고 있다면 가장 심각한 리스크를 선별할 수 있고, 무엇을 테스트해야 하는지 명확히 알고 일의 우선순위를 결정할 수 있습니다. 빨리 가는 것보다 우리의 목표가 어디인지 알고 정확한 방향을 향해 가는 것이 더 중요합니다. 품질에 대한 바른 태도를 가지는 것이 일을 제대로 처리할 수 있는 가장 빠른 길입니다.

3. '10번째 사람 규칙'을 따르라

1973년 이스라엘에서 한 회의가 열렸습니다. 안건은 '만에 하나 있을지도 모를 이집트의 침공에 대비할 것이냐 아니냐'였습니다. 참석 위원은 9명이었고 모두가 "절대 그런 일은 일어나지 않는다."라고 결론을 내리고 침공에 대한 대비를 하지 않았습니다. 하지만 다음날 10월 6일 이집트의 전면 공격을 받는 사건이 발생합니다. 그 이후 도입한 규칙이 바로 '10번째 사람 규칙10th man Rule'입니다.

10번째 사람이란, 합의된 다수의 결론에 무조건 반대되는 의견을 내면서 결론의 맹점을 공격하는 역할을 하는 사람을 의미합니다. 9명이 찬성하더라도 10번째 사람은 무조건 반대를 생각하고 불가능한 일이 발생할 가능성을 보는 것입니다.

소프트웨어 테스터가 바로 이와 같은 역할을 해야 합니다. 실무에서도 '절대 일어나지 않을 일'은 우리의 예상을 엎고 매번 발생합니다. 데이터베이스에 저장된 유저의 데이터 정보를 사람의 실수로 다 삭제하거나, 디바이스 성능 조작으로 일부 애플리케이션의 성능을 저하시켜 출시된 제품 자체를 벤치마크에서 제외하는 일(예: S사의 GOS 성능 조작 사건) 등이 발생합니다.

제품을 만들 때 대부분은 일어나지 않을 일은 제외하고 해야 할 일만 결정합니다. 하지만 제품의 결함이 어디서 발생할지는 예측하기 어렵습니다. 따라서 테스터가 발생할 수 있는 가능성을 가진 모든 경우의 수를 생각하고, 문제 상황을 예측하여 의견을 내고 대응할 수 있는 전략을 마련하여 문제를 예방할 수 있도록 10번째 사람의 역할을 해야 합니다.

4. 본연의 역할과 본질에 충실하라

어떤 역할을 수행하든 본연의 일과 부차적인 일, 본질적인 면과 지엽적인 면이 존재합니다. 의사의 본질은 진료와 치료를 잘하는 것입니다. 변호사의 본질은 승소하는 것입니다. 교사의 본질은 잘 가르치는 것입니다. 의사가 의료 기술보다 마음씨 좋고 친절하다는 평가를 받는 것에 더 집중한다면 또는 변호사가 의뢰인을 잘 변호하여 승소하는 것보다 수임을 따내는 것에 더 집중한다면, 교사가 학생을 가르치는 것보다 교내봉사 활동에 더 집중한다면 결국 본질을 잊은 그 의사와 변호사와 교사는 사회 구성원에게 나쁜 사람, 책임감 없는 사람이라는 평가를 받을 것입니다.

내가 맡은 역할의 본질을 제대로 이해하고 불필요한 것은 제거함으로써 핵심에 집중하고 충실해야 하는 이유가 여기에 있습니다. 좋은 테스터가 되는 것은 테스터 본연의 역할과 본질에 충실하는 것입니다. 그래야 생산성을 높일 수 있고 목표에 도달할 수 있으며 원하는 가치와 성과를 얻을 수 있습니다. 테스터의 본질은 다음처럼 정의할 수 있습니다.

테스터의 본질

- 유저가 서비스를 이용함에 불편함이 없도록 원활한 경험을 제공하는 것
- 문제를 거시적 관점에서 통찰하여 접근 방식과 해결법을 찾는 것
- 유저의 관점에서 의견을 제시하는 것
- 개발자의 생산성을 보장하여 재작업을 회피할 수 있도록 하는 것
- 올바른 정보를 알고 항상 질문하는 자세를 가지는 것
- 다양한 상황·관점·의견을 듣기 위해 개방적으로 소통하는 것

주니어부터 시니어까지 성장과 변화의 과정 속에서 내린 테스터의 정의를 보며 이 책을 읽는 여러분의 개인적 업무 철학도 생각해보기를 바랍니다. 자신만의 업무 철학을 가진다는 것은 일을 진정성 있게 대하게 되는 것은 물론이고 일을 즐기고 지속적으로 할 수 있는 방법을 고민하게 만듭니다. 이것은 개인을 성장하게 하거나 변화의 계기가 될 수 있고, 자신이 보유한 핵심 가치를 증명하는 경험 스토리가 될 수 있습니다.

평범한 회사 생활과 당연히 해야 할 업무 속에 주어지는 다양한 상황을 특별한 경험으로 만들 수 있고 놀라운 혁신으로 바꿀 수 있으며 성취를 통한 성장을 이룰 수 있게 할 것입니다. 그리고 자신에게 주어진 일을 대충 때우거나 현재에 안주하려 하고 업무 중 발생하는 사건을 회피하려는 사람인지 아니면 주어진 사건을 충실하게 대하고 실패를 두려워하지 않고 성장을 도모하는 사람인지 결정할 것입니다. 나는 어디에 속하는지 생각해보고, 자신이 정의한 테스터가 되기 위해 무엇을 준비하고 개발하며 발전시켜야 하는지 고민함으로써 자신만의 목표와 비전을 정리해보기 바랍니다.

1.6 조직 구조 및 관리

테스트 조직의 구조는 테스트 요구 레벨, 제품별 품질 목표 수준, 소프트웨어 개발 생명주기, 제품의 특성, 경영 전략, 사내 문화 등의 요인에 따라 다양한 형태로 구성되어 있습니다. 독립 조직으로 운영되기도 하고 개발 팀에 소속되기도 합니다. 또는 같은 상품 그룹 내 개발과 테스

터가 함께 소속되어 있는 등 안정적인 조직의 형태 또는 가변적 환경에서 유기적으로 조정되는 형태로 설계되고 운영될 수 있습니다. 그러므로 조직을 설계할 때 반드시 하나의 형태로만 운영해야 한다는 규정은 없습니다. 실무에서 제가 직접 경험한 조직도 형태가 하나뿐인 경우는 없었습니다.

Tip. 여기서 말하는 테스트 조직은 기업에 소속된 조직을 뜻합니다. 파견이나 아웃소싱 형태의 외부 테스팅 지원 조직에 대한 구조나 구성은 포함하지 않았습니다.

테스트 조직의 형태

테스트 조직의 형태를 구분하는 여러 기준 중 조직을 기준으로 한다면 다음과 같은 형태로 구분할 수 있습니다.

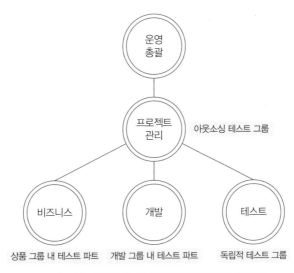

프로젝트 관리 구성 내 테스트 조직의 구조와 독립성

독립적 테스트 그룹

대부분의 프로젝트는 독립적 테스트 그룹에서 처리하고 필요할 때 개발 팀이나 상품 그룹 내 품질 담당으로 테스터가 파견되어 주어진 임무를 수행합니다. 파견되는 인원은 테스트 리더 한 명이며, 추가 테스트 인원이 필요할 경우 테스트 조직에서 지원받아 업무를 수행합니다. 프로젝트나 파견 업무에서의 품질 목표, 품질 기준, 프로세스, 규정 등은 테스트 조직의 기준을 따르며 모든 보고 체계와 지시 또한 조직의 기준을 따릅니다. 테스트 조직이 독립된 경우 조직만의 목표를 설정할 수 있고 달성에 따른 성과를 보장받을 수 있습니다. 또한 조직에서 정한 일관된 규정과 약속에 따라 체계적으로 업무를 수행할 수 있고 각 인력의 역량과 강점에 따라 업무를 분업하고 책임 관계를 명확히 할 수 있다는 장점이 있습니다.

독립된 조직에 속한 팀원은 전문성에 대한 고도화된 교육을 받을 수 있고, 기술과 역량 개발을 위한 지원을 받을 수 있습니다. 이를 통해 교육받은 전문 인력이 독립된 시각에서 객관적인 테스트를 수행할 수 있습니다. 협업하는 개발자에게는 독립된 조직의 테스터가 개발에서 찾기 어려운 결함과 장애를 효율적이고 효과적으로 찾아 주는 이점을 얻을 수 있습니다. 또한 개발의 자체 테스트를 잘 할 수 있는 방법과 가이드를 테스트 조직에서 제공해줌으로써 테스트 프레임워크가 중복 개발되지 않도록 도움을 받을 수 있습니다.

하지만 테스트의 독립성으로 인해 개발 관련 정보와 거리가 멀어 개발 정보를 적절하게 제공받지 못하는 경우가 발생될 수 있습니다. 이로 인해 협업 조직과 소통의 어려움이 발생할 수 있고 그 여파로 커뮤니케이션 비용 또한 증가할 수 있습니다. 이런 단점을 보완하기 위해 잘 정의된 요구 사항 명세서(기획서, 빌드 노트, 개발 설계서, 요구 사항 문서 등)의 필요성이 매우 크고 문서 작성에 투입되는 비용과 리소스가 높아진다는 단점이 있습니다.

상품 그룹 내 테스트 파트

회사나 그룹 내부에 독립된 테스트 그룹이 존재하나 개발 팀이나 상품 그룹과 같은 비즈니스 조직의 필요성에 따라 테스트 조직과 독립된 개발·상품 그룹 소속의 테스트 팀이 존재하는 형태입니다. 이 경우 독립된 테스트 조직의 영향을 받지 않고 테스트 팀만의 품질 기준과 프로세스로 운영되며 모든 보고 체계와 지시는 소속 팀의 기준을 따릅니다.

이런 조직 형태의 특징은 크게 3가지입니다. 첫째, 독립된 테스트 조직에서는 사내 다양한 프로젝트와 유지 보수를 담당하나 테스트 팀이 존재하는 개발 또는 상품 그룹의 품질 검증 및 관리에는 관여하지 않습니다. 둘째, 개발 또는 상품 그룹 소속 테스트 팀에서 테스트 인원이 추가로 필요할 경우 채용을 통하거나 독립된 테스트 조직에서 소속 팀으로의 팀 전환 배치를 이용해 인원을 수급합니다. 셋째, 프로젝트로 다양한 직무 인원이 참여할 경우 단위 테스트는 소속 그룹의 테스트 팀이 진행하고 통합 이후 시스템-인수 테스트는 독립된 테스트 조직에서 품질을 검증합니다.

개발 그룹 내 테스트 파트

품질을 검증하고 관리하는 담당자들은 존재하지만 사내 독립된 조직으로 구성되어 있지 않고 각 개발 그룹 내 테스트 파트로 존재하는 형태입니다. 이 경우 품질 기준과 프로세스는 각 파트별로 운영되며 모든 보고 체계와 지시는 소속 그룹의 기준을 따릅니다.

이 조직의 특징으로는, 소속된 개발 그룹이 프로젝트나 유지 보수에 참여할 경우 테스트 파트도 함께 참여하게 되며 각각의 개발 그룹에 소속된 테스트 인원들이 담당하는 개발 그룹의 작업물에 대한 품질을 검증합니다. 각 개발 작업물이 통합된 이후 시스템 테스트는 각 테스트 파트의 협의에 의해 최종 품질을 검증한다는 특징이 있습니다.

개발 그룹 내 독립된 파트의 경우, 개발과 상품 조직에 밀착되어 있어 관련 정보를 빠르게 파악할 수 있고 이로 인해 별도의 문서나 산출물이 없어도 원활한 업무 진행이 가능하다는 장점이 있습니다. 또한 개발 조직 내부에 있으므로 소통이 원활하고 서로의 작업 진행 상황을 실시간으로 파악할 수 있어 발생되는 문제에 빠른 대처가 가능합니다.

독립된 테스트 조직에서는 업무 지원 요청 건과 조직장의 업무 분담에 의해 경험할 수 있는 프로젝트나 제품이 한정적인 단점이 있으나 개발 그룹 내 독립된 파트로 존재할 경우 프로젝트 간 이동이 쉽고 다양한 제품 경험과 기술 노하우를 축적할 수 있다는 장점이 있습니다.

하지만 체계적인 조직 운영과 역량 개발 지원 및 교육의 부재로 테스터들의 역량 개발 기회가 낮아지고 이로 인해 테스트 수행 방식과 기술 도구 사용의 고도화가 떨어져 테스트 수행 비효율이 지속적으로 발생할 수 있다는 단점이 있습니다. 또한 조직의 리더가 테스트 전문 인력이 아니기 때문에 제품 출시 기준이 품질이 아닌 기능 완료 수준으로 업무가 마무리될 수 있습니다. 테스트 업무 자체가 개발의 부차적인 업무로 취급될 수 있어서 품질을 만족하지 못한 제품의 출시에 대한 의견을 강하게 전달하기 어렵다는 단점이 있습니다.

팀 설정을 준비 중이라면 지금까지 살펴본 여러 형태의 조직 구조의 장단점을 비교하여 장점이 많은 구조로 설계하려는 시도보다 프로젝트의 목적, 테스팅 업무 효율성, 품질의 효과성, 조직 구성에 영향을 주는 요인을 고려하여 적정한 형태의 조직으로 설계하는 것이 바람직합니다.

좋은 리더십의 8가지 특성

3가지 형태의 조직 구조 중 어떤 형태로 설계되든 리더의 역할에 따라 장점이 단점이 될 수도 있고 또는 반대의 결과가 나타날 수도 있습니다. 여기서 언급하는 리더는 팀 리더(팀장)에 한정된 역할은 아닙니다. 팀 단위의 조직, 파트, 보다 작은 단위의 테스터 그룹 모두가 포함됩니다. 어떤 형태든 리더의 역할과 리더십으로 조직과 개인의 성과와 성장을 이끌어 내며 더 나아가 제품의 성공을 견인할 수 있습니다. 그렇다면 좋은 리더의 역할과 리더십이란 과연 무엇일까요?

1. 안내자이자 조언자가 되라

좋은 리더는 강압적인 명령보다 구성원들이 스스로 결정할 수 있게 격려하고 비전과 목표를 제시하여 성과를 만들어 내어 일할 수 있도록 조언자의 역할을 합니다. 구성원 간의 신뢰로 자발적이고 주체적으로 업무를 주도하고 보조할 수 있는 관대한 업무 환경을 만들어 주고 협력하여 목표를 달성하고 성장할 수 있도록 안내자의 역할을 합니다.

2. 자신의 영향력을 잘 활용하라

조직의 명확한 목표와 규정을 제시하여 일관성 있는 조직 운영을 제공하고 구성원들이 방향성을 잃지 않도록 안내하는 역할을 합니다. 이를 바탕으로 업무 범위에서 구성원 본인의 역할과 결정에 대한 책임을 질 수 있도록 독려하나 구성원의 권한을 넘어서는 범위는 구성원을 보호하고 해법을 제시하기보다 해결할 수 있는 방향으로 코칭하는 역할을 해야 합니다.

3. 기회와 가능성을 제공하라

새롭게 시도하는 테스팅 기술이나 업무의 방법을 A부터 Z까지, 모두 알려 주기보다 구성원들이 직접 고민하여 방법을 찾을 수 있도록 기회를 제공하고 구성원 스스로 성장하고 배울 수 있도록 가능성을 제공해줘야 합니다. 만일 해결할 수 없는 문제를 만난다면 그들을 방치하지 말고 리더의 기술적 스킬을 활용하여 문제의 원인과 해결할 수 있는 방향을 제시해주되 리더의 간섭은 최소화하여 구성원이 문제 해결을 주도할 수 있도록 도움을 줍니다.

4. 감정적으로 대응하지 마라

때로는 도전에 대한 성과가 주어지지 않을 수 있습니다. 성과의 유무보다 일련의 과정을 경험하는 것이 더 값진 일이 될 수 있습니다. 구성원들의 실험 정신과 도전을 격려하고 성과보다 임무를 완료할 수 있도록 독려하는 것이 더 중요합니다. 성과 없는 도전과 실패에 감정적으로 대응하는 순간 앞으로 새로운 아이디어를 얻을 수 있는 기회를 잃을 수 있습니다.

5. 실무에서 멀어지지 마라

리더의 관점에서 프로젝트를 보고 신뢰할 수 없는 테스트를 하거나 업무를 느리게 하는 병목의 원인, 개선이 필요한 프로세스 절차, 위험 상황 등을 발견할 수 있도록 리더로서 테스트 레벨에 기여할 수 있는 방법을 찾고 스스로 테스트에 참여해야 합니다. 실무에서 멀어지는 순간 빠르게 변화하는 제품과 시장, 기술 환경에 뒤처지게 되고 가장 좋은 결정이 필요한 순간을 놓치게 됩니다.

6. 소통 전에 경청하라

리더가 아무리 좋은 결정과 방향을 제시해도 구성원들은 의문을 품고 리더의 지시를 평가합니다. 내용을 공유하기 전, 자신의 결정에 스스로 의문을 가지고 평가해보고 구성원들의 의견을 경청하는 태도를 가져야 합니다. 다만 리더로서 통찰력과 기술적 지식과 능력은 의심하지 않도록 합니다. 경청하고 의견을 수용하고 모두에게 이익이 될 수 있는 정보로 숨김없이 소통해야 합니다.

7. 사람에게 관심을 가져라

각 구성원의 보유 역량과 기술, 강점을 파악하고 그에 맞는 일을 부여해야 합니다. 구성원 스스로 잘할 수 있고 관심과 재미를 느끼며 재능이 있는 일에 몰두할 수 있을 때 남들이 보지 못하는 결함을 발견할 수 있고 찾아내지 못한 새로운 기술이나 테스팅 방법을 개발하는 혁신을 이끌어 낼 수 있습니다. 이는 곧 구성원 자신과 조직의 성과로 이어질 수 있습니다.

구성원 스스로 잘하는 일, 강점을 찾지 못했다면 역량 개발의 기회를 제공하고 방향을 제시함으로써 잠재된 역량을 발휘하여 이익과 목표 달성을 얻을 수 있도록 지원합니다.

8. 타협하지 마라

어려운 의사 결정이나 책임을 져야 할 순간이 올 때 자신과 타협하지 않습니다. 리더 자신에게만 이익이 되는 결정보다 조직과 회사 전체의 이익을 도모해야 합니다.

거절하기 힘든 누군가의 추천으로 또는 급하다는 이유 등으로 자신과 타협하고 잘못된 사람을 고용하지 않아야 합니다. 약속으로 이행된 조직의 기준을 리더 스스로 파괴하지 않아야 합니다. 그렇게 될 때 어렵게 쌓아 올린 것(질서, 신뢰, 협동)들은 한순간에 무너질 수 있습니다. 채용을 위한 절대 기준을 세웠다면 기다려야 합니다. 시간이 걸리더라도 최고를 고용하는 것이 훨씬 나은 결과를 가져다줄 것입니다.

좋은 리더의 역할과 리더십을 배우고 단련함으로써 팀원과 조직과 제품의 목표 달성과 성공을 위해 최선을 다하도록 동기를 부여할 수 있습니다. 좋은 리더가 되기 위한 8가지 특성을 따라 하기 위한 노력을 통해 리더의 능력과 리더십은 향상되고 조직과 제품에 대한 영향력도 높아질 것입니다.

1.7 소프트웨어 테스트 전문가의 미래

업계마다 소프트웨어가 발전하고 비중이 커지면서 테스팅 분야에 대한 관심도 증대되었습니다. 테스팅 분야에 처음 발을 들여놓은 17년 전만 해도 품질을 관리하는 직무에 대한 전문성을 인정받기 어려웠습니다. 제품을 만드는 사람 모두 품질을 고려해야 한다는 인식을 심고 품질의 중요성에 대해 인식을 높이기 위해 수많은 품질 전문가가 노력해왔습니다.

체계적인 품질 검증과 관리를 위한 교육 프로그램, 테스팅 기술의 발전과 혁신을 위한 도전, 품질에 기반한 조언과 프로세스 설계, 비즈니스와 품질에 좋은 영향을 미치기 위해 테스팅 방법을 개선하는 노력, 제품·유저·테스트 인프라스트럭처·개발을 포괄하는 테스트 활동이 있었습니다. 그리고 기업과 개인이 쌓은 지식과 노하우를 공유함으로 테스팅 분야에서 일하는 동료를 독려하고 후배를 양성하는 역할을 해왔습니다.

이런 노력과 열정으로 현재의 테스팅 분야는 전문 분야로 자리매김하게 되었습니다. 자동화 분야, 성능 분야, 보안 분야, 제품의 테스트 디렉터, 테스팅 컨설턴트 등 보유한 기술과 지식을 사용하여 독립적인 커리어로 일할 수 있을 정도로 테스팅 분야는 다양해지고 전문화되었습니다.

품질의 향상을 위한 노력의 결과, 가깝게는 함께 일하는 개발자들과 경영진이 품질에 대한 필요성의 중요함을 알게 되었고 넓게는 고객과 시장에서 품질을 확보하는 것이 성공 요인과 핵심 경쟁력으로 인정받게 되었습니다. 그만큼 소프트웨어를 개발하는 국내외 수많은 기업이 테스트 조직을 개발 조직만큼 중요하게 생각하게 되었고 좋은 품질의 제품을 기대하는 고객의 요구가 높아짐에 따라 품질을 확보하기 위한 비용의 증가로 기업 내 테스트 전문 인력과 조직을 보유하기 위한 수요도 높아지게 되었습니다.

이제는 더 이상 테스팅 분야나 테스트 전문 인력에 대한 비전을 논할 단계는 지났습니다. 하지만 지금도 여전히 여러 커뮤니티 채널에서 전문성이나 앞으로의 비전에 대한 토론은 활발하게 일어나고 있습니다. 시장의 요구 사항에 맞는 테스트 전문가로서의 능력을 갖췄는지 자신을 점검하고 경쟁력 있는 역량, 자신의 핵심 가치를 키워 나가는 것이 중요합니다.

테스트 전문가를 필요로 하는 분야

소프트웨어 테스팅에 대한 인식이 높아지고 품질 결함을 방지해야 한다는 필요성은 인지하지만 아직도 많은 국내 기업에서 품질 관리 조직을 갖추지 못한 곳도 많고 품질을 어떻게 검증해야 하는지 모르는 경우도 많습니다. 특히 신생 업체의 경우 품질 결함을 방지하되 테스팅 비용을 줄이기 위해 개발자의 단위 테스트 수준으로 대체하려는 경우도 있습니다. 이는 테스팅 전문성을 인지하지 못하기 때문에 발생하는 일입니다.

소프트웨어 특성상 제품을 판매하게 되는 국가도 하나의 국가에만 제한되지 않고 자연스럽게 글로벌화가 형성됩니다. 글로벌 기업과의 계약 또는 서비스 국가 확장의 기회가 발생하면 소프트웨어 검증 확인 결과에 대한 상대 기업의 구체적인 요구를 더더욱 피할 수 없게 됩니다. 글로벌 기업은 소프트웨어 테스팅의 중요성과 품질에 대한 확인이 반드시 필요하다는 것을 이미 잘 알고 있기 때문입니다. 개발자 단위 테스트 수준이 아닌 전체 개발 과정에 대한 체계적인 검증 시나리오를 요구받습니다. 이런 경험을 겪은 기업이 많아지면서 자연스럽게 소프트웨어 테스팅과 테스트 전문가에 대한 관심과 수요는 더 높아질 수밖에 없습니다.

스타트업부터 대기업까지 소프트웨어 테스팅 인력과 조직을 직접 충원하거나 협력사를 통한 파견 인력을 지원받거나 소프트웨어 테스팅 전문업체에서 아웃소싱을 지원받는 등으로 전문 인력을 수급하고 소프트웨어 테스팅이 수행되고 있습니다.

테스트 전문가는 이런 파견 업체나 테스팅 전문 업체의 소속으로 기업이나 공공기관의 여러 소프트웨어 제품에 대한 테스팅을 수행할 수 있고 삼성, LG, 구글, 애플과 같은 대기업 내 테스트 조직으로 소속되어 기업의 제품 품질을 관리할 수 있습니다. 각 테스트 기관이나 조직에 대한 장단점은 존재하겠지만 좀 더 다양한 소프트웨어를 테스팅 할 수 있는 경험을 쌓고 싶다면 파견이나 테스팅 전문 업체로 지원하거나 게임이나 인공지능과 같은 특정 소프트웨어에 대한 테스팅 경력을 쌓고 싶다면 특정 기업의 테스트 조직으로 지원하는 것도 방법입니다.

소프트웨어는 자동차(자체 소프트웨어, 자율주행, 블랙박스, 네비게이션 등), 인공지능(AI), 금융업, 게임(모바일, PC, 콘솔, 비디오 등), 이커머스(쿠팡, 위메프 등), 포털 사이트(네이버, 구글 등), 가전·전자제품, 의료기기, 각종 애플리케이션 플랫폼(커뮤니티, 콘텐츠, 라이프스타일 등) 등 대부분의 업계에서 두루 사용되고 있습니다. 소프트웨어가 사용되는 모든 업계에서 소프트웨어 테스팅을 수행할 수 있습니다. 본인이 원하는 분야가 무엇인지, 도메인 특화된 소프트웨어의 테스트 전문가가 되기 위해 갖추어야 할 조건이 무엇인지 알고 자질을 개발할 수 있다면 여러분이 원하는 자리에서 전문가로 일할 수 있을 것입니다.

테스트 전문가의 요건과 자질

소프트웨어 테스트 전문가가 되기 위한 요건과 자질이란, 이 일을 하기 위해 가장 기본적으로 갖추어야 할 역량과 태도입니다. 그중에서도 가장 기본이 되는 요건은 소프트웨어 공학에 대한 이해와 소프트웨어 테스팅에 대한 기술적인 지식입니다.

한 분야의 전문가가 되기 위해 기본 소양을 갖추어야 하는 것은 당연한 일입니다. 교사가 되려면 교원자격증이 필요하고, 의사가 되려면 국가시험에 합격하여 법적 자격을 획득해야 하는 것처럼 소프트웨어 테스트 전문가가 되려면 소프트웨어 공학에 대한 기본 이해와 테스팅에 대한 기술 지식 그리고 ISTQB와 같은 국가 자격증이 필요합니다. 물론 이 모든 것이 기본 지식의 영역일 뿐 필수는 아닙니다.

그러나 과거와 비교하면 현재의 소프트웨어 테스팅은 전문 분야로 완전히 자리매김했습니다. 이제 소프트웨어 테스트를 업으로 삼는 이들도 전문가로 평가받고 있습니다. 그만큼 기업에서도 전문성을 갖춘 인력을 선호하고 있습니다. 시장의 요구 사항에 맞는 테스트 전문가로서 능력을 갖췄는지 자신을 점검하고 경쟁력 있는 역량, 자신의 핵심 가치를 키워 나가는 것이 중요합니다.

테스트 전문가로 성장하기 위한 조건들을 체크리스트로 정리해보았습니다. 다음 요건들과 현재 자신의 보유 역량을 비교해보고 경쟁력 있는 인재가 되기 위해 개발이 필요한 부분을 점검해보기 바랍니다.

구분	항목
☐	**소프트웨어 공학에 대한 이해가 있는가?** • 자바스크립트, 파이썬, C, C++, GO 등 1가지 이상의 개발 언어 이해 • 안드로이드, iOS, 웹 플랫폼에 대한 이해 • 데이터베이스, 서버, API 등 개발 구조에 대한 이해 • 소프트웨어 개발 생명주기에 대한 이해
☐	**테스팅 전문 지식이 있는가?** 기술적인 지식 바탕이 충분해야 한다. • 소프트웨어 테스팅 관련 자격증 보유(ISTQB, CSTS) • 테스트 계획·전략 수립, 테스트 설계 능력 • 테스트 프로세스 생명주기에 대한 이해 및 단계별 테스트 수행 능력 • 협업 프로세스에 대한 이해 및 개선 사항 도출, 품질 표준 기준 선정 능력
☐	**테스트 지원 도구에 대한 사용 경험을 바탕으로 독립적인 환경 구축과 설계 경험이 있는가?** • 셀레니움, 앱피움 등 테스트 자동화 도구 • nGrinder, 제이미터 등 서버 성능 테스트 도구 • 포스트맨 등 API 테스트 도구 • 게임 벤치 등 클라이언트 성능 테스트 도구 • 버그 관리 시스템, 깃허브, CI/CD 도구
☐	**제품 상태와 흐름을 알고 제품 자체를 이해하는가?** 제품을 이해해야 테스트하기 어려운 문제점을 발견할 수 있고, 무엇을 테스트해야 하는지 알 수 있고, 일의 우선순위를 결정할 수 있다.
☐	**해야 할 일에만 집중하고 있지 않은가?** 제품, 조직, 사람, 프로세스 등 현재 자리와 상황에서만 배울 수 있는 것들을 지나치지 말고 반드시 배워야 한다. 현재를 배우고 이해해야 혁신을 일으킬 수 있는 방법을 찾을 수 있다.
☐	**품질에 대한 올바른 태도를 가지고 있는가?**
☐	**너무 많은 테스트를 수행하고 있지 않은가?** 제품을 빠르게 동작하게 하는 테스트 전략을 세우는 것이 중요하다.

☐ **해야 할 일과 하고 있는 일에 대해 끊임없이 질문하고 있는가?**
- 왜 테스트를 수행하는지, 왜 이렇게 테스트가 설계되었는지, 왜 이 작업을 자동화하거나 기술적 테스팅을 도입하려고 하는지 목적을 분명히 이해해야 한다.
- 본인이 하고 있는 일의 목적을 알고 행하기보다 다른 사람들이 하는 일을 따라 하거나 그들이 하는 방법을 쫓아 테스트하는 경우가 많다. 스스로 질문하지 않으면 하고 있는 일을 제대로 이해하지 못한 상태로 일하게 될 것이다.

☐ **문제 해결 능력이 있는가?**
- 중요한 문제를 보고 혁신적인 해결책을 고안해 낼 수 있어야 한다.
- 어려운 문제에 직면하면 문제의 해결 방법을 논리적으로 사고하고 구체적인 단계로 변환할 수 있는 능력이 있어야 한다.

☐ **프로세스를 만들 수 있는가?**
조직화된 작업 흐름을 정의하고 모든 일에 가치를 부여할 수 있는 프로세스를 만들 수 있어야 한다.

☐ **테스트가 가장 효율적이고 효과를 발휘할 수 있는 시점을 찾을 수 있는가?**
테스트 준비가 너무 이르면 아키텍처 변화에 따라 모든 작업이 무용지물이 된다. 또는 너무 오래 기다리면 시기 적절한 때에 테스트를 수행하지 못하고 지연된다.

☐ **개발자와 협업을 중요하게 생각하는가?**
제품을 만드는 엔지니어들의 생산성을 높이는 데 도움이 되는 협업을 이끌어 낼 수 있도록 그들을 선도해야 한다.

☐ **본인이 기여할 수 있는 기술과 역량을 보유하고 있는가?**
테스트 레벨에서 기여할 수 있는 기술과 역량을 자발적으로 찾고 테스트에 참여해야 한다. 테스트에 직접 참여함으로 신뢰할 수 없는 테스트, 업무를 느리게 하는 프로세스와 인프라스트럭처를 발견할 수 있다.

☐ **프로젝트에 참여한 모든 팀이 품질을 책임지게 하고 있는가?**
테스트를 개발 초기 단계부터 위치시켜 전체 팀이 산출물의 품질에 책임감을 갖고 업무에 임해야 한다.

☐ **테스터의 보유 역량과 기술, 강점에 맞는 일을 부여하였는가?**
사람과 프로젝트를 잘 매칭하는 것만으로도 큰 효과를 얻을 수 있다.

☐ **테스팅 기술의 혁신만 추구하고 있지 않은가?**
엔드 투 엔드 End to End 테스트는 질이 낮은 업무가 아니다. 검증에 있어 반드시 필요한 부분이고 통합된 시스템이 잘 동작하는지 확인한다.

☐ **자발성, 자기주도성, 적극성, 도전 정신, 주체적인 태도를 갖췄는가?**
수동적인 태도로 업무에 임하고 있지 않은지를 점검해야 한다. 품질 목표 달성을 위한 효과적인 기술 도입, 업무 효율을 위한 도구 활용, 프로세스 개선, 혁신적인 해결책은 적극적으로 도전하고 스스로 주도할 때에 원하는 결과를 얻을 수 있다.

☐ **편협하지 않은가?**
단순하게 찾을 수 있는 결함 이상을 찾아낼 수 있는 넓은 시야와 생각을 가져야 한다.

☐ **실험 정신이 있는가?**
매일 수행하는 업무에서 창의성을 발휘하고 실험 정신을 가지고 업무에 적용할 때 혁신이 일어난다.

	커뮤니케이션 능력을 갖췄는가?
☐	• 원하는 고품질의 제품을 얻기 위해 개발자와 협상에 능하며 원활한 커뮤니케이션이 가능하게 노력해야 한다.
	• 때로는 타협하고 다양한 의견을 듣고 좋은 의견을 따르는 용기도 필요하다.
☐	테스팅 분야에서 자신의 역할을 잘 이해하는가?
	흥미를 갖고, 즐기고, 무엇에 도전해야 하는지 알면 훌륭한 테스터로 성장할 수 있다.
☐	스스로 결정하고 책임질 수 있는가?
	여러분이 선택한 결정에 대한 책임은 누구도 대신해줄 수 없다. 올바른 결정을 내릴 수 있도록 통찰력을 가져야 한다.

테스트 전문가의 요건과 필요한 자질

테스트 전문가로서 자질 또는 태도를 갖추는 것이 요건만큼 중요한 이유는 그 사람이 가진 품성이 능력만큼 중요하기 때문입니다. 품성이란 예의 바른 태도뿐만 아니라 자신의 일에 대한 목표와 이를 이루기 위한 청사진을 그리는 능력, 성장을 위한 노력, 자신이 맡은 일을 올바르게 처리하고자 하는 책임감을 모두 포함합니다.

성공한 리더들이 공통적으로 이야기하는 '리더가 욕심내는 사람의 특성'에서도 품성을 중요하게 꼽습니다. 비슷한 수준의 능력과 요건을 갖춘 사람 중에서 품성이 좋은 사람을 구하는 것이 핵심이라고 합니다. 좋은 품성을 가지고 있다는 것은 어떤 일이든 할 수 있다는 것을 반영합니다.

반대로 여러분이 조직의 리더이고 좋은 품성을 가진 직원이 있다면 그 사람에게 주는 일에 그 사람의 업무 가치와 매칭되는 일을 연결해줘야 합니다. 지시에 따르는 일 또는 원래 해왔던 일이 아닌 직원 스스로 창의적으로 일할 수 있는 환경이 제공되면 맡은 일에 대한 보람을 느끼고 보람이 업무와 매칭되면 가치 있는, 누구나 욕심내는 사람으로 성장하게 될 것입니다.

리더의 역할은 좋은 자질을 가진 사람을 데려와서 가치와 매칭되는 일을 연결해주고 일에서 보람이 느끼게 만들어 주는 것이고 테스트 전문가가 되기 위한 우리의 역할은 기본 요건은 물론이고 좋은 태도도 겸비해야 합니다.

핵심 요약

테스팅의 정의

소프트웨어에 확신을 증진시키는 과정으로, 제품 설계 단계부터 출시 이후까지 제품의 품질에 영향을 미치는 모든 요소를 발견하고 제어하며 차단하고 예방하는 활동입니다.

테스팅 활동

테스팅 활동은 '테스트 레벨'과 '테스트 종류'로 구분됩니다. 테스트 레벨은 개발 생명주기에 따라 단위, 통합, 시스템, 인수 테스트로 구분할 수 있으며 테스트 종류는 테스트 목적에 따라 기능, 비기능, 리그레션 테스트로 구분합니다.

테스터의 역할

테스팅을 수행하는 포지션에는 담당하는 활동과 임무에 따라 테스터, QA, 테스트 엔지니어로 역할이 구분됩니다. 테스터는 테스트 케이스를 설계하고 테스트를 실행하는 역할을 수행하고, QA는 제품의 품질 달성을 평가하고 품질을 보장하기 위한 프로세스와 절차를 정의하고 개선합니다. 또, 테스트 엔지니어는 테스트와 관련된 자동화, 화이트박스 테스팅, 품질 관리 시스템과 같은 프로그램을 개발하는 역할을 수행합니다.

테스트 조직

테스트 조직의 구조는 목적과 제품 특성, 요구 등에 따라 독립적 테스트 조직, 비즈니스 그룹 내 독립된 그룹, 개발 그룹 내 테스트 파트로 구성됩니다.

테스트 전문가의 요건과 자질

테스트 전문가가 되기 위한 가장 기본적인 요건은 소프트웨어 공학에 대한 이해, 소프트웨어 테스팅 전문 지식, 테스트 지원 도구의 기술과 경험이 필요합니다. 그리고 품질에 대한 올바른 태도와 제품을 빠르게 동작하게 하는 자신만의 전략, 문제 해결 능력, 협업 능력, 자신만의 핵심 가치를 보유하고 리더십과 통찰력 있는 자질이 필요합니다.

2강

테스트 설계 기법

2강에서는 소프트웨어를 원하는 품질 수준까지 테스트하기 위해 테스트 베이시스(요구 사항 명세서, 기획서, 개발 설계서, 시스템 아키텍처)를 분석하고 실행할 테스트 케이스를 추출하는 방법을 소개합니다. 테스트 케이스는 테스트 커버리지와 그에 상응하는 테스트 베이시스에서 테스트를 수행할 항목을 식별하고 추출하여 작성합니다. 이를 바탕으로 테스트 대상의 범위를 식별하고 그중 제외 또는 제한 사항을 확인합니다. 또, 시스템과 소프트웨어를 테스트하기 위한 정보를 식별합니다. 그 결과로 테스트 대상이 정확히 구현되었는지를 판단할 수 있습니다.

테스트 커버리지 기준을 반영하여 테스트 케이스 범위를 설정하고 테스트 케이스를 설계하기 위해 적합한 테스트 설계 기법을 적용해야 합니다. 이렇게 작성된 테스트 케이스는 테스트를 용이하게 하여 목표를 달성할 수 있습니다. 2강에서는 이런 관점으로 테스트 설계 기법을 활용하는 방법을 제시합니다. 또, 이 기법을 실무에 활용한 예시를 살펴봄으로써 테스트 설계 기법을 전략적으로 사용하는 방법을 참고할 수 있을 것입니다.

2강 커리큘럼

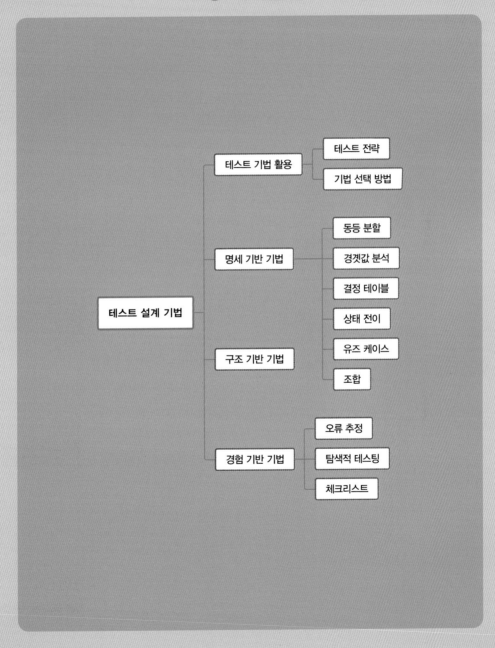

2.1 전략적 접근 방법으로 테스트 기법 활용하기

테스트 설계 기법은 소프트웨어를 분석하고 이를 바탕으로 테스트 케이스를 도출하는 것입니다. 많은 책과 온라인 자료를 살펴보면 테스트 케이스를 도출하는 방법에 초점을 두고 테스트 설계 기법을 설명하는 것을 볼 수 있습니다. 하지만 기대와 달리 실무에서는 모든 설계에 기법을 적용하는 것이 쉽지 않습니다. 예를 들어 복잡한 조건과 상호작용하는 기능이 얽혀 있는 컴포넌트를 테스트할 때는 결정 테이블이나 구조 기반 기법, 상태 전이 기법으로 테스트 케이스를 도출하지만 그 외 일반적인 기능 테스트는 대부분 설계 기법을 잘 사용하지 않습니다. 이는 단순히 '테스트 케이스를 작성하는 방법'으로만 설계 기법을 접근하기 때문입니다.

테스트 기법을 실무에 잘 활용하려면 접근 방법을 달리 생각해야 합니다. '어떤 기법을 사용해서 테스트 케이스를 작성'할 것인가 하는 테스트 케이스 작성 방법론으로서 접근이 아니라 '테스트 수행을 위한 전략적 접근 방법으로 테스트 설계 기법 활용'을 목적으로 접근해야 합니다. 즉, 프로젝트 상황에 맞는 테스트 전략을 계획하고 목적 달성에 가장 적합한 테스트 설계 기법을 선택하여 테스트 케이스를 도출하는 것입니다. 예를 들어, 제품 출시를 위해 테스트를 계획할 때 테스트 리더는 테스트 일정(시간적 제약), 투입 인원(보유 지식, 역량 수준), 시스템 복잡도, 리스크 수준, 요구 사항 기준 등을 고려하여 테스트를 설계합니다. 주어진 테스트 일정과 투입된 인원이 매우 부족한 상황이라면 투입 인원을 적절히 분산하여 테스트 대상을 가능한 범위에서 빠짐없이 테스트할 것인지 또는 주요 기능과 리스크에 집중하여 테스트할 것인지 등 주어진 조건 안에 최대한 품질을 확보할 수 있는 전략을 세우고 테스트 케이스를 설계할 것입니다. 테스트 리더가 최종 선택한 전략이 '주요 기능과 리스크에 대한 선택과 집중'이라면 테스트 설계 기법 중 동등 분할 기법(입력값과 출력값 영역을 수학적 등가 집합으로 만든 뒤 대푯값 하나를 선택해서 테스트 케이스를 만드는 기법), 경곗값 분석을 사용하거나 조합 테스트 중 입력값을 최소 1번 이상 테스트하는 이치 초이스 테스팅 기법을 사용하여 테스트 케이스를 설계할 것입니다.

전략적 접근 방법으로 테스트 설계 기법을 어떻게 활용할 수 있을지 내용을 살펴보기 앞서 언급한 '테스트 전략'이 무엇인지 먼저 살펴보겠습니다.

테스트 전략

테스트 전략은 목표 달성을 위해 **테스트 컨텍스트**Test Context를 설정하고 시스템의 리스크, 테스트 대상 객체, 담당자, 요구 사항 등 다양한 측면에서 테스트 수행을 위한 전체 설계를 구상하고 계획을 수립하여 필요한 활동을 정의하는 것입니다.

> **용어 사전** **테스트 컨텍스트**Test Context
> 상황에 따라 테스트를 실행, 판단, 결정해야 하는 부분을 뜻합니다.

예를 들어 전쟁에서 전략은 승리를 목표로 합니다. 그래서 패배의 위험을 줄이기 위해 상대방보다 빠르게 판단하고 움직이는 속력, 적장의 정보를 파악하는 정보력, 약한 범위를 공격하는 핵심 공략, 상대의 공격을 예측하는 방어력, 무기 보유력과 기술력을 분석하여 전쟁을 승리로 이끌기 위해 총체적인 계획을 세웁니다.

테스트 전략도 이와 같습니다. 테스트 목적과 품질 목표를 달성하고 약속된 일정 안에 좋은 품질의 제품을 고객에게 제공하고자 투입할 리소스를 산정하고 테스트 범위와 우선순위를 정합니다. 또 적절한 설계 기법, 리스크 공략법, 효율성을 높이기 위한 도구 선택 및 활용 방법 등 성공적인 결과를 얻기 위한 최선의 방법을 모색하고 계획하는 과정입니다.

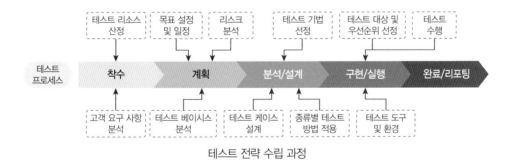

테스트 전략 수립 과정

테스트 절차별 계획 수립 단계

전쟁에서 작전술, 전술과 같은 군사 전략 체계가 있듯이 테스트 전략도 절차별 계획 수립 단계가 존재합니다. 여기에는 시스템 요구 사항과 기획 의도를 분석하여 제품의 설계 목적과 목표, 중심 가치를 결정합니다. 그리고 테스트 계획, 제어 활동이나 일정 관리, 리소스 결정, 테스트 조건 선택, 테스트 환경 설정, 수행 방법 결정, 시작·완료 조건 등 품질 기준 선정, 마감 활동과 같은 일련의 활동이 포함됩니다. 테스트 절차는 요구 사항 또는 기획 의도 분석부터 보고까지 크게 10단계로 나눌 수 있으며 각 단계의 세부 사항은 다음과 같습니다.

① **요구 사항 또는 기획 의도 분석**: 테스트 대상의 설계 목적과 중심 가치를 분석하여 주요 기능을 선별하며, 테스트 대상의 리스크를 분석하여 제거하는 전략을 계획한다.

② **테스트 목표 수립**: 명확하고 구체적이며 달성 가능한 목표를 계획한다. 예를 들어, 달성 가능한 일정 수립, 테스트 커버리지 수행률·성공률 100% 달성, 등록된 버그 수정률 100% 달성, 잔존 버그율 0% 달성 등의 목표를 계획한다.

③ **테스트 일정 관리**: 테스트의 시작부터 완료까지 소요되는 시간을 추정하여 일정을 계획하되 테스트 기간 내 개발자 디버깅 소요 시간까지 고려한다. 테스트 일정 계획은 테스트 범위, 유형, 지원 도구, 투입 인원 수를 고려해 달성할 수 있는 현실적 일정으로 계획하고 개발 지연, 인력 추가 요청, 처음 시도하는 테스트 유형과 같이 특이 사항이 발생할 것을 고려한 추가 일정도 미리 확보한다.

④ **테스트 범위 및 우선순위 선정**: 시스템 구성 요소, 프로젝트 요구 사항, 예산, 일정, 우선순위, 투입 인원 역량을 고려하여 테스트 범위를 선정한다. 테스트 범위 선정이 어려울 경우 ISO/IEC 25010:2011 품질특성 모델을 기준으로 선정하면 실패를 줄이고 표준에 가깝게 테스트 범위를 선정할 수 있다.

🔎용어 사전 ISO/IEC 25010:2011

소프트웨어 품질 요구 사항 및 제품의 품질을 평가하기 위한 모델로, 기능성, 효율성, 사용성, 신뢰성, 유지 보수성, 이식성으로 구성되어 있습니다.

- 기능성: 유저가 제품을 사용할 때 요구 사항을 충족하는 기능을 제공하는 정도
- 신뢰성: 제품이 지정된 기간 동안 지정된 조건에서 지정된 함수를 수행하는 정도
- 사용성: 유저가 제품을 사용하는 데 지정된 효과, 효율성, 만족도를 가지고 사용할 수 있는 정도
- 효율성: 명시된 조건에서 사용되는 리소스의 양에 대한 성능
- 유지 보수성: 제품을 개선 및 수정할 때 결함 또는 기존 제품의 품질을 저하시키지 않고 효과적이고 효율적으로 수정할 수 있는 정도
- 이식성: 제품을 다른 하드웨어, 소프트웨어, 운영체제, 새로운 환경으로 이식할 때 효과적이고 효율적으로 적응할 수 있는 정도

Tip. 우선순위를 선정할 때 테스트를 차수별로 단계적으로 진행할 경우 테스트 대상의 주요 기능과 리스크가 높은 영역에 우선순위를 지정하여 시작 차수에 순위가 높은 영역부터 테스트를 수행하는 전략을 마련하는 것이 제품의 품질을 확보하는 데 도움이 될 수 있습니다.

⑤ **테스트 종류 선택:** 테스트 범위와 차수별 테스트 수행 계획, 투입된 인원의 역량에 따라 테스트 대상에 적절한 테스트 종류를 선택한 후 어느 단계에 어떤 테스트를 누가 진행할 것인지 전략을 계획한다. 테스트 종류에는 기능 테스트, 성능 테스트, API 테스트, 네트워크 테스트, 호환성 테스트 등이 해당된다.

⑥ **테스트 수행 방법 및 절차 선정:** 프로젝트에 적용된 소프트웨어 개발 생명주기 방법론(폭포수, 애자일 등)에 따라 단계별 테스트 진행 방법 및 절차를 계획하고 투입 인력의 보유 지식과 역량 수준에 따라 테스트 범위를 분배한다. 그리고 일정 지연 및 추가 개발 건 발생, 심각한 오류로 인한 영향에 대응하기 위한 방안도 계획 단계에서 미리 마련하도록 한다. 예를 들어, 단위 테스트에 API 테스트와 개발자 테스트를 단계별로 진행할 수 있다. 통합 테스트는 테스트 수행 차수별로 분류하여 1차수에는 전체 기능 테스트, 2차수에는 이슈 수정 확인 및 추가 개발 건 테스트, 3차수에는 리그레션 테스트로 단계적으로 테스트 수행할 수 있도록 절차를 계획한다.

⑦ **테스트 지원 도구 선정 및 테스트 환경 요구 사항 확인:** 버그 관리 시스템, 서버 부하, API, 자동화 등 기술 검증에 필요한 지원 도구, 데이터 관리 시스템 등 테스트 범위에 맞는 테스트 도구를 선정하고 테스트 디바이스, 운영체제 등 테스트 방법과 요구 사항에 맞게 테스트를 수행하기 위한 환경을 준비한다.

⑧ **투입 리소스 선정 및 관리:** 시스템 복잡도, 프로젝트 관련자 요구 사항, 테스트 도구 투입, 테스트 수행 방법에 따라 적합한 인원으로 테스트 담당자를 선정한다. 테스트 인원이 선별되면 각 인원별로 수행 역할과 책임을 구분하여 중복된 업무가 발생하지 않도록 계획하고 인원별 테스트 진행 과정 및 실행 세부 정보를 추적할 수 있도록 기록 및 관리 방안을 계획한다. 예를 들어, 테스트 인원 관리 기록에는 테스트 인원별 테스트 소요 시간, 테스트 수행 품질, 인적 위험 요소, 테스트 결과와 같은 정보를 추적하고 기록하는 것을 포함한다.

⑨ **테스트 품질 기준 수립:** 테스트 시작(또는 중단) 조건, 완료 조건을 계획한다. 테스트 시작 조건이란, 개발 결과물이 테스트 조직으로 인수된 이후 테스트 시작이 가능한 상태인지 확인하는 절차로 조건에 부합하지 않을 경우 테스트를 중단할 수 있다. 예를 들어, 테스트 시작

조건에 코드 리뷰 완료, 코드 프리징 상태, 개발자 테스트 결과 성공률 80% 이상, 개발 테스트 중 확인된 이슈 중 메이저 이상 이슈는 수정한 상태 등을 포함한다.

테스트 완료 조건은 품질 보증 활동이 완료되고 제품이 품질 목표를 달성하여 제품 출시가 가능한 상태인지 판단할 수 있는 기준으로 완료 조건에 부합하지 않을 경우 오픈 일정을 재조정하거나 품질 목표를 변경하는 등 상황에 따라 출시 여부를 결정할 수 있는 기준에 해당된다. 예를 들어, 테스트 완료 조건은 개발 완료율 100%, 계획된 품질 보증 활동 전체 완료, 위험도 '중' 이상인 리스크와 '메이저' 이상 '잔존 결함 없음' 등을 포함한다.

⑩ **테스트 상태 수집 및 보고 전략:** 프로젝트의 현재 상태를 점검하고 관리할 수 있도록 테스트 진행 과정을 기록하고 보고하는 전략을 수립한다. 프로젝트 진행 과정에서 제어하지 못하고 테스트가 완료되기까지 기다렸다가 발생했던 문제를 처리한다면 이후 일정이 더 많이 지연될 수 있고 발생한 문제의 영향도를 파악하는 데 어려움이 있다. 따라서 진행 과정 중 수시로 상태를 점검하여 발생하고 있거나 발생할 것이 예상되는 문제점을 파악하고 즉각적으로 대응할 수 있도록 미리 보고 전략과 대응 인력을 계획한다. 예를 들어, 테스트 활동 기록에 테스트 실행률, 등록된 버그 처리율, 실행할 수 없거나 실패된 테스트 사례율, 프로젝트 진행 이슈 등의 내용을 작성할 수 있다.

테스트 기법 선택

이제 계획한 전략을 실행하기 위해 적절한 테스트 기법을 선택해야 합니다. 테스트 설계 기법은 하나의 기법만 사용하지 않고 테스트 케이스를 계획하고 개발하는 과정에서 여러 기법을 동시에 사용할 수 있습니다. 예를 들어, 주요 기능에 집중한 테스팅 전략을 계획한 경우 동등 분할 기법으로만 테스트 케이스를 작성하면 품질의 보장성이 떨어질 수 있습니다. 이 경우 '동등 분할 기법'과 '경곗값 분석 기법', '조합 테스트 기법'을 함께 사용하여 부족하거나 누락될 수 있는 범위의 품질을 확보할 수 있도록 여러 기법을 동시에 사용하는 것이 좋은 전략이 될 수 있습니다.

테스트 케이스를 설계할 때 테스트 기법을 사용해야 하는 이유는 적은 케이스로 보다 많은 결함을 찾을 수 있고, 일정 수준의 테스트 보장성을 확보할 수 있으며, 적절한 테스트 기법의 선택과 다양한 테스트 기법의 조합으로 테스트 노력 대비 좋은 결과를 얻을 수 있기 때문입니다.

테스트 전략 외 테스트 기법을 선택할 때 추가로 고려해야 할 요인들도 있습니다. 다음 요인을 고려하여 테스트 설계 기법을 선택합니다.

테스트 기법 선택 시 고려해야 할 요인

- 테스트의 대상이 되는 시스템, 즉 서버, 운영체제, 애플리케이션 등 시스템의 종류와 구성에 따라 기법을 선택한다.
- 리스크와 기능 중요도가 높은 시스템에 중점을 두고 기법을 선택한다. 예를 들어, 코어 시스템이나 문제 발생 시 영향도와 리스크가 높은 시스템을 테스트할 때 코드 구조를 참고하여 테스트할 수 있는 구조 기반 기법의 다중 조건 또는 조건·결정 커버리지 기법을 사용한다.
- 고객 요구 사항에 맞는 테스트 기법을 선택한다. 예시로 고객이 '단 시간 내 일정 수준의 품질만 보장하여 제품 출시를 요구'할 경우 구조 기반 기법의 조건·결정 커버리지 기법 또는 명세 기반 기법의 동등 분할 기법과 경곗값 분석, 상태 전이 테스팅 중 유효 상태의 순서를 커버하는 기법, 조합 테스팅 중 페어와이즈Pairwise 기법을 사용한다.
- 테스터의 보유 지식과 역량에 따라 테스트 기법을 선택한다. 투입된 테스터의 경험치와 역량이 1년 차 정도의 신입이라면 충분한 테스팅 기술 지식을 보유하지 못한 상태이다. 이 경우 시스템 내부 구조 분석을 통한 구조 기반 기법을 활용할 수 없다. 이와 같은 사례에서는 명세 기반 기법을 선택하여 준비해 둔 문서에 의존하여 테스트 케이스를 설계하도록 한다.

지금까지 테스트 전략을 계획하는 방법과 테스트 기법을 선택하기 위해 고려해야 하는 요인까지 살펴봤습니다. 이제 테스트 설계 기법의 종류와 세부 기법의 요지를 살펴보고 이를 바탕으로 테스트 기법을 전략적으로 활용할 수 있는 예시와 테스트 케이스를 작성하는 방법을 살펴보겠습니다.

2.2 명세 기반 기법

명세 기반 기법 Specification-based Technique이란 시스템에서 제공하는 기능 및 메뉴에 대한 명세를 기반으로 테스트 케이스를 설계하는 방법입니다. 개발 초기 테스트 케이스를 설계하는 과정에서 개발자가 발견하기 어려운 결함을 찾기 위해 사용하는 기법입니다.

💡 **용어 사전** **명세**Specification
구현하고자 하는 소프트웨어를 체계적으로 표현한 자료로, 요구 사항 분석서, 기획서, 설계서, 상태 다이어그램 등이 해당됩니다.

동등 분할

시스템 입력의 결과로 나타나는 결괏값이 동일한 경우 하나의 그룹으로 간주합니다. 한 그룹 내 입력값은 어떠한 값을 선택해도 항상 같은 결과를 기대할 수 있다는 것을 전제로 합니다. **동등 분할**Equivalence Partitioning(등가 분할)은 이 원리를 이용해서 입출력값 영역을 수학적 등가 집합으로 만든 뒤 대푯값 하나를 선택하여 테스트 케이스를 만드는 기법입니다. 예를 들어, A 클래스에 해당되는 입력값이 1~100이고 결괏값이 N으로 동일하다면 모든 값으로 테스트 케이스를 만들지 않고 대푯값만 선택하여 테스트 케이스를 만드는 것입니다. 클래스 수가 많다면 클래스당 입력 대푯값 하나와 클래스별 출력값을 확인했다는 것이 보장되어 테스트 커버리지를 달성합니다. 즉, 케이스를 더 추가하더라도 동등 분할의 보장성은 대푯값 하나로 테스트하는 것과 결과가 같습니다.

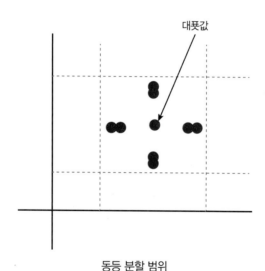

동등 분할 범위

동등 분할의 이런 특징은 모든 경우의 수에서 테스트 케이스 개수를 줄일 수 있습니다. 하지만 항상 같은 결과를 기대하는 것을 '가정'하여 테스트가 실행되고 테스트 강도가 약해서 실무에서는 특수한 상황에서만 테스트 기법을 활용하고 있습니다. 예를 들어 입출력값은 방대한데 일정이나 투입 인력이 부족할 경우 샘플링 테스팅의 일환으로 동등 분할 기법을 사용합니다.

동등 분할은 명세 기반 기법으로 분류되어 있지만 구조 기반 기법과 경험 기반 기법에서 입출력값이 있는 경우 모든 상황에서 활용할 수 있습니다. 또한 단위, 통합, 시스템, 인수 테스트 등 모든 테스트 레벨에서와 기능, 비기능, 리그레션 등 모든 테스트 종류에서도 활용이 가능하다는 것이 특징입니다.

동등 분할 기법 테스트 케이스 작성 예시

평가 점수에 따른 상여금 지급 시스템의 조건을 분석하여 테스트 케이스를 도출합니다.

[상여금 지급 시스템 조건]
- 평가 점수 90~100점: 상여금 600만 원
- 평가 점수 80~89점: 상여금 400만 원
- 평가 점수 70~79점: 상여금 200만 원
- 평가 점수 0~69점: 상여금 0원
- '정수'만 입력 가능

범위를 벗어나거나 잘못된 입력은 "ERROR" 출력

테스트 케이스를 도출하기 전 시스템의 조건을 등가 집합으로 형태를 만들고 유효·비유효한 입력 데이터에 해당하는 값을 분류하는 사전 작업을 진행합니다.

1. 입출력값을 수학적 등가 집합(클래스)의 형태로 묶기

상여금 0원: 0 $\quad$ $<=$ 평가 점수 $<=$ $\quad$ 69

상여금 200만 원: 70 $\quad$ $<=$ 평가 점수 $<=$ $\quad$ 79

상여금 400만 원: 80 $\quad$ $<=$ 평가 점수 $<=$ $\quad$ 89

상여금 600만 원: 90 $\quad$ $<=$ 평가 점수 $<=$ $\quad$ 100

2. 테스트 컨디션 도출하기

- **유효한 입력 파티션**Input Valid Partition

    90 $\quad$ $<=$ 총 점 $<=$ 100, '상여금 600'

    80 $\quad$ $<=$ 총 점 $<$ 89, '상여금 400'

70 <= 총 점 < 79, '상여금 200'

0 <= 총 점 < 69, '상여금 0'

- **비유효한 입력 파티션**Input Invalid Partition

  평가 점수 = 실숫값(소수점 포함)

  평가 점수 = 한영, 특수문자

3. 테스트 케이스 도출하기

분류한 등가 집합에서 최소한 하나의 대푯값을 선택하고 테스트 컨디션으로 도출한 값을 포함하여 테스트 케이스를 도출합니다.

no.	입력값	기대 결과
1	평가 점수: 50점	지급되는 상여금이 없다(0원).
2	평가 점수: 75점	상여금 200만 원이 지급된다.
3	평가 점수: 83점	상여금 400만 원이 지급된다.
4	평가 점수: 99점	상여금 600만 원이 지급된다.
5	평가 점수: A, 가, @	ERROR
6	평가 점수: 61.9점	ERROR

동등 분할 기법은 상황에 따라 전략적으로 활용할 수 있습니다. 먼저 테스트 일정과 투입 인력이 충분할 경우 **강한 동등 분할 테스팅**으로 등가 집합 사이의 조합으로 나타낼 수 있는 모든 경우의 수를 테스트할 수 있도록 설계합니다. 반대로 테스트 일정과 투입 인력이 부족할 경우 **약한 동등 분할 테스팅**으로 등가 집합에서 하나의 대푯값만 선택해서 테스트 케이스를 설계하는 형태로 활용합니다.

또는 데이터 테이블을 검증할 때 테스트할 데이터 양이 몇 천 건에 해당되는 경우 모든 등가 집합의 조합에 대한 테스트를 수행하는 것은 비효율적입니다. 약한 동등 분할 테스팅을 선택하여 등가 집합에서 하나의 대푯값에 대한 테스트를 수행하도록 설계합니다.

강한 동등 분할 테스팅은 등가 집합에 속한 값들 전부를 대상으로 테스트 케이스를 작성하는 기법입니다.

약한 동등 분할 테스팅은 등가 집합에서 대푯값만을 뽑아 테스트 케이스를 작성하는 기법입니다.

❓ 자주하는 질문

Q. 테스트 케이스의 구성 요소와 작성 범위는 어떻게 되나요?

A. 테스트 케이스는 다음과 같이 9개의 항목으로 구성되어 있습니다.

No.	카테고리	사전조건	수행 절차	기대 결과	확인 결과	우선순위	ISSUE no.	비고
TC ID 1	로그인	회원	수행할 임무를 단계별로 작성	기대 동작 작성	P/F/B/NI	major/ minor/ trivial		

- **TC ID**: 테스트 케이스 구별 번호
- **카테고리**: 테스트를 수행하기 위한 메뉴 위치
- **사전 조건**: 테스트가 수행되기 위한 전제 조건
- **수행 절차**: 주체적인 테스트 수행 단계(수행 절차 작성 시 투입된 인원의 스킬, 역량, 시스템에 대한 이해 등을 고려해서 절차를 작성한다.)
- **기대 결과**: 테스트 실행 결과가 의도한 대로 동작했는지 판단하는 근거
- **우선순위**: 시간적 제약이 있을 경우 테스트 대상을 선별하기 위한 기준
- **확인 결과**: 수행 결과에 대한 최종 상태(PASS/FAIL/BLOCK/NI)
- **비고**: 테스트 케이스의 의도 등 관련 내용 코멘트

Q. 테스트 케이스 작성 범위는 어떻게 결정하나요?

A. 테스트 케이스 작성 범위를 도식으로 표현하면 다음과 같습니다. 크게 요구사항(기획)과 실제 구현된 것으로 나눌 수 있으며 경우에 따라 테스트 케이스 설계, 실행을 하거나 추가하거나 또는 제거할 수도 있습니다.

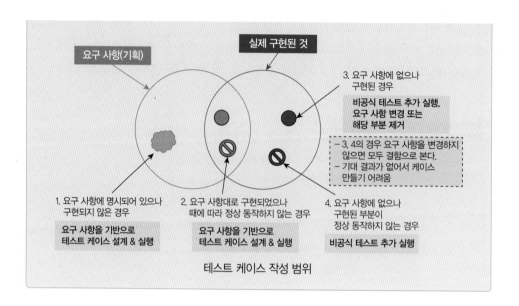

테스트 케이스 작성 범위

경곗값 분석

경곗값 분석 Boundary Value Analysis은 동등 분할 후 각 범위의 경계에 해당되는 입력값에서 발생하는 결함의 검출 가능성을 높이기 위해 경곗값을 포함하여 테스트 케이스를 설계하는 기법입니다.

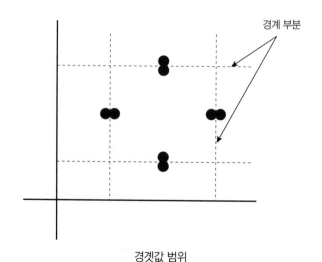

경곗값 범위

경곗값은 임의의 데이터를 사용하지 않고 클래스의 경계에 있는 실 데이터를 이용합니다. 이를 위해 상세한 명세 또는 설계서가 필요합니다. 예를 들어, A 클래스에 해당되는 입력값이 1 〈= X 〈 100이라면 경계에 해당되는 최솟값과 최댓값, 즉 0, 1과 99, 100(또는 경곗값 범위를 좀 더 확장하여 0, 1, 2와 99, 100, 101 사용하기도 합니다)이 경곗값에 해당됩니다.

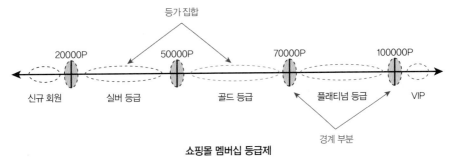

쇼핑몰 멤버십 등급제
등가 집합과 경곗값(쇼핑몰 멤버십 등급제 표시)

대개 경곗값 분석은 하나의 기법을 단독으로 사용하지 않고 동등 분할 기법과 함께 테스트 범위 확장 형태로 함께 사용합니다. 따라서 동등 분할과 마찬가지로 모든 테스트 레벨, 유형에 적용할 수 있고 범위를 보장할 수 있습니다.

경곗값 분석 기법 테스트 케이스 작성 예시

동등 분할 기법에서 사용한 예시를 재사용하여 경곗값 분석 기법을 적용한 테스트 케이스를 도출해봅니다. 시스템의 조건과 테스트 케이스 작성 전 사전 작업한 데이터는 동등 분할과 동일합니다.

테스트 케이스 도출하기

분류한 등가 집합에서 경계에 해당되는 값을 선택하고 테스트 컨디션으로 도출한 값을 포함하여 테스트 케이스를 도출합니다.

no.	입력값	기대 결과
1	평가 점수: -1점	ERROR
2	평가 점수: 0점	지급되는 상여금이 없다(0원).
3	평가 점수: 1점	지급되는 상여금이 없다(0원).
4	평가 점수: 69점	지급되는 상여금이 없다(0원).
5	평가 점수: 70점/71점/79점	상여금 200만 원이 지급된다.
6	평가 점수: 80점/81점/89점	상여금 400만 원이 지급된다.
7	평가 점수: 90점/91점/100점	상여금 600만 원이 지급된다.
8	평가 점수: 101점	ERROR
9	평가 점수: 8.9점, A, @	ERROR

실무에서 약한 동등 분할 테스팅으로 등가 집합에서 하나의 대푯값만 선택해서 테스트하기에 테스트 강도가 약하다고 판단될 경우 '동등 분할 기법 + 경곗값 분석 기법'을 함께 활용하여 테스트 강도 및 범위를 확보하고 품질을 보장하는 형태로 활용합니다.

특히 시간, 초기화 조건이 있는 이벤트 또는 콘텐츠의 경우에는(예: 00시 콘텐츠 초기화, 출석 보상 등) 경곗값에서 이슈가 다수 발생합니다. 이런 조건이 있는 경우 반드시 경곗값 분석 기법을 적용하여 테스트 케이스를 설계합니다.

결정 테이블 테스팅

결정 테이블 테스팅 Decision Table Testing은 발생 조건에 따른 결과를 테이블 형태로 나열한 것입니다. 즉, 시스템의 동작을 유발시키는 조건과 처리의 가능한 조합을 모두 고려하고 조합에 대한 예상 결과를 포함하여 테스트 케이스를 설계하는 기법입니다.

이 기법은 요구 사항을 도출하거나 내부 시스템 설계를 문서화하는 데 유용하므로 명세서 또는 시스템 설계 자체를 테스트하는 데 주로 적용합니다. 명세서의 품질이 낮다면 모든 조건과 정확한 처리를 찾기 어려울 수 있고 시스템 설계 자체에 결함이 있을 수 있습니다. 따라서 테스트 전문가의 시각에서 결정 테이블 기법을 적용한 테스트 케이스를 설계하는 것만으로도 개발 초기 명세서와 내부 시스템 오류를 발견할 수 있습니다.

한 가지 유의할 점은 결정 테이블 테스팅을 전체 시스템에 적용할 경우 너무 많은 경우의 수가 도출될 수 있다는 점입니다. 그러므로 가급적 해당 기법은 중요한 코어 시스템에서만 사용하는 것을 권장합니다.

결정 테이블 테스팅 기법으로 발견할 수 있는 결함으로는 명세가 잘못된 경우 명세의 불완전함과 모호함을 발견할 수 있고 입력 조건과 출력에서 액션 누락, 잘못된 액션의 원인을 발견할 수 있습니다. 그리고 개발 구현이 잘못된 경우 입력 조건 조합의 복잡한 로직 처리 실수, 시스템 동작 누락, 잘못된 동작 수행을 발견할 수 있습니다.

결정 테이블 테스팅 기법 테스트 케이스 작성 예시

소득에 따른 연령별 세금 납부 시스템의 조건을 분석하여 결정 테이블을 만들고 이를 테스트 케이스로 작성합니다.

[세금 납부 시스템 조건]
16세에서 65세 사이 그룹은 세금을 내야 한다. 소득이 20000달러 미만인 사람은 20%의 세금을 내야 하고 그 외는 50%의 세금을 내야 한다. 이 중에서 아이가 있다면 10%의 세금 감면을 받을 수 있다.

테스트 케이스를 도출하기 전 시스템이 가진 조건을 분류하고 데이터의 조합을 생성하는 사전 작업을 진행합니다.

1. 조건의 조합 생성

- 나이

  $1 < \sim < 16$: 세금을 내지 않음

  $16 <= \sim <= 65$: 세금을 내지 않음

  $65 < \sim$: 세금을 냄

- 소득

  $0 < \sim < 20000$ 달러 : 20% 세금

  $20,000$ 달러 $<= \sim <$ 이상 : 50% 세금

- 자녀

  있음: 10% 감세

  없음: 감세 없음

2. 결정 테이블로 전환하기

분류한 데이터의 조합을 결정 테이블로 전환하면 다음과 같습니다. 결정 테이블의 입력 조건과 동작은 참(True)과 거짓(False)으로 표현합니다.

테스트 조건	TC 1	TC 2	TC 3	TC 4	TC 5	TC 6
나이						
16 <= ~ <= 65	F	T	T	T	T	F
소득						
0 < ~ < 20,000	F	T	T	F	F	F
20000달러 <= ~ < 이상	F	F	F	T	T	F
자녀						
있음	F	T	F	T	F	F
없음	F	F	T	F	T	F
예상 결과						
20% 세금	F	T	T	F	F	F
50% 세금	F	F	F	T	T	F
10% 감세	F	T	F	T	F	F
감세 없음	F	F	T	F	T	F

3. 테스트 케이스 도출하기

생성한 결정 테이블의 내용을 가능한 모든 동작을 유발시키는 조건의 조합으로 테스트 케이스를 도출하면 다음과 같습니다.

no.	입력값	기대 결과
1	나이: 16세 + 소득: 19999 + 자녀: 있음	20% 세금 + 10% 감세
2	나이: 65세 + 소득: 15000 + 자녀: 없음	20% 세금
3	나이: 30세 + 소득: 20000 + 자녀: 있음	50% 세금 + 10% 감세
4	나이: 64세 + 소득: 99000 + 자녀: 없음	50% 세금
5	나이: 15세 + 소득: 1000 + 자녀: 있음	세금 부과 기준 미달(0%)
6	나이: 66세 + 소득: 10000 + 자녀: 없음	세금 부과 기준 미달(0%)
7	나이: 99세 + 소득: 21000 + 자녀: 있음	세금 부과 기준 미달(0%)
8	나이: 1세 + 소득: 30000 + 자녀: 없음	세금 부과 기준 미달(0%)

결정 테이블 기법을 활용하면 테스트를 수행하기 전 명세서와 시스템 설계 단계에서 결함을 발견하여 개발 초기 단계부터 품질을 향상할 수 있습니다. 그리고 일정 이슈 등으로 유효 케이스에 대한 테스트만 진행이 가능한 상황일 경우 가능한 모든 동작을 유발하는 조건의 조합을 커버할 수 있어서 결정 테이블 테스팅 기법이 유용합니다.

상태 전이 테스팅

명세를 구성하는 모델이 '상태 다이어그램'이라면, 소프트웨어가 상태 다이어그램에 맞게 구현되어 있는지 확인하기 위해 **상태 전이 테스팅**State Transition Testing 기법을 사용합니다. 이를 통해 모든 입력과 출력 상태의 입력 조합과 상태 간의 전이, 상태를 변화시키는 이벤트와 상태의 변화로 유발되는 동작까지 보장하는 테스트 케이스를 생성할 수 있습니다.

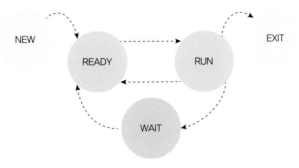

프로세스가 CPU를 점유하게 되는 상태 다이어그램

상태 전이 테스팅 기법은 상태로 표현할 수 있는 부분, 즉 화면상 흐름이나 비즈니스 시나리오와 같은 범위를 테스트할 때 적용합니다. 이 기법으로 테스트 케이스를 설계할 때는 다음 절차에 따라 테스트를 설계합니다. 먼저 5가지 방식 중 하나 또는 중복 선택하여 테스트 케이스를 도출합니다.

테스트 케이스 도출

- 전형적인 상태의 순서를 커버하는 방식
- 특정한 상태 전이 순서를 실행하는 방식
- 모든 상태를 커버하는 방식(유효 케이스)
- 불가능한 상태 전이를 테스트하는 방식(비유효 케이스)
- 모든 상태 전이를 커버하는 방식

Tip. 테스트 전략에 따라 단수 선택이나 복수 선택으로 설계할 수 있습니다.

그리고 도출한 테스트 케이스로 **테스트 시나리오**를 작성합니다. 이때 유의 사항은 테스트 효율성을 높이고 더 깊이 있는 테스트 결과를 얻기 위해 상태 전이를 이어서 테스트할 수 있도록 테스트 시나리오를 작성해야 한다는 것입니다.

즉, 상태 전이 테스팅 기법을 사용해서 테스트 케이스를 도출하고 도출한 순서대로 순차적으로 테스트를 수행하는 것이 아니라 수행 절차가 연속된 시나리오를 가질 수 있도록 작성합니다.

도출 순서대로 테스트를 수행할 경우 각각의 테스트 케이스별로 같은 절차가 여러 번 반복되어 소요 시간과 비용이 더 들 수 있고, 도출한 케이스에만 테스트가 집중되어 연속되는 과정 중에 발생할 수 있는 오류와 결함을 잃어버릴 수 있기 때문입니다. 예를 들어, 상태 전이 기법으로 도출한 테스트 케이스가 다음과 같다면 연속된 상태 전이를 이어서 테스트를 수행할 수 있도록 테스트 시나리오를 다음과 같이 작성할 수 있습니다.

상태 전이 기법으로 테스트 케이스 도출

TC 1) 1 → 2

TC 2) 1 → 2 → 3 → 4

TC 3) 1 → 2 → 3 → 5

TC 4) 1 → 2 → 3 → 4 or 5 → 6

테스트 케이스를 연속된 테스트 시나리오로 작성

$$TC\ 1)\ 1 \rightarrow 2 \rightarrow 3 \rightarrow 4$$
$$TC\ 2)\ 1 \rightarrow 2 \rightarrow 3 \rightarrow 5 \rightarrow 6$$

상태 전이 테스팅 기법으로는 대표적으로 2가지 경우에서 결함을 발견할 수 있습니다. 먼저 명세가 잘못된 경우 상태 누락, 전이, 이벤트 누락, 가드를 전이 대신 표기한 경우, 가드의 중복 또는 불일치를 발견할 수 있습니다. 두 번째로 개발 구현이 잘못된 경우 상태 누락 또는 훼손, 잘못된 이벤트 또는 이벤트 누락, 작동 오류를 발견할 수 있습니다.

🔍 용어 사전 | 전이, 이벤트, 가드

- 전이: 한 가지 상태에서 다른 상태로 변경하는 것입니다.
- 이벤트: 상태의 전이를 발생시키는 요인입니다.
- 가드: 이벤트가 발생하는 조건입니다.

상태 전이 테스팅 기법 테스트 케이스 작성 예시

다음 그림은 시스템의 동적 동작을 상태 다이어그램으로 시각화한 것으로 개체의 한 상태에서 다른 상태로의 실행 흐름을 나타내고 있습니다. 이는 개체의 생성부터 정지 또는 초기화까지 모든 상태를 정의한 것입니다. 시스템의 모든 상태를 나타낼 수 있도록 방식에 맞춰 테스트 케이스를 도출하고 연속된 테스트 시나리오를 작성해봅니다.

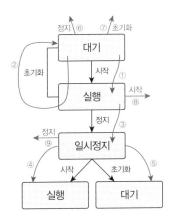

실행 흐름의 상태 다이어그램

전형적인 상태의 순서를 커버하는 방식

- 대기 ① → 시작 → 실행 ② → 초기화 → 대기
- 대기 ① → 시작 → 실행 ③ → 정지 → 일시정지
- 대기 ① → 시작 → 실행 ③ → 정지 → 일시정지 ④, ⑤ → 시작 또는 초기화 → 실행 또는 대기

특정한 상태 전이 순서를 실행하는 방식

- 대기 ① → 시작 → 실행 ② → 초기화 → 대기를 여러 번 반복
- 대기 ① → 시작 → 실행 ④으로 중간 단계 건너뜀

모든 상태를 커버하는 방식(유효 케이스)

- 대기 ① → 시작 → 실행 ② → 초기화 → 대기 ① → 시작 → 실행 ③ → 정지 → 일시정지 ④ → 시작 → 실행
- 대기 ① → 시작 → 실행 ③ → 정지 → 일시정지 ⑤ → 초기화 → 대기

불가능한 상태 전이를 테스트하는 방식(비유효 케이스)

- 대기 ⑥ → 정지
- 대기 ⑦ → 초기화
- 대기 ① → 시작 → 실행 ⑧ → 시작
- 대기 ① → 시작 → 실행 ③ → 정지 → 일시정지 ⑨ → 정지

각 방식으로 도출한 테스트 케이스에서 전형적인 상태 순서부터 불가능한 상태 전이 순서까지 모든 상태와 전이 그리고 그에 따라 유발되는 동작을 확인하기 위해 테스트를 연속적으로 수행할 수 있도록 테스트 케이스를 이어서 순서를 정하여 실행하도록 시나리오를 작성합니다.

테스트 케이스를 연속된 테스트 시나리오로 작성하기

- 대기 ① → 시작 → 실행 ② → 초기화 → 대기 ① → 시작 → 실행 ③ → 정지 → 일시정지 ④ → 시작 → 실행
- 대기 ① → 시작 → 실행 ② → 초기화 → 대기 ① → 시작 → 실행 ③ → 정지 → 일시정지 ⑤ → 초기화 → 대기
- 대기 ① → 시작 → 실행 ② → 초기화 → 대기 ⑥ → 정지
- 대기 ① → 시작 → 실행 ② → 초기화 → 대기 ⑦ → 초기화
- 대기 ① → 시작 → 실행 ⑧ → 시작
- 대기 ① → 시작 → 실행 ③ → 정지 → 일시정지 ⑨ → 정지

이런 방식으로 **테스트 프로시저**^{Test Procedure}를 만들어 테스트를 수행하면 테스트 실행시간을 줄일 수 있고 테스트 범위 전체를 확인할 수 있으며 테스트 효율성을 극대화할 수 있습니다.

> 🔘 **용어 사전** **테스트 프로시저**Test Procedure
>
> 시스템이 수행해야 하는 동작의 단계를 나타낸 것으로 테스트 케이스에서는 테스트 실행 순서를 순차적으로 나열한 것을 의미합니다.

이 실습을 예시로 실무의 상황에 맞게 상태 전이 기법을 활용해볼 수 있습니다. 먼저 테스트 일정과 투입 인력이 충분할 경우에는 유효·비유효 케이스의 모든 상태를 커버하는 방식과 특정한 상태 전이 순서를 실행하는 방식을 활용하여 테스트할 수 있도록 설계합니다. 반대로 테스트 일정과 투입 인력이 부족할 경우에는 적은 케이스로 많은 결함을 찾을 수 있도록 유효 케이스에 대한 모든 상태를 커버하는 방식으로 테스트 케이스를 설계합니다.

개발자 테스트, 스모크 테스트, 리그레션 테스트에 상태 전이 기법을 활용하는 경우에는 전형적인 상태의 순서를 커버하는 방식 또는 유효 케이스에 대한 모든 상태를 커버하는 방식으로 설계합니다. 마지막으로 기획과 개발 담당자의 예외 케이스 처리에 대한 보유 지식과 경험이 부족한 경우에는 특정한 상태 전이 순서를 실행하는 방식과 비유효 케이스의 상태 전이를 테스트하는 방식을 활용하여 예외 처리에 대응할 수 있도록 테스트 케이스를 설계합니다.

> ❓ **자주하는 질문**
>
> **Q.** 기획서나 개발 설계서 등 참조할 수 있는 문서를 구성하는 모델이 '상태 다이어그램'이 아니라면 상태 전이 기법을 사용하지 않아도 되거나 또는 사용을 못하는 건가요?
>
> **A.** 아닙니다. 테스트 전문가가 요구 사항 분석서, 기획서, 개발 설계서를 기준으로 상태 다이어그램을 직접 설계하여 테스트 케이스를 도출할 수 있습니다.

유즈 케이스 테스팅

유즈 케이스 테스팅^{Use Case Testing} 또는 **시나리오 테스팅**^{Scenario Testing}은 유저와 시스템 사이 상호작용을 유저의 시각에서 표현한 시나리오입니다. 그리고 비즈니스 시나리오 또는 프로세스 흐름을 기반으로 테스트 케이스를 설계하는 기법입니다. 유즈 케이스는 시스템을 실제로 사용하는 행위의 절차(흐름)로 기술되기 때문에 흐름상 예상하지 못했던 정보나 존재할 수 있는 결함을 발견할 수 있고 인수 테스트나 통합 테스트 단계에서 각각의 컴포넌트 사이의 상호작용으로 발생하는 결함을 발견하는 데 유용합니다.

유즈 케이스에 기반하여 테스트 케이스를 생성할 때 2가지 방법으로 케이스를 도출할 수 있습니다. 먼저 시스템을 사용하는 행위의 절차(흐름)만 고려하여 도출하는 방법인 '단위(컴포넌트) 레벨 시나리오 테스트 케이스'는 각 유저가 사용하는 기능 또는 시스템이 가진 기능에 초점을 맞춰 케이스를 작성합니다. 단위 레벨 테스트 케이스는 유저 또는 시스템과 유즈 케이스 간 상호작용을 테스트할 때 사용하거나 개별적인 유즈 케이스에 대한 단위 테스트를 수행할 때 사용합니다.

또 다른 방법인 '시스템 레벨 시나리오 테스트 케이스'는 유즈 케이스와 시스템 사이의 상호작용을 수행 순서에 초점을 맞춰 시나리오로 도출하는 방법입니다. 시스템 레벨 테스트 케이스 작성시 유효한 수행 순서와 상태의 처리 흐름을 먼저 작성하고 비유효한 처리를 이후에 작성합니다.

또한 유즈 케이스 테스팅 기법으로 테스트 케이스를 설계할 때 다음 필수 항목을 고려하여 작성하면 테스트 누락을 최소화할 수 있고 일정 수준의 보장성을 확보할 수 있습니다.

유즈 케이스 테스팅 기법으로 케이스 설계 시 고려할 점

- 어떤 행위의 절차(흐름)로 테스트할지 고려하여 테스트 시나리오를 구성한다.
- 유즈 케이스에서 테스트에 필수적인 상황을 선택한다.
- 유즈 케이스 상세 내용을 조건(유즈 케이스가 수행되기 위한 전제 조건), 입력값과 출력값(상호작용의 결과), 수행 순서 또는 상태 처리(유저와 상호작용을 위해 제공되어야 하는 인터페이스)로 분류하여 테스트에 관여하는 상황을 선택한다.
- 각각의 상황에서 발생 가능한 결괏값을 결정한다. 결괏값에는 유효·비유효 케이스, 참·거짓 등이 포함된다.

유즈 케이스 테스팅 기법이 '유저 시각에서 표현'되는 시나리오이다 보니 작성자의 경험치, 역량, 보유 지식에 따라 시나리오 품질과 해석의 차이가 발생할 수 있습니다. 또한 표준으로 사용할 수 있는 테스트 케이스도 존재하지 않아서 해당 기법 사용 시 일정 수준의 품질 결과를 얻을 수 있도록 작성에 각별히 유의해야 합니다.

유즈 케이스 테스트 케이스를 작성할 때 요구 사항이나 공식 문서를 너무 많이 벗어나지 않도록 하고 시나리오를 이해하기 쉽게 그리고 체계적이고 정확하게 작성하는 것이 테스트 케이스의 완성도를 보장할 수 있습니다. 그리고 시나리오 품질과 해석의 차이를 줄이기 위한 방법으로 다른 테스트 기법을 활용하여 시나리오를 작성하는 것도 좋은 방법이 될 수 있습니다.

예를 들어, 유즈 케이스에서 테스트에 필수적인 상황, 전제 조건, 입력값과 출력값은 결정 테이블, 동등 분할과 경곗값 분석, 구조 기반 기법을 활용하여 필요한 값을 선택할 수 있습니다. 수행 순서(흐름) 또는 상태 처리의 경우 상태 전이 테스팅 기법을 활용하여 유저의 행위 절차를 전이로 간주하여 시나리오를 작성하는 데 활용할 수 있습니다.

유즈 케이스 테스팅 기법 테스트 케이스 작성 예시

음료 자판기 시스템은 투입 금액에 따라 음료를 선택할 수 있고 음료 선택 후 남은 잔액을 반환하거나 음료를 재선택할 수 있는 기능을 제공합니다. 이 시스템의 명세를 기반으로 시스템 레벨 시나리오 케이스를 도출해봅니다.

[음료 자판기 시스템 조건]
1. 0 〈 투입 금액 〈 1000   음료 선택 불가
2. 1000 〈= 투입 금액 〈 10000   음료 선택 가능

[결과]
1. 음료 선택
2. 음료 방출
3. 잔액 반환
4. 취소

테스트 케이스를 도출하기 전 시스템이 가진 조건에서 입력값과 출력값을 분류하고 처리 상태에 따른 결괏값을 생성하는 사전 작업을 진행합니다. 결괏값에는 유효·비유효 케이스도 포함됩니다.

1. 조건의 입출력값 및 결괏값 분류

입력		출력	
상태	입력	출력값	상태
Case 1			
대기	0 〈 투입 금액 〈 1000	대기	대기
대기	1000 〈 투입 금액 〈 10,000	음료 선택	음료 선택
Case 2			
대기	1000 〈 투입 금액 〈 10,000	음료 선택	음료 선택
음료 선택	캔 방출	잔액 반환	잔액 반환
음료 선택	캔 방출	음료 선택	음료 선택
Case 3			
음료 선택	취소	잔액 반환	잔액 반환

2. 테스트 케이스 도출하기

유즈 케이스와 시스템 사이 상태 처리 흐름에 초점을 맞춰 시스템 레벨 테스트 시나리오를 도출하면 다음과 같습니다. 테스트 케이스 순서는 유효·비유효 수행 순서로 시나리오를 작성합니다.

TC No.	1st Precondition	1st Action	2nd Precondition	2nd Action	수행절차	기대결과
TC_001	0 < 투입금액 < 1000	대기			1) 자판기에 500원 투입 2) 음료선택 확인	투입금액이 부족해서 대기상태
TC_002				음료선택	1) 자판기에 5000원 투입 2) 음료선택	선택한 음료로 캔 방출된다.
TC_003	1000 < 투입금액 < 10,000		남은 잔액 < 자판기음료 가격	음료선택	1) 음료선택	남은 잔액이 부족하여 잔액반환된다.
TC_004			남은 잔액 > 자판기음료 가격		1) 음료선택	선택한 음료로 캔 방출된다.
TC_005	1000 < 투입금액 < 10,000			음료선택 취소	1) 음료선택 취소	투입한 금액이 반환된다.

음료 자판기의 시스템 레벨 테스트 시나리오

실무에서 상태는 다르나 수행 순서에 반복이 많은 시스템을 테스트할 경우 상태 전이 기법의 테스트 케이스 도출 전략을 추가로 활용하여 흐름의 반복 횟수를 줄여 주고 제한적으로 커버리지를 달성할 수 있도록 테스트 케이스를 설계할 수 있습니다. 또 다른 예시로 입력값의 조합 수가 많은 경우에는 동등 분할 기법과 경곗값 분석 기법 또는 조합 테스팅 기법을 추가로 활용하여 테스트 케이스를 설계할 수 있습니다.

여기에 실무에서 발생될 수 있는 외부적 요인을 추가하여 유즈 케이스 테스팅 기법을 전략적으로 활용할 수 있는 방법을 좀 더 살펴보겠습니다.

먼저 개발자 테스트, 스모크 테스트, 리그레션 테스트로 유즈 케이스 기법을 사용하는 경우 전형적인 상태 흐름 순서와 유효 케이스의 상태 처리를 테스트할 수 있도록 설계합니다. 여기에 테스트 일정과 투입 인력의 부족으로 적은 케이스로 많은 결함을 찾도록 전략을 계획한 경우 유즈 케이스 흐름과 시나리오만을 고려하여 단위 레벨 유즈케이스 테스팅을 수행하도록 테스트 케이스를 설계합니다.

또는 기획, 개발 담당자의 보유 지식과 경험이 부족한 경우 특정 상태의 흐름 순서와 비유효 케이스의 상태를 추가로 설계하여 예외 상황에 대한 오류를 확인하고 기획, 개발이 처리에 대응할 수 있도록 테스트 케이스를 설계합니다.

조합 테스팅

조합 테스팅 Combination Testing은 입력값을 조합해서 최대 커버리지를 가지는 최소 개수의 테스트 케이스를 설계하는 기법입니다. 잠재적 조합 요소의 거대한 양을 처리하기 위해 테스트 케이스를 선정하는 데 도움을 주는 통계적 테스트 기법으로 테스트할 입력값의 양에 따라 입력값의 모든 조합을 테스트하는 **올 컴비네이션즈 테스팅**All Combinations Testing, 2개의 입력값 조합을 테스트하는 **페어와이즈 테스팅**Pair-wise Testing, 입력값을 최소 1번 이상 테스트하는 **이치 초이스 테스팅**Each Choice Testing으로 분류합니다. 이 중 대표적인 조합 테스팅인 페어와이즈 테스팅 기법은 대부분 결함이 2개 요소의 상호작용에서 발생한다는 경험에 기반하여 테스트하는 데 필요한 각 값들이 최소한 한 번씩은 조합을 이루도록 설계하는 기법입니다.

조합 테스팅은 의도적으로 테스트 케이스의 수를 줄여서 테스트하는 기법인 만큼 리스크 수준은 높지만 입력값의 누락 없이 잘 조합한 최소한의 테스트 케이스로도 일정 수준의 품질을 보장할 수 있습니다. 참고로 약한 동등 분할 테스트 기법의 보장성과 비슷한 수준입니다. 그래도 가급적 페어와이즈 테스팅과 이치 초이스 테스팅 기법은 일정 및 투입 리소스가 부족한 상황 등 제한적인 테스트 환경에서만 사용할 것을 권장합니다.

조합 테스팅 기법으로 테스트 케이스를 작성할 때 동등 분할, 경곗값 분석, 결정 테이블과 같은 다른 테스팅 기법을 이용해 테스트 데이터(입력값)를 선정하는 것이 유용합니다. 그리고 각 조합 요소에 해당하는 값과 처리 동작들이 중복되지 않게 배열합니다.

조합 요소에 해당하는 대표적인 요소로는 시스템의 기능, 유저, 옵션, 조건, 처리가 해당됩니다. 조합 테스팅 기법의 종류 중 어떤 유형을 선택할 것인지의 기준은 주어진 테스트 상황에 따라 달라질 수 있지만 결함 발견 가능성이 높은 기법을 조합하여 사용하는 것이 조합 테스팅의 효과를 높일 수 있습니다. 다만, 복수로 사용되는 조합이 늘어날수록 테스트 케이스 분량이 늘어나고 테스트에 소모되는 시간과 비용도 함께 가중될 수 있어서 합리적이고 관리 가능한 수준에서 조합의 수를 선택합니다.

조합 테스팅 기법 테스트 케이스 작성 예시

온라인 쇼핑몰의 쿠폰 지급 시스템은 회원 등급에 상관없이 배송비 쿠폰을 지급합니다. 해당 쇼핑몰은 신용카드/무통장입금/휴대폰 결제를 제공하고 있습니다. 이 시스템의 명세를 기반으로 조합 테스팅 기법의 종류별로 테스트 케이스를 도출해봅니다.

[조건]
1. 비회원
2. 일반 회원
3. VIP 회원
4. 배송비 쿠폰
5. 신용카드, 무통장입금, 휴대폰

[결과]
1. 주문 처리
2. 주문 거부
3. 쿠폰 적용
4. 정상 결제

테스트 케이스를 도출하기 전 시스템이 가진 조건에서 테스트할 입력값을 선정하는 사전 작업을 진행합니다. 선정한 입력값의 양에 따라 조합 테스트 기법을 적용한 테스트 케이스를 도출할 수 있습니다.

1. 조건의 입력값 선정

회원종류	배송비 쿠폰	결제 방법
비회원	쿠폰 있음	신용카드
일반 회원	쿠폰 없음	무통장입금
VIP 회원	–	휴대폰

2. 테스트 케이스 도출

선정한 입력값으로 조합 테스트 기법 종류별로 테스트 케이스를 작성합니다. 먼저 **올 컴비네이션즈 테스팅 기법**으로 테스트 케이스를 도출하면 다음과 같이 입력값의 모든 조합으로 테스트 케이스를 작성할 수 있습니다.

회원 종류	배송비 쿠폰	결제 방법
비회원	쿠폰 있음	신용카드
		무통장입금
		휴대폰
	쿠폰 없음	무통장입금
		휴대폰
		신용카드
일반 회원	쿠폰 있음	휴대폰
		신용카드
		무통장입금
	쿠폰 없음	신용카드
		무통장입금
		휴대폰

VIP 회원	쿠폰 있음	무통장입금
		휴대폰
		신용카드
	쿠폰 없음	무통장입금
		휴대폰
		신용카드

페어와이즈 테스팅 기법은 올 컴비네이션즈 테스팅 기법으로 도출한 테스트 케이스에서 회원 종류와 배송비 쿠폰 그리고 결제 방법의 각 값들을 중복되지 않게 배열합니다. 이후 결제 방법의 값을 회원 종류와 배송비 쿠폰의 값과 순차적으로 중복되지 않게 배정하여 모든 쌍의 조합이 테스트 케이스에서 최소 1번 이상 들어가도록 작성합니다.

여기서 배송비 쿠폰에서 중복되는 값 중 마지막에 위치한 케이스는 경우에 따라 테스트에서 제외할 수 있습니다. 페어와이즈 테스팅 기법에서 마지막 케이스를 제외하여도 테스트한 결과에 결함이 없다는 것까지는 보장성을 제공합니다.

회원 종류	배송비 쿠폰	결제 방법
비회원	쿠폰 있음	신용카드
	쿠폰 없음	무통장입금
	쿠폰 있음	휴대폰
일반 회원	쿠폰 있음	휴대폰
	쿠폰 없음	신용카드
	쿠폰 없음	무통장입금
VIP 회원	쿠폰 있음	무통장입금
	쿠폰 없음	휴대폰
	쿠폰 있음	신용카드

이치 초이스 테스팅 기법으로 테스트 케이스를 도출하면 회원 종류, 배송비 쿠폰, 결제 방법의 값을 최소 1번 이상 테스트하도록 테스트 케이스를 작성할 수 있습니다.

회원 종류	배송비 쿠폰	결제 방법
비회원	쿠폰 있음	신용카드
일반 회원	쿠폰 없음	무통장입금
VIP 회원	쿠폰 있음	휴대폰

실무에서 발생할 수 있는 여러 상황을 예시로 조합 테스팅 기법을 전략적으로 활용할 수 있습니다. 먼저 테스트 일정과 투입 인력이 부족할 경우 각 조건의 강도에 따라 페어와이즈 기법 또는 이치 초이스 기법으로 테스트 케이스를 설계하여 테스트할 수 있도록 합니다.

또, 투입된 테스트 인원 중 테스트 전문가가 포함된 경우 명세상 주어진 입력값 외 경험에 기반하여 유의미하고 결함 발견 가능성이 높다고 판단되는 입력값(유효·비유효 포함)도 포함하여 테스트 케이스를 설계한다면 테스트 결과의 효과를 높이는 데 도움이 됩니다.

2.3 구조 기반 기법

구조 기반 기법 Structure-Based Technique은 화이트박스 테스트Whitebox Test로 코드, 개발 설계, 소프트웨어 구현 정보 등 구조를 보여 주는 정보를 기반으로 소프트웨어나 시스템의 내부 구조를 고려하여 테스트 케이스를 설계하는 방법입니다. 구조 기반 기법은 구문, 결정 등 코드 자체를 테스트하는 '컴포넌트 레벨 구조'와 한 모듈에서 다른 모듈을 호출하는 관계를 테스트하는 '통합 레벨 구조' 그리고 메뉴와 비즈니스 프로세스 구조를 테스트하는 '시스템 레벨 구조'로 구성됩니다.

🔍용어 사전 **화이트박스 테스트 & 블랙박스 테스트**Whitebox Test & Blackbox Test

화이트박스 테스트는 소프트웨어의 내부 설계 구조, 코드, 소프트웨어의 동작을 테스트하는 기법입니다. 테스터가 소스 코드에 직접 접근하여 코드 수준에서 소프트웨어의 정확성을 검증합니다.
또 다른 개념으로, 사전 지식 없이 내부 구조를 블랙박스로 보고 명세서와 입출력을 분석하여 선정한 테스트 케이스를 이용하여 시스템의 결함을 발견하는 테스트를 블랙박스 테스트라고 합니다.

다음 그림은 코드 구조가 테스트된 범위를 나타내는 그래프로, 안쪽의 작은 원일수록 테스트의 강도가 낮은 것을 의미합니다.

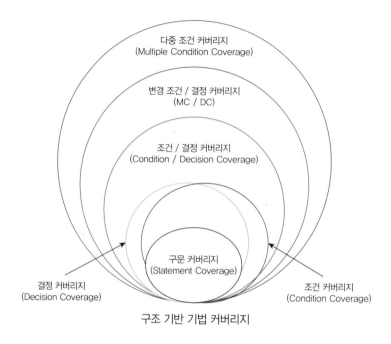

구조 기반 기법 커버리지

테스트의 강도가 낮다는 것은 테스트된 범위와 수준이 낮아 품질에 대한 보장성이 떨어지고 약한 것입니다. 리스크가 높고 주요한 시스템일수록 테스트 강도가 높은 다중 조건 또는 조건·결정 커버리지로 테스트 범위를 달성하여 보장성을 높이고, 리스크가 낮은 소프트웨어는 테스트 강도가 낮은 커버리지를 테스트에 적용합니다.

구조 기반 기법에 대한 설명에 앞서, 이 책에서는 기법을 활용한 세부 테스트 설계 방법을 전달하기보다 기법의 기본 개념과 기법을 활용하여 테스트 케이스를 도출하는 방법에 중점을 두고 설명하고자 합니다.

화이트박스 테스트를 적용하는 조직도 있지만 아직까진 많은 조직에서 개발자가 테스트를 진행하고 있습니다. 이는 작성한 코드를 테스트 조직에 공유하지 않거나 모든 프로그래밍 언어를 알고 있는 테스트 전문가가 많지 않고 개발자가 작성한 코드 구조를 이해하지 못하는 등 여러 이유가 있기 때문입니다.

하지만 테스터가 직접 코드 기반 테스트를 수행하지 않더라도 구조 기반 기법을 이해하고 코드 레벨의 테스트 범위를 테스트 케이스로 도출하는 방법을 가이드해줄 수 있습니다. 이 경우 개발자가 소프트웨어 전체를 테스트하는 것보다 정확하게 테스트가 필요한 영역을 확인할 수 있고 시간과 비용을 절약할 수 있습니다. 또, 개발 단계에서 오류를 제거하고 모듈 간 통합 과정에서의 결함을 보완하여 품질 안정성을 향상할 수 있습니다.

구문 커버리지

구문 커버리지 Statement Coverage는 프로그램 내 모든 명령문(문장)을 1번 이상 수행하는 것입니다. 커버리지가 가장 낮고 제어 흐름도의 모든 문장을 통과하는 한 개의 테스트 케이스가 필요합니다. 결정 커버리지가 100% 달성될 경우 구문 커버리지도 100% 달성되는 것이 보장되기 때문에 최소 단위의 테스트를 해야 할 경우 구문 커버리지까지 달성이 보장되는 결정 커버리지로 테스트를 수행하는 것이 좋습니다.

결정 커버리지

결정 커버리지 Decision Coverage는 프로그램 내 각 분기들을 1번 이상 수행하여 구현된 코드가 예상대로 작동되는지 확인합니다. 제어 흐름도의 모든 분기들을 최소 1번씩은 통과하는 2개의 테스트 케이스가 필요합니다. 결정 커버리지는 모든 분기를 한 번씩은 통과하도록 설계하기 때문에 결정 커버리지를 100% 달성할 경우 구문 커버리지도 함께 달성됩니다.

A	B	A OR B
True	True	True
True	False	True
False	True	True
False	False	False

프로그램 내 전체 분기가 적어도 한번은 참과 거짓의 결과를 수행하도록 설계

결정 커버리지는 테스트 커버리지가 낮아서 코어 시스템이 아닌, 문제가 발생할 때 영향도나 리스크가 낮은 시스템이나 소프트웨어를 테스트할 때 사용합니다. 또는 일정과 투입 인력이 부족한 특수한 상황에서 적은 케이스로 많은 결함을 찾을 수 있고 주요 경로에 대한 커버리지 달성을 목표로 할 때 활용할 수 있습니다.

조건 커버리지

조건 커버리지 Condition Coverage는 프로그램 내 분기의 결과와 관계없이 개별 조건들이 참이 되는 경우와 거짓이 되는 경우를 모두 수행해서 코드가 예상대로 작동하는지 확인합니다(분기의 결과가 같거나 달라도 무관합니다). 조건 커버리지가 개별 조건들이 참과 거짓이 되는 경우를 모두 수행하기 때문에 결정 커버리지를 포함한다고 생각할 수 있지만 분기의 결과가 참과 거짓의 모든 값을 갖는 것은 아니기 때문에 결정 커버리지를 포함하지 않습니다. 그래서 결정 커버리지보다 개별 조건의 모든 값을 갖는 조건 커버리지의 테스트 강도가 더 높습니다.

A	B	A OR B
True	True	True
True	False	True
False	True	True
False	False	False

분기 내 각 개별 조건이 적어도 한번은 참과 거짓의 결과가 출력되도록 수행

조건 · 결정 커버리지

조건 · 결정 커버리지 Condition . Decision Coverage는 프로그램 내 분기 결과와 개별 조건들이 참과 거짓이 한 번씩 통과되도록 수행하여 구현된 코드가 예상대로 작동하는지 확인합니다. 조건 커버리지와 결정 커버리지를 모두 포함합니다.

A	B	A OR B
True	True	True
True	False	True
False	True	True
False	False	False

분기뿐 아니라 개별 조건식도 참, 거짓이 한 번씩 결과가 출력되도록 수행

변경 조건 · 결정 커버리지

변경 조건 · 결정 커버리지 Modified Condition . Decision Coverage는 각 개별 조건식이 다른 조건식에 무관하게 분기의 결과에 영향을 주는 경우에만 커버리지에 포함됩니다. 예를 들어, A의 조건이 True이고 B의 조건이 False에서 A의 조건을 False로 변경할 때 분기가 False로 변경되기 때문에 A가 분기의 결과에 영향을 주는 경우입니다. 따라서 프로그램 내 모든 분기의 결과와 개별 조건의 모든 결과가 참, 거짓이 적어도 한 번씩 통과되도록 수행합니다. 변경 조건 · 결정 커버리지는 결정 커버리지와 조건 · 결정 커버리지보다 테스트 강도가 높습니다.

A	B	A OR B
True	True	True
True	False	True
False	True	True
False	False	False

A-True/B-True의 경우 둘 중 하나를 False로 변경해도
분기 결과는 True가 유지되기 때문에 MC/DC 커버리지에 포함되지 않음

변경 조건 · 결정 커버리지는 실무에서 일정과 인력이 부족할 경우 조건식 조합의 수는 줄이지만 개별 조건식 · 분기 결과가 참, 거짓이 한 번씩은 통과하여 모든 결괏값을 확인하는 커버리지를 달성하고자 할 때 활용합니다.

다중 조건 커버리지

다중 조건 커버리지 Multiple Condition Coverage는 프로그램 내 분기의 모든 조합과 개별 조건식의 모든 조합을 1번 이상 수행합니다. 분기 내에서 발생할 수 있는 모든 결함을 발견할 수 있고 가능한 모든 조합을 고려한 테스트로 100% 커버리지를 보장합니다.

A	B	A OR B
True	True	True
True	False	True
False	True	True
False	False	False

분기 내에 있는 개별 조건의 모든 조합을 고려한 커버리지

다중 조건 커버리지는 테스트 커버리지가 매우 높아서 코어 시스템이나 문제가 발생할 때 영향도나 리스크가 높은 시스템이나 소프트웨어를 테스트할 때 사용하는 것이 유용합니다. 또 테스트 일정과 투입 인력이 충분할 경우, 가능한 모든 조건식의 조합을 커버할 수 있도록 테스트를 설계합니다.

2.4 경험 기반 기법

테스트 담당자의 유사 시스템 또는 프로그램에 대한 기술적 경험, 지식(발생 가능한 결함, 결함의 분포 등에 대한 지식), 보유 능력에 기반하여 테스트 케이스를 설계하는 방법입니다. 명세나 구조 기반으로 찾아낼 수 없는 범위의 테스트 케이스와 결함을 도출할 수 있습니다. 하지만 테스트 담당자의 보유 지식과 경험에 의존적이기 때문에 테스트 케이스와 테스트 수행 결과의 효과성에 큰 차이가 발생할 수 있다는 단점도 있습니다. 경험 기반 기법에도 여러 종류의 기법이 있지만 이 책에서는 실무에서 가장 많이 사용하는 오류 추정, 탐색적 테스팅, 체크리스트 기법을 소개하겠습니다.

오류 추정 기법

오류 추정 기법 Error Guessing은 애드혹 테스팅Ad-hoc Testing이라고도 불리며 테스트 담당자의 직관과 경험에 의하여 특정한 형태의 결함이 발생할 것을 예측해서 결함을 드러내도록 설계하는 테스트 기법입니다.

공식 기법으로 발견할 수 없는 결함, 예측 불가능한 결함을 발생시키는 조건과 데이터, 발생 가능한 오류를 모두 나열해서 이를 공격할 수 있도록 테스트 케이스를 설계합니다.

오류 추정 기법은 기본적으로 공식적인 기법을 적용한 후에 이를 보강하는 용도로 사용하는 것이 효과적입니다. 예를 들어, 투입된 자원이 부족한 경우 동등분할 기법과 경곗값 분석 기법을 적용하여 최소한의 커버리지를 확보하도록 테스트 케이스를 설계한 후 테스트를 수행하지 못한 범위를 보강하고 일정과 리소스를 너무 많이 소모하지 않는 방법으로 오류 추정 기법을 활용하는 것이 유용한 방법이 될 수 있습니다.

오류 추정 기법은 여타 공식 기법이나 탐색적 테스팅 기법과 달리 테스트 케이스 설계 기법이 정해져 있지 않습니다. 테스트 담당자에 따라 공식 기법으로 작성된 테스트 케이스에 오류 추정 기법으로 설계된 케이스를 추가하기도 하고 테스트 케이스나 테스트 수행 기록 등 문서를 남기지 않고 직관과 경험에 기반하여 테스트를 실행하기도 합니다.

오류 추정 테스트를 계획하고 실행하는 인원이 테스트 전문가 1인이거나 또는 투입된 인원의 지식과 역량이 비슷하다면 테스트 방법과 결과에 대한 기록을 남기지 않아도 괜찮습니다. 하지만 대체로 테스트 투입 인원의 지식과 역량수준이 다르고 이로 인해 테스트 품질 수준도 차이가 발생합니다.

오류 추정 기법의 목표인 '테스트 케이스 작성 시간 최소화'는 유지하면서 테스트 투입 인원에 따른 품질의 불확실성을 제거하고 일정 수준의 품질을 유지할 수 있도록 조직 단위의 공통화된 테스트 방법을 기록하고 관리합니다. 기록된 데이터와 자료는 다음에 출시할 제품의 리스크를 예측하고 위험을 방지하는 데 유용하게 사용할 수 있습니다.

탐색적 테스팅

탐색적 테스팅 Exploratory Testing Approach은 테스트를 실행하는 중에 테스트 대상을 분석하여 테스트를 설계하고 계획하며 실행 과정을 기록하고 결과를 평가하는 일련의 과정을 동시에 진행하는 테스트 기법입니다. 공식적인 기법을 사용하여 문서화된 테스트 케이스로 테스트를 수행하는 것보다 테스트 대상을 실행하여 결함을 발견하는 확률을 높이는 것이 더 효율적이라고 보는 접근법입니다. 탐색적 테스팅과 경험 기반 테스트의 다른 점은 정해진 시간(1~2시간 내 수행)동안 업무를 수행하며 테스트 목표에 포함된 **테스트 차터**Test Charter를 활용하여 테스트 결과물을 도출한다는 점입니다.

테스트 차터는 테스트 대상, 범위, 목적, 수행 절차, 수행 임무, 결과 보고를 정의한 테스트 참조 문서로 리스크를 분석한 기반으로 작성합니다. 다음은 테스터 차터 작성 예시입니다.

테스트 차터					
테스트 목적	no.	테스트 수행 절차 기록		테스트 결과	버그 보고서
테스트 목적과 미션 작성	01	테스트 실행과 동시에 테스트 계획, 설계, 아이디어 등의 사고 활동을 테스트 케이스로 기록		PASS	
테스트 세션	02			FAIL	
수행 임무 작성 리스크 기반으로 작성 세션별 테스트 수행 기록	03				
진행 상태	진행 중/ 완료	04			
테스트 수행 시간	60min	05			
테스트 수행 후 요약 보고					
테스팅 방법, 발견한 장애, 테스트 수행 중 발견한 아이디어, 회고 등 요약 보고 내용 작성					

테스터 차터 작성 예시

즉, 테스터는 정해진 시간 동안 테스트 목적과 목표에 따라 테스트를 수행하며 테스트 차터에 수행 단계와 발견 사항 등을 기록하고 테스트 완료 후 결과를 보고합니다.

탐색적 테스팅을 성공적으로 수행하기 위해서 테스트 설계 기법에 대한 깊이 있는 이해와 테스트 대상에 대한 이해가 있어야 의미 있는 결과를 얻을 수 있습니다. 테스트를 설계하고 계획할 때 체계적으로 테스트를 수행할 수 있도록 공식 테스팅 기법과 방법론을 기반으로 정리하되 의

존적이지 않은 창의적이고 주체적인 테스팅을 실행할 수 있는 사고와 결함 발견 능력을 활용합니다.

테스트 대상과 방법, 발견한 이슈는 구성원에게 공유하고 해결 방법과 대응책을 마련하기까지 끊임없이 소통과 대화를 진행합니다. 테스트의 마지막에는 검토 가능한 테스트 결과를 도출하고 테스트 수행 중 발견한 새로운 아이디어 등을 기록하여 수행한 테스팅에 대한 피드백을 얻습니다.

탐색적 테스팅이 가진 특징을 잘 활용하면 경험 기반 테스팅을 체계화할 수 있고, 테스트 케이스 작성 시간을 줄여 보다 많은 테스트를 실행할 수 있습니다. 그리고 명세가 없고 시간이 부족한 경우 효과적이고 효율적으로 테스트를 수행할 수 있습니다. 또 창의적이고 다양한 관점에서 테스트를 수행할 수 있어 테스터의 역량과 테스팅의 지적 능력을 향상시킬 수 있고, 적은 테스트 인력으로 최대 분량의 테스트를 수행할 수 있습니다.

체크리스트

체크리스트Checklist란 테스트에 대한 내용(테스트 절차, 범위, 주요 기능 등), 시스템 성능 평가, 기능 동작 점검 기준, 경험, 노하우 등 내용을 정리하고 나열한 목록으로 테스트를 할 때마다 누락 없이 재사용하는 것을 목적으로 작성합니다.

실무에서는 체크리스트와 테스트 케이스를 내용 작성의 상세함이나 작성 방식(절차, 사전 조건, 기대 결과 존재 여부 등)에 따라 분류하여 사용하고 있지만 이는 체크리스트의 역할을 잘못 이해한 것입니다.

체크리스트와 테스트 케이스의 주요한 차이점은 공식 기법을 활용하여 작성한 테스트 케이스는 기법이 주는 테스트 효과가 보장된다는 것이고 체크리스트는 이 보장성이 없다는 차이가 있습니다. 이 차이점을 이해한다면 체크리스트는 테스트 케이스가 사용되는 동적 테스팅에서 사용하기보다 테스트 시작 전 명세를 분석하는 단계에서 사용하거나 또는 테스트 수행 완료 후 경험과 노하우를 기록하고 관리하는 목적으로 사용하는 것이 바람직합니다.

공식적인 기법 외 경험 기반 테스트 기법을 추가로 활용하는 이유는 공식적인 기법으로 작성한 테스트 케이스로만 테스트를 실행할 경우 해당 케이스에 한정된 결함만 발견할 것이고 수행 주체와 상관없이 동일한 결함만 발견되기 때문입니다. 하지만 결함은 하나의 케이스에만 한정되어 발생하지 않습니다. 경험 기반 테스팅으로 테스트 케이스를 벗어나 발견한 결함의 주변을 탐색하여 숨은 결함들을 발견할 수 있습니다. 또한 테스트 주체가 가진 성향에 따라 테스트 범위와 행위가 다양해지고 그에 따른 결과로 공식 기법으로 찾아낼 수 없는 종류의 결함을 발견할 수 있으며 창의적이고 주체적인 테스트 훈련과 결함 발견 능력을 강화할 수 있습니다.

핵심 요약

테스트 설계 기법 활용하기

테스트 설계 기법은 테스트 베이시스를 분석하여 테스트 케이스를 도출하는 방법입니다. 테스트 기법은 프로젝트 상황에 맞는 테스트 전략을 계획하고 효과적인 테스트 수행을 위한 접근 방법으로 설계 기법을 활용합니다.

테스트 전략

테스트 전략은 테스트를 설계하고 수행 방법을 결정하는 일련의 과정입니다. 전략의 요소에는 테스트 목표 수립, 일정 관리, 범위 선정, 테스트 종류 및 수행 절차 선정, 지원 도구, 품질 기준 수립 등이 포함됩니다.

명세 기반 기법

명세 기반 기법은 고객 요구 사항 문서, 시스템과 프로그램의 기능 및 정책과 관련 정보를 명세한 기획서, 개발 설계서와 같은 문서를 기반으로 테스트 케이스를 설계하는 방법입니다. 명세 기반 기법의 종류에는 동등 분할, 경곗값 분석, 결정 테이블 테스팅, 상태 전이 테스팅, 유즈 케이스 테스팅, 조합 테스팅이 있습니다.

구조 기반 기법

구조 기반 기법은 소스 코드, 개발 설계, 소프트웨어 구현 정보를 기반으로 테스트 케이스를 설계하는 방법입니다. 구조 기반 기법은 코드 자체를 테스트하는 컴포넌트 레벨과 모듈 간 호출하는 관계를 테스트하는 통합 레벨 그리고 비즈니스 프로세스 구조를 테스트하는 시스템 레벨 구조로 구성됩니다.

경험 기반 기법

경험 기반 기법은 테스터의 유사 시스템, 프로그램에 대한 기술적 경험과 지식 보유 능력에 기반하여 테스트 케이스를 설계하는 방법입니다. 명세 기반이나 구조 기반에서 찾아낼 수 없는 범위의 테스트 케이스와 결함을 도출할 수 있습니다.

2
주 차

기능·비기능
테스팅 방법

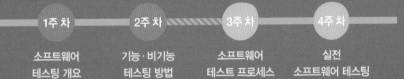

1주 차	2주 차	3주 차	4주 차
소프트웨어 테스팅 개요	기능·비기능 테스팅 방법	소프트웨어 테스트 프로세스	실전 소프트웨어 테스팅

2주 차에서는 테스팅 이론을 바탕으로 소프트웨어를 검증하기 위한 기능·비기능 테스팅 방법을 소개합니다. 소프트웨어 테스팅 활동 중 테스트 도구를 활용한 테스트 수행 방법과 테스트 베이시스 그리고 예외 상황에 대처하기 위한 테스트 방법을 배웁니다.

3강

소프트웨어 테스트

3강에서는 소프트웨어 테스팅 활동 중 기능·비기능 테스트의 종류와 방법 그리고 테스트 도구를 활용한 API 테스트, 네트워크 테스트, 클라이언트 성능 테스트, 서버 부하 테스트, 자동화 테스트, 데이터 테스트를 다룹니다.

각 테스트의 정의와 필요성을 살펴본 다음 실무에 이 테스트들을 활용할 수 있도록 수행 절차와 결과 분석에 중점을 두었습니다.

이 책에서는 테스트 종류에 따라 사용 가능한 테스트 도구를 대표로 하나만 선정하여 테스트를 수행하는 방법을 제시합니다. 도구를 활용한 실습을 진행하면서 테스트를 간접적으로 체험하고 테스트 수행 능력을 향상시키는 계기가 되길 바랍니다.

3강 커리큘럼

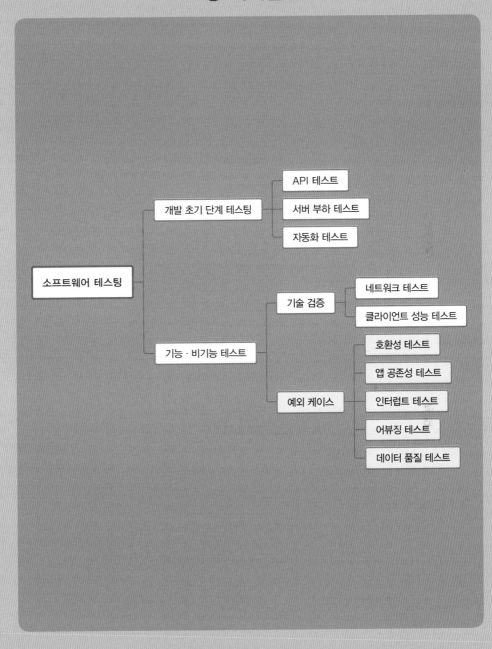

3.1 API 테스트

소프트웨어(애플리케이션 등)와 시스템(서버, 데이터베이스 등)은 서로 다른 API로 상호 연결되어 있습니다. 그중 하나라도 연결에 실패하면 서비스가 제대로 동작하지 않습니다. **API 테스트**Application Programming Interface Test는 API 시스템에 대한 엔드포인트End-Point 테스팅 활동으로, API가 예상대로 작동하고 사용할 준비가 되어 있는지 그리고 안정성, 성능, 보안 측면에서 기대치를 충족하는지 확인하는 비기능 테스트입니다.

> **🔍 용어 사전 엔드포인트**End-Point
>
> 서버에서 리소스에 접근할 수 있도록 해주는 URL입니다.

API 테스트는 프런트엔드Front-End나 클라이언트Client가 구축되기 전 백엔드Back-End 시스템의 내부 설계 및 통합이 완료된 후 API 엔드포인트에 대한 테스트를 수행하는 것입니다. UIUser Interface 구현을 완료한 후 애플리케이션이나 웹의 실제 유저가 사용하는 화면에서 블랙박스 테스트Blackbox Test를 수행할 수 있지만 그러기 위해서는 서버, 데이터베이스, 클라이언트와 같은 모든 시스템과 애플리케이션 개발이 완성된 상태여야 합니다. 개발이 완성된 단계에서 엔드 투 엔드 테스트End to End Test가 시작된다면 개발 초기에 해소할 수 있는 이슈에 대한 대응은 늦어질 수밖에 없습니다.

> **🔍 용어 사전 프런트엔드**Front-End**, 백엔드**Back-End**, 엔드 투 엔드 테스트**End-to-End Test
>
> - 프런트엔드: 유저가 볼 수 있는 화면, 즉 유저 인터페이스를 뜻합니다.
> - 백엔드: 애플리케이션의 유저가 보지 못하는 영역인 서버나 데이터베이스를 뜻합니다.
> - 엔드 투 엔드 테스트: 개발된 제품을 유저 관점에서 테스트하는 방법입니다.

백엔드 시스템이 개발되는 과정에 API 테스트를 병행한다면 개발 생명주기가 짧아집니다. 또한 개발 단계에서부터 API의 기능상, 로직상 오류를 발견하고 해소함으로써 초기 품질을 확보할 수 있고, API 성능 향상 및 개선이 가능하며 통합 테스트 기간 단축 효과를 기대할 수 있습니다.

API의 정의와 작동 방법

API란, 애플리케이션과 운영체제를 연결하여 두 소프트웨어의 구성 요소가 서로 통신할 수 있게 하는 메커니즘입니다. 카페에서 음료를 주문하는 과정을 예로 들면, 조이가 카페에서 점원인 마크에게 음료를 주문합니다. 마크는 음료 주문서를 바리스타에게 전달합니다. 바리스타는 조이가 주문한 음료를 만들어 마크에게 전달합니다. 마크는 음료를 조이에게 서빙함으로써 임무를 완수합니다.

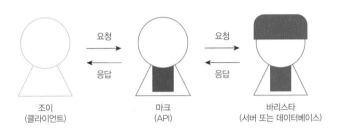

카페 음료 주문 예시로 본 API의 역할

API는 점원인 마크의 역할에 해당합니다. 클라이언트(주문자)에게 요청을 받고 서버(바리스타)와의 인터페이스로 요청에 대한 응답 값(주문받은 메뉴)을 클라이언트에게 전달합니다. 즉 API는 클라이언트와 애플리케이션이 서로 통신할 수 있게 연결해주는 매개체로 볼 수 있습니다.

실제 우리가 사용하는 애플리케이션으로 한 가지 더 예를 들어보겠습니다. 구글 애플리케이션을 실행하여 "오늘의 날씨"를 검색하면 검색한 날짜의 날씨를 결과물로 보여 줍니다. 이때 애플리케이션(검색 포털 사이트)의 요청을 받은 서버(API)는 데이터베이스에서 날씨 정보를 받아 포털 사이트 내 검색 결과로 응답 값을 보여 줍니다. API는 클라이언트-데이터베이스를 상호 연결하여 데이터를 주고받을 수 있도록 돕는 역할을 합니다.

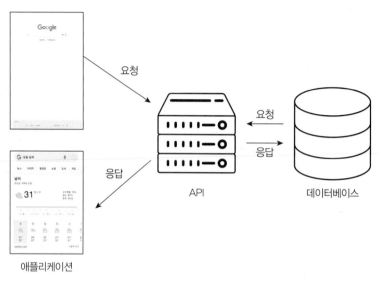

날씨 검색 시스템의 API 역할

API의 종류와 유형

API는 구조에 따라 **SOAP API, RPC API, Websocket API, REST API** 4가지 종류가 있습니다. 각 API에 대한 설명은 다음과 같습니다.

SOAP API	그 자체가 프로토콜이며 XML을 사용하여 클라이언트와 서버 간 메시지를 교환한다. 유연성이 떨어져 과거에 많이 사용되었다.
RPC API	원격 프로시저 호출로, 클라이언트가 메서드를 호출하면 서버에서 함수나 프로시저를 완료하여 호출 결과를 클라이언트로 전송한다.
Websocket API	JSON을 사용하여 데이터를 전달하는 최신 웹 API다. 요청을 받고 응답하는 REST API와 다르게 클라이언트와 서버 간 양방향 통신을 지원한다. 서버가 연결된 클라이언트에 콜백 메시지를 전송할 수 있어 REST API보다 효율적이라는 장점이 있다.
REST API	HTTP 프로토콜 기반으로 오늘날 웹에서 가장 많이 사용하고 최적화된 API다. 리소스는 URI로 표현하며 리소스 상태는 HTTP 메서드 활용해 구분한다. JSON을 활용하여 클라이언트가 서버에 요청을 데이터로 전송하며 서버는 내부 함수를 사용하여 출력 데이터를 클라이언트로 반환한다.

구조에 따른 4가지 API

🔎용어 사전 HTTP 메서드

클라이언트가 서버 데이터에 접근하는 데 사용할 수 있는 POST, GET, PUT, DELETE 함수 집합을 뜻합니다. 클라이언트와 서버는 HTTP 메서드를 사용하여 데이터를 교환합니다.

API 유형은 사용 범위에 따라 **Private API, Public API(Open API), Partner API, Composite API** 4가지로 분류됩니다.

Private API	제3자에게 노출되지 않는 기업 내부에서 사용되는 API로 비즈니스에서 시스템과 데이터를 연결하는 데 사용한다..
Public API	일반에 공개되어 누구나 사용할 수 있는 API다..
Partner API	일부 유저에게만 접근 권한이 부여된 API다. B2B 파트너 관계에서 주로 사용된다.
Composite API	여러 API의 요청을 결합하여 하나의 호출로 응답한다. API 호출 수가 최소한으로 유지되어 데이터 사용량을 줄일 수 있고 애플리케이션의 효율성이 높아진다. 묶음으로 제공되는 애플리케이션에 주로 사용된다.

사용 범위에 따른 4가지 API

API를 테스트할 때 주로 사용하는 API는 **REST API**와 **gRPC**입니다. 개발 중인 API가 테스트 대상이므로 대부분 Private API나 Partner API를 대상으로 테스트합니다.

API 테스트 방법

API 테스트 목적은 클라이언트의 요청에 대한 '서버의 응답'을 검증하는 데 있습니다. 더불어 API 엔드포인트에 요청 부하를 발생시켜 API 성능을 확인하거나 서버 우회 접근 또는 시스템 공격 등 위협에 대응 준비가 되어 있는지 확인하는 보안 테스트를 목적으로 진행합니다. API 테스트를 수행하기 위한 테스트 도구와 테스트 방법은 매우 다양합니다. 이 책에서는 API 테스트용으로 가장 많이 사용하는 포스트맨을 활용한 API 테스트 방법을 소개합니다. API 테스트에 들어가기 앞서 API 테스트 수행을 위한 테스트 전략을 계획하고 검증 범위를 먼저 선정하겠습니다.

API 테스트 계획 및 검증 범위 선정

API 테스트를 수행하기 위한 테스트 전략을 구상할 때 보편적으로 3가지를 목표로 테스트를 설계합니다. 첫째, 요청(입력값)에 대한 서버의 응답 값과 **상태 코드**Status-Code를 검증합니다. 둘째, API의 엔드포인트 성능을 확인합니다. 트래픽 과부하 상태에서 병목이나 시스템의 성능 저하가 발생하지 않는지 확인합니다. 셋째, 시스템 공격이나 URL 우회 접근과 같은 각종 보안 위협에 대한 대응 준비가 설계되어 있는지 확인하기 위한 검증이 진행됩니다.

API 테스트를 위한 목표 전략이 수립되면 세부 테스트 범위를 선정합니다. 테스트를 위한 범위는 API 요구 사항 문서에 정의된 스펙(parameter, field, type, body 등)을 기준으로 하며 요구된 스펙과 백엔드와 프런트엔드가 설계된 로직대로 입력값에 대한 응답 값(결괏값)이 정상 출력되는지 확인합니다.

응답 값 확인에는 기능 응답, 데이터 호출에 대한 확인과 API 상태 코드 확인(예: 오류 발생 시 Status code 400 호출), 구현된 로직이 API 요구 사항에 맞게 설계되었는지 확인을 포함합니다. 테스트는 유저 시나리오를 기반으로 수행하며 핵심 API가 정상 동작하는지 확인합니다. 이 과정에서 API 문서상 정의되지 않거나 비정상적이거나 허용하지 않는 **매개변수**Parameter 호출을 결함으로 간주하며 오류 응답을 진행합니다.

API 테스트 실습

API 테스트를 본격적으로 수행하기 위해 API 클라이언트를 먼저 설치해야 합니다. 여러 가지 API 클라이언트 중에서 우리는 **포스트맨**Postman을 사용할 것입니다.

포스트맨은 API를 개발, 테스트, 공유 및 문서화하는 데 사용하는 API 클라이언트입니다. 엔드 포인트 URL을 입력하는 테스트에 사용하며 JSON 파일에서 응답 값에 대한 folding과 expand 처리를 지원하여 테스트 수행 시 응답 값을 직접 확인할 수 있다는 장점이 있습니다. 이 외에도 API 테스트를 위한 클라이언트는 제이미터(JMeter), Thunder Client, SoapUI 등 다양한 도구가 있습니다. 테스트를 위해 제공하는 기능과 API 유형에 맞는 도구를 선택하여 테스트를 수행하기 바랍니다.

포스트맨은 교육용으로 사용하거나 개인이 사용하면 무료로 제공합니다. 단 영리를 목적으로 사용한다면 정해진 비용을 지불해야 합니다. 이 책에서는 무료로 사용할 수 있는 기능 위주로 살펴볼 것입니다.

포스트맨 설치하기

포스트맨은 윈도우(x64), 리눅스(x64, arm64), 맥(intel, apple)에서 설치할 수 있습니다. 프로그램을 설치하기 전에 포스트맨 공식 홈페이지를 통해 설치 가능한 컴퓨터의 사양과 운영체제를 확인하기 바랍니다.

01 포스트맨 클라이언트 다운로드 페이지(postman.com/downloads)로 이동합니다. 화면 가운데 유저가 접속한 환경에 따라 윈도우, 리눅스, 맥용 클라이언트를 다운로드할 수 있는 버튼이 뜹니다. 이 버튼을 클릭해 파일을 다운로드합니다.

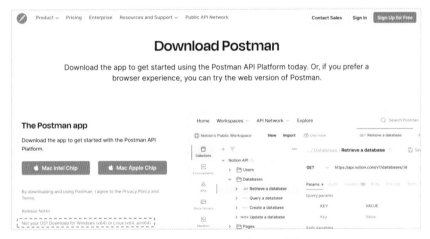

포스트맨 설치를 위한 다운로드 진행

02 설치된 포스트맨 앱 클라이언트를 실행하면 로그인 페이지로 연결됩니다. 이메일 주소로 가입하거나 구글 계정으로 로그인을 진행합니다.

Tip. 가입하지 않고도 클라이언트를 사용할 수 있지만 동기화 기능을 위해 가급적 회원가입 및 로그인 할 것을 추천합니다.

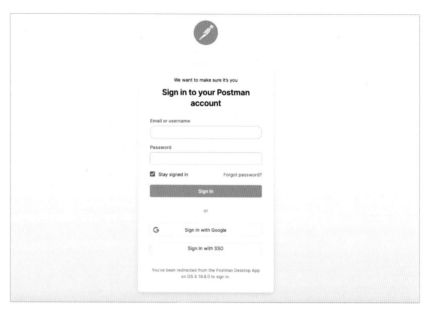

포스트맨 설치 후 로그인 진행

포스트맨 설치와 클라이언트 사용을 위한 모든 준비는 끝났습니다. 본격적으로 포스트맨을 활용하여 REST API와 gRPC API의 응답 검증 및 성능 테스트를 수행하겠습니다.

REST API 테스트

REST API 테스트를 시작하기 앞서 준비해야 할 것이 있습니다. 여러분이 한 회사에 속해 있고 유저에게 제품을 공개하기 전 API 테스트를 수행해야 한다면 **API Key**가 필요합니다. 기업에서 제공하는 API는 Public API가 아닌 Private API에 해당하기 때문입니다. API Key는 API 서버에 접근하기 위한 일종의 권한이므로 회사 내부에서도 공개되는 정보가 아니기 때문에 테스트 전에 서버 개발자를 통해 key를 전달받아 사용합니다.

단, 이 책에서 다루는 실습에서는 Public API를 사용할 예정이므로 접근을 위한 key는 필요하지 않습니다. 그럼 이제부터 포스트맨 클라이언트를 실행하여 REST API 테스트를 시작해 보겠습니다.

01 포스트맨 앱 클라이언트를 실행합니다.

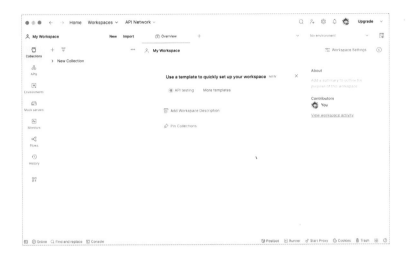

02 REST API 테스트를 하기 위해 HTTP 리퀘스트를 선택합니다. 왼쪽 메뉴에서 [Collections → New → HTTP]를 클릭합니다.

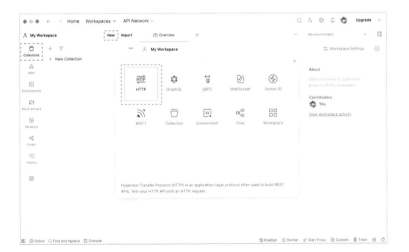

03 HTTP 리퀘스트를 선택하면 REST API를 호출할 수 있는 페이지가 나타납니다.

04 서버 개발자에게 전달받은 API Key를 [Headers] 또는 [Auth] 탭에서 [API Key Type]으로 선택하고 Key와 Value에 입력합니다.

GET(데이터 조회)으로 응답 값 확인하기

HTTP 메서드 중 GET 타입의 API를 호출하고 결괏값을 확인하기 위해 네이버 검색 API를 활용하여 실습을 진행하겠습니다. 네이버 API(openapi.naver.com/v1)는 오픈소스로 공개되어 있어 누구든지 사용할 수 있습니다. 공개된 API 중 네이버의 블로그 게시글 검색을 API로 테스트하겠습니다.

Tip. GET 타입은 데이터를 조회하고 해당 문서의 자세한 정보를 가져오는 역할을 합니다. 그래서 요청에 대한 결괏값에서 데이터를 직접 수정하거나 삭제하는 등의 요청은 처리할 수 없습니다.

01 메서드 타입을 [GET]으로 선택하고 URL 입력창에 네이버 검색 API를 입력합니다.

- 네이버 검색 API URL : openapi.naver.com/v1/search/blog.json

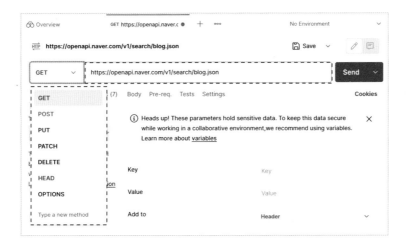

02 [Params] 탭을 선택하고 요청 변수명을 입력합니다. 입력되는 쿼리는 검색어고 추가로 결괏값의 목록을 날짜순으로 정렬하도록 변수명을 입력하고 [Send] 버튼을 클릭합니다. 그러면 Body 영역에 '비타민'에 대한 블로그 게시글 검색 결과가 응답 값으로 호출되는 것을 확인할 수 있습니다.

> [예시 문구] key 열에 query와 sort를 입력하고 value 열에 검색어(예: 비타민)와 정렬 조건(예: date)을 입력합니다.

POST(데이터 작성)로 응답 값 확인하기

다음으로 HTTP 메서드 중 POST 타입의 API를 호출하고 결괏값에서 데이터를 작성하여 입력된 데이터가 적용된 응답 값을 호출하는지 확인하겠습니다. 여기서 활용할 API는 네이버의 파파고 번역 API를 활용하여 실습을 진행하겠습니다.

Tip. POST 타입은 데이터를 생성하는 역할을 합니다. API 호출 후 입력 데이터를 직접 작성하여 응답 값에 대한 변경과 변경에 대한 결괏값 확인이 필요한 경우 POST 메서드로 테스트를 수행합니다. 번역 프로그램, 금칙어 시스템, 화이트 리스트 · 블랙 리스트 관리 등 변경되는 입력값에 대한 응답을 확인할 때 사용합니다.

01 메서드 타입을 [POST]로 선택하고 URL 입력창에 네이버 파파고 API를 입력합니다.

- 네이버 파파고 API URL : openapi.naver.com/v1/papago/n2mt

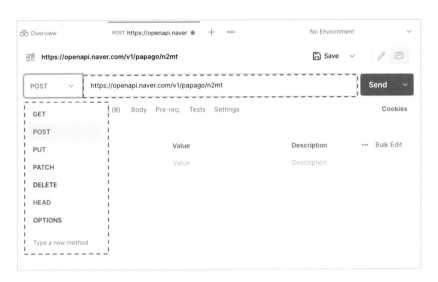

02 [Body] 탭을 선택하고 요청 변수명을 입력합니다. 입력한 소스는 번역 전 단어의 국가 언어를 지정하고 번역하고자 하는 국가 언어를 타깃으로 지정합니다. 마지막으로 번역할 단어를 텍스트로 입력한 후 [Send]를 클릭하면 [Body] 영역에 번역된 단어가 응답 값으로 호출되는 것을 확인할 수 있습니다.

[예시 문구] key 열에 source와 target, text를 입력하고 value 열에 번역 전 언어(예: ko), 번역할 언어(예: en), 번역할 단어(예: 개구리)를 입력합니다.

03 [Body]의 응답 값만 텍스트로 확인하면 다음과 같습니다.

```
"message": {
        "result": {
                "srcLang Type": "ko",
                "tar LangType": "en",
                "translatedText": "Frog",   →  응답 값
                "engineType": "PRETRANS"
},
```

Tip. value에 값을 입력할 때는 텍스트나 파일로 입력할 수 있습니다. key 입력 우측 오른쪽 버튼을 클릭하여 text/file 중 선택하여 값을 입력할 수 있습니다.

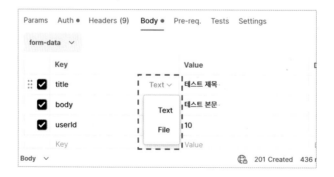

PUT(데이터 수정)으로 응답 값 확인하기

이번에는 HTTP 메서드 중 PUT 타입의 API를 호출한 결괏값에서 데이터를 수정하고, 이 데이터가 적용된 응답 값을 재호출하는지 확인하겠습니다. 실습을 위해 사용할 API는 더미 URL을 활용하겠습니다.

Tip. PUT 타입은 데이터를 수정하는 역할을 합니다. GET 타입으로 API 조회 후 조회된 데이터의 값을 수정하여 호출할 때 수정된 데이터 확인이 필요한 경우 PUT 메서드로 테스트를 수행합니다.

01 메서드 타입을 GET으로 선택한 다음 URL 입력창에 API 주소를 입력하고 [Send] 버튼을 클릭합니다. 그럼 화면과 같이 [Body] 영역에 호출된 데이터가 확인됩니다.

- 더미 URL: dummy.restapiexample.com/api/v1/employees

02 화면 상단 오른쪽의 [Save]를 클릭하여 저장합니다.

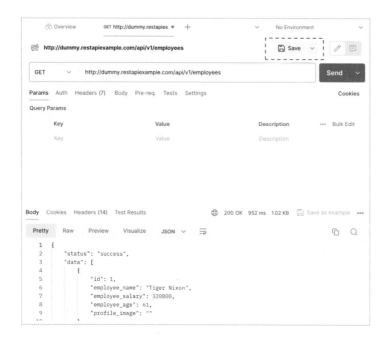

03 저장 시 이전에 생성한 폴더를 선택하거나 새로운 폴더를 생성해서 저장합니다. 실습을 위해 'Put Test'라는 새로운 폴더를 생성하고 저장하겠습니다.

04 저장된 폴더 밑에 새로운 요청을 생성합니다. 폴더 오른쪽 더보기 아이콘을 클릭한 다음 [Add request]를 클릭합니다.

05 HTTP 메서드를 [PUT]으로 선택합니다. 이후 GET으로 조회한 [Body] 탭의 데이터 중 수정할 데이터의 ID와 수정 명령어에 해당하는 update를 매개변수로 입력합니다. 실습을 위해 'id: 2'의 데이터를 수정하겠습니다.

- 수정할 데이터의 URL: dummy.restapiexample.com/api/v1/**update/2** ("id"=2의 URI)

06 [Body → raw → JSON]으로 언어를 선택하고 수정할 데이터를 입력합니다. 'id: 2'의 데이터에서 동료 이름인 'Gattett Winters'의 나이를 '55'로 수정해보겠습니다. JSON 명령어를 입력하고 [Send]를 클릭하면 성공 메시지와 함께 'id: 2'의 'age'가 '63'에서 '55'로 변경된 것을 확인할 수 있습니다.

```
{ "name" : "Gattett Winters", "age" : "55" }
```

07 [Body]에 출력된 응답 값만 텍스트로 확인해보면 다음과 같습니다.

```
{"status": "success",
"data": {
"name": "Garrett Winters",
"age": "55"
},
"message": "Successfully! Record has been updated."}
```

DELETE(데이터 삭제)로 응답 값 확인하기

HTTP 메서드 중 마지막인 DELETE 타입의 API를 호출하고 결괏값에서 데이터를 삭제하는 실습을 진행하겠습니다. 실습을 위해 사용할 API는 PUT에서 사용한 더미 URL을 다시 사용하겠습니다.

Tip. DELETE 타입은 데이터를 삭제하는 역할을 합니다. GET 타입으로 API를 조회한 후 조회된 데이터의 값 중 일부를 삭제해야 할 경우 DELETE 메서드로 테스트를 수행합니다.

01 메서드 타입을 [GET]으로 선택하고 URL 입력창에 API 주소를 입력한 후 [Send] 버튼을 클릭합니다. [Body]에 호출된 데이터가 확인됩니다.

- 더미 URL : dummy.restapiexample.com/api/v1/employees

02 화면 상단 우측의 [Save]를 클릭하여 저장합니다.

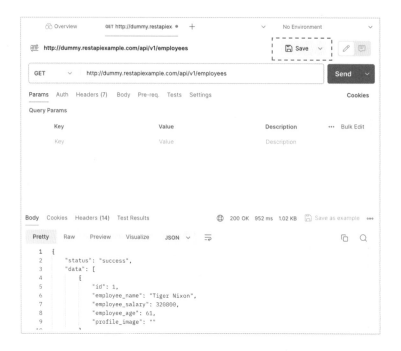

03 저장 시 이전에 생성한 폴더를 선택하거나 새로운 폴더를 생성해서 저장합니다. 실습을 위해 'Delete Test'라는 새로운 폴더를 생성하고 저장하겠습니다.

04 HTTP 메서드를 [DELETE]로 선택합니다. 이후 GET으로 조회한 [Body]의 데이터 중 삭제할 데이터의 ID와 삭제 명령어에 해당하는 delete를 매개변수로 입력합니다. 실습을 위해 'id: 2'의 데이터를 삭제하겠습니다.

- 삭제할 데이터의 URL: dummy.restapiexample.com/api/v1/**delete/2**("id"=2의 URI)

05 URL이 입력된 상태에서 [Send]를 클릭하면 성공 메시지가 노출되는 것을 확인할 수 있습니다.

06 'id: 2'의 데이터가 정상적으로 삭제되었는지 확인해보겠습니다. HTTP 메서드를 다시 [GET] 타입으로 선택하고 URL 입력창에 더미 URL 입력하여 데이터를 호출합니다. 호출된 데이터 중 'id: 2'의 데이터가 노출되지 않는 것을 확인할 수 있습니다.

- 더미 URL : dummy.restapiexample.com/api/v1/employees

gRPC API 테스트

이번에는 최근 기업에서 사용량이 증가하고 있는 gRPC API의 테스트 방법을 알아보겠습니다. gRPC API는 API 유형 중 하나가 아니라 구글에서 RPC를 개발하여 배포한 오픈소스 프레임워크입니다. gRPC는 HTTP/2(Websoket API와 유사)를 사용하며 구글에서 개발한 구조화된 데이터를 바이트 단위로 변환하여 전달하기 때문에 파일만 배포하면 환경과 프로그램 언어에 구애받지 않고 데이터 통신이 가능하다는 이점이 있어 REST API의 대안으로 많은 기업에서 사용하고 있습니다.

gRPC API도 포스트맨에서 테스트할 수 있습니다. 2022년 1월에 배포된 포스트맨 9.7.1 버전에 새롭게 추가된 기능으로 대화형 UI를 사용한 gRPC 서비스 호출을 지원합니다. 포스트맨의 gRPC 요청 처리는 서비스가 호스팅되는 서버 URL을 입력하고 서버에서 호출되는 메서드를 선택 후 요청 실행 방법에 대한 메시지 작성(데이터 유형에 대한 정보가 포함된 서비스 정의를 참조)으로 절차가 진행됩니다.

포스트맨에서 지원하는 gRPC 메서드는 단항 메서드, 클라이언트 스트리밍, 서버 스트리밍, 양방향 스트리밍 메서드를 호출할 수 있습니다. 이 책에서는 서버의 단항 메서드 호출에 대해 테스트를 진행합니다. 메서드에 따라 요청되는 서버의 응답 처리 방식에 차이가 있을 뿐이어서 API 테스트의 주 목적인 요청에 대한 서버의 응답 반환 확인을 만족하는데 단항 메서드 호출만으로도 충분히 목표를 달성할 수 있습니다. 그럼 순서대로 한 단계씩 실습을 진행해보겠습니다.

🔦 용어 사전 **단항 메서드, 클라이언트 스트리밍 메서드, 서버 스트리밍 메서드, 양방향 스트리밍 메서드**

- 단항 메서드: HTTP에서도 사용되는 전통적인 패턴으로 요청을 호출하고 서버가 전송된 정보를 처리하여 응답을 반환하는 것이다.
- 클라이언트 스트리밍 메서드: 클라이언트에서 복수의 메시지를 서버로 보내고 서버는 요청받은 메시지를 처리한 후 단일 응답으로 응답을 반환한다.
- 서버 스트리밍 메서드: 클라이언트에서 모든 세부 정보가 포함된 메시지를 서버로 보내고 서버는 요청받은 메시지를 처리한 후 여러 개의 메시지로 응답을 반환한다.
- 양방향 스트리밍 메서드: 클라이언트와 서버가 비동기적으로 통신하는 형태다.

gRPC 서버의 단항 메서드 호출하기

01 먼저 gRPC 서비스를 호출하기 위해 포스트맨에서 컬렉션 유형을 지정합니다. 포스트맨 클라이언트를 실행하고 [Collections → New → gRPC]를 클릭해 gRPC 리퀘스트를 선택합니다.

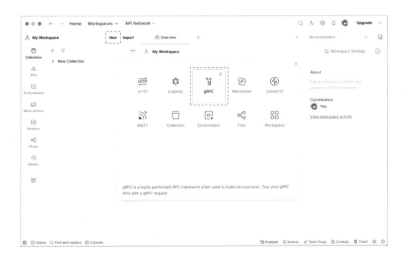

02 gRPC 리퀘스트를 선택하면 API를 호출할 수 있는 페이지가 나타납니다.

03 REST API 테스트와 동일하게 테스트를 시작하기 전 API Key를 입력합니다. gRPC의 경우 [Authorization] 또는 [Metadata] 탭에 API Key를 입력합니다.

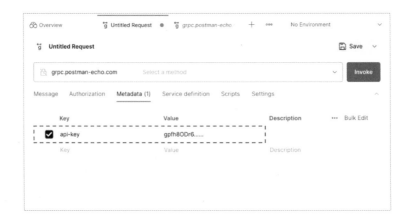

04 Enter URL 입력창에 gRPC 서버의 로컬 호스트(예: localhost:8888) 또는 포트를 입력합니다. 서버의 URL을 입력할 경우 http 또는 https를 포함하지 않은 URL을 입력합니다. 실습을 위해 포스트맨의 gRPC 테스트용 서버 URL을 사용하여 요청을 진행하겠습니다. URL

을 입력하고 Select a method 입력 박스를 클릭하면 사용할 수 있는 API 메서드 목록이
나타납니다.

- 포스트맨 gRPC 서버 URL : grpc.postman-echo.com

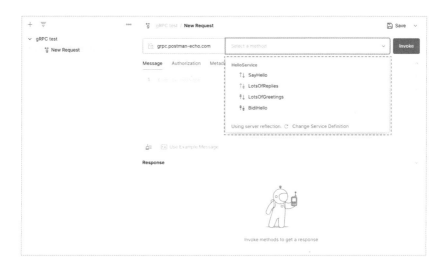

Tip. 테스트하는 서버에서 TLS를 사용하는 경우 서버 URL 좌측에 있는 자물쇠를 선택하여 포스트맨
에서 TLS^Transport Layer Security^(전송 계층 보안)를 사용하도록 설정합니다.

Tip. API 메서드를 선택하지 않고 로컬에 저장된 프로토 파일을 사용할 경우 [Service definition] 탭
에서 [Import proto file]을 클릭하여 파일을 불러와 사용할 수 있습니다.

용어 사전 TLS
통신 보안을 위한 보안 프로토콜입니다. TLS 프로토콜을 사용하는 서버는 클라이언트와 서버가 해킹이나
변조, 위조 등을 방지하도록 보안 처리된 방식으로 요청에 대한 응답을 처리합니다.

05 목록에서 테스트 대상인 gRPC 메서드를 선택하고 메시지를 작성하여 서버로 호출을 보
냅니다. 실습을 위해 SayHello로 메서드를 선택하고 [Message] 탭을 클릭하여 메시지
를 작성합니다. 코드 입력란에 메시지를 직접 입력하거나 또는 아래의 [Use Example
Message]를 클릭하여 예시 코드를 사용할 수 있습니다.

```
SayHello는 {name:String}형태의 메시지를 받기 때문에 형식에 맞추어 JSON 코드를 입력합니다.
{
```

```
"greeting" : "John"
}
```

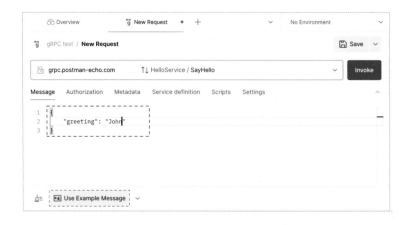

06 메시지 작성을 완료하면 [Invoke] 버튼을 클릭하여 gRPC 호출을 서버에 보냅니다. 그림 [Response] 영역에 요청에 대한 응답 값 "reply": "hello John"이 출력되는 것을 확인할 수 있습니다.

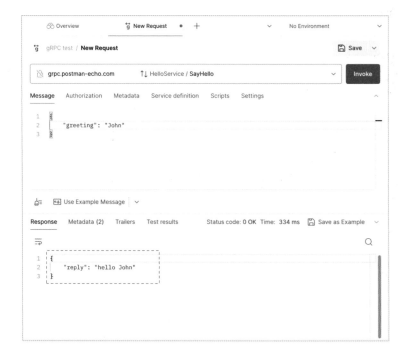

지금까지 REST API와 gRPC API 테스트를 진행해보았습니다. 다음으로 API의 상태 코드에 대한 응답 값을 확인하는 방법, API 엔드포인트 성능 테스트, API 테스트를 자동으로 수행할 수 있는 기능 사용 방법 그리고 API 테스트 진행 중 성능 지표를 확인하는 방법을 추가로 살펴보겠습니다.

API 테스트에는 각 메서드에 따라 입력값에 대한 응답 값을 확인하는 것 외에 추가로 예외 상황이 발생할 경우 특정 HTTP 요청이 성공적으로 완료되었는지, 클라이언트나 서버에 오류가 발생되었는지 등을 상태 코드로 확인하는 테스트도 함께 수행합니다.

서버가 응답하는 상태 코드에는 요청받은 리소스를 서버가 찾을 수 없을 때 호출하는 '404 Not Found'와 같은 공통 코드를 사용할 수도 있고 회사의 규정을 적용할 수도 있습니다(회사에서 사용하는 상태 코드는 서버 개발자가 작성하는 개발 명세서에서 확인할 수 있습니다). 그럼 상태 코드를 테스트하기 위해 테스트 코드를 직접 작성해서 테스트를 진행하겠습니다. 테스트 실습을 위해 상태 코드 중 요청에 성공할 때 응답하는 200코드와 실패할 때 응답되는 201코드를 사용합니다.

API 상태 코드의 응답 값 확인하기

01 먼저 성공할 때 응답하는 200 코드의 응답 값을 확인해보겠습니다. HTTP 리퀘스트를 선택하고 GET이나 POST로 API를 호출합니다. 앞에서 실습했던 URL 중 네이버 검색 API를 다시 사용하겠습니다. 메서드 타입을 [GET]으로 선택하고 URL 입력창에 네이버 검색 API를 입력한 후 [Send]를 클릭합니다.

- 네이버 검색 API URL: openapi.naver.com/v1/search/blog.json

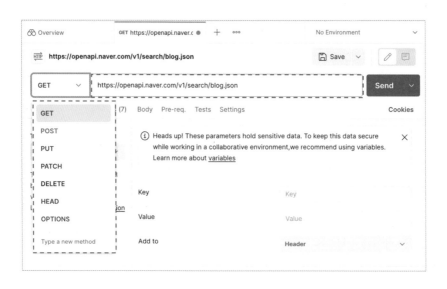

02 [Tests] 탭을 선택하고 응답 상태 코드가 200으로 호출되었을 때 테스트 결과를 받을 수 있도록 테스트 코드를 작성한 후 [Send] 버튼을 클릭합니다. 그럼 [Test Results] 영역에 PASS 결괏값을 확인할 수 있습니다.

```
pm.test("Status code is 200", function() {
pm.response.to.have.status(200); })
```

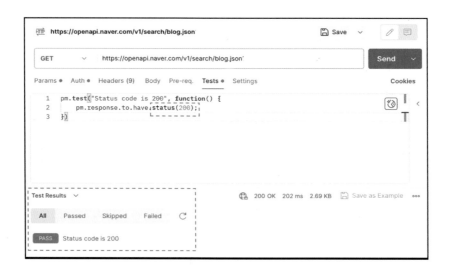

03 존재하지 않는 상태 코드 201을 호출했을 때 테스트 결과가 의도된 값을 반환하는지 확인하기 위한 테스트 코드를 다음과 같이 작성하고 [Send] 버튼을 클릭합니다. 그럼 [Test Results] 영역에 FAIL 결괏값이 정상적으로 뜨는 것을 확인할 수 있습니다.

```
pm.test("Status code is 200", function() {
pm.response.to.have.status(201);
})
```

API 엔드포인트 성능 테스트

API 서버에 트래픽 과부하가 발생되었을 때 병목이나 시스템 성능 저하와 같은 오류가 발생하지 않는지, API 성능이 정상적으로 작동하는지 확인해야 하는 경우가 있습니다. 성능 테스트를 진행하기 위해서 우선 많은 양의 요청을 발생시켜 API에 과부하를 주어야 합니다. 이때 필요한 데이터 양은 최소 몇 백 건에서 최대 몇 만 건이 될 수 있습니다. 이것을 수동으로 일일이 요청을 보낼 수는 없습니다. 그래서 부하 테스트가 가능하도록 포스트맨에서는 관련 기능을 제공하고 있습니다. 이제부터 이 기능을 활용하여 API 엔드포인트에 부하를 발생시키는 방법을 확인해보겠습니다.

01 API 성능 테스트를 위해 먼저 새로운 폴더를 생성합니다. 이후 해당 폴더 밑에 요청을 보낼 하위 폴더나 개별 API 리퀘스트를 생성하고 API를 호출할 데이터를 입력합니다. 실습을 위해 이전에 사용한 네이버 검색 API를 다시 사용하겠습니다. GET 타입으로 생성한 요청 값을 API 성능 테스트를 위해 만든 폴더 아래로 위치시킵니다.

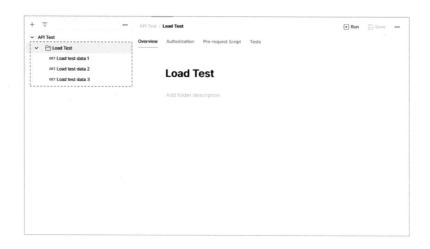

02 상위 폴더를 선택하고 [Autorization → Type: Inherit auth from parent]를 클릭한 다음 [Run] 버튼을 클릭합니다.

Tip. 건별 리퀘스트가 아닌 하위 폴더 전체에 부하를 발생시킬 경우 최상위 폴더(아래 화면에서 'API Test' 폴더)에서 부하 테스트를 실행할 수 있습니다.

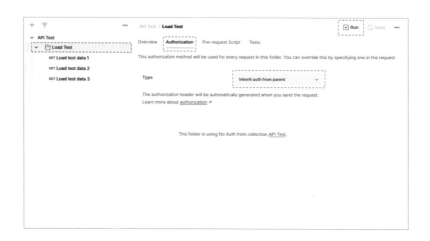

03 [Run Order] 메뉴에서 [Iterations] 횟수를 원하는 반복 횟수로 입력하고 [Run API Test] 버튼을 클릭하면 API 서버로 트래픽 과부하를 발생시킬 수 있습니다(반대로 트래픽을 제한할 경우 Delay를 사용합니다).

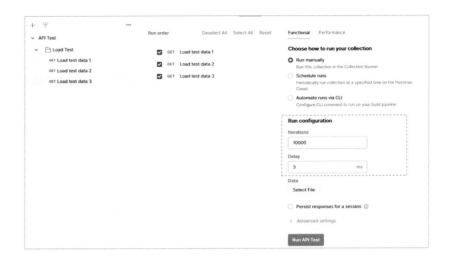

API 테스트 자동화

반복 테스트를 수동으로 수행할 수도 있지만 긴 시간동안 테스트를 수동 실행하고 모니터링하는 시간을 아껴 다른 테스트를 병행할 수 있다면 시간과 비용을 줄일 수 있습니다. 포스트맨에서 제공하는 테스트 자동화 기능을 사용하여 API 테스트를 자동으로 수행하도록 설정하는 방법을 살펴보겠습니다.

01 자동화 테스트를 위해 새로운 폴더를 생성합니다. 이후 해당 폴더 밑에 테스트를 진행할 API 요청값을 하위 폴더로 생성하고 API를 호출할 데이터를 입력합니다.

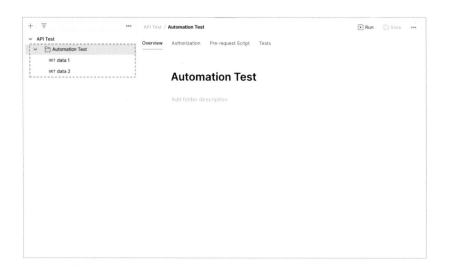

02 최상위 폴더를 선택한 다음 마우스 오른쪽 버튼을 클릭해 [Monitoring Collection]을 선택합니다.

Tip. API 테스트 자동화의 경우 각 하위 폴더별로 테스트를 진행할 수 없고 최상위 폴더에서만 기능을 사용할 수 있습니다.

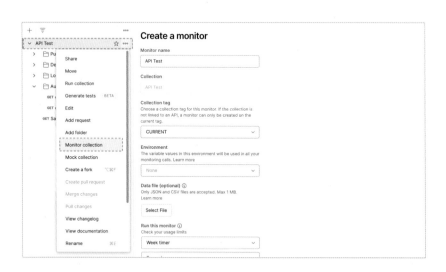

03 [Run this Monitor]에서 요청 반복 주기를 [Hour Time → Every Hour]로 설정합니다. 설정을 완료하고 [Create Monitor] 버튼을 클릭하면 API 테스트가 자동으로 진행됩니다. 테스트 요청 반복 주기는 분 단위, 시간 단위, 주 단위, 매일 그리고 일정 요일(예: Every Monday)로 테스트 주기를 설정할 수 있습니다.

Tip. Receive email notifications for run failures and errors를 체크하고 이메일을 입력하면 테스트 중 오류나 문제가 발생할 경우 입력한 메일 주소로 관련 내용을 발송합니다.

04 자동화 테스트 진행 상황은 왼쪽 [Monitors] 메뉴에서 확인할 수 있습니다. 성공, 실패, 오류별로 결과를 확인할 수 있습니다.

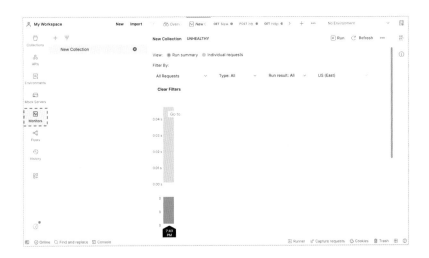

Q. 개별 API 성능 지표는 어떻게 확인하나요?

A. 포스트맨에서는 API 응답 크기, 응답 시간과 같은 응답 매개 변수에 대한 세부 정보를 표시해줍니다. API 테스트 진행 중 현재 테스트 중인 API에 대한 성능 지표가 궁금할 때 Body 영역의 [200 OK 00ms 00B] 링크를 클릭하면 연결 시간, 소켓 시간, DNS 조회, 핸드 셰이크 등과 같은 개별 구성 요소로 성능 분석을 할 수 있습니다. 이 기능은 REST API 테스트에서만 사용이 가능합니다.

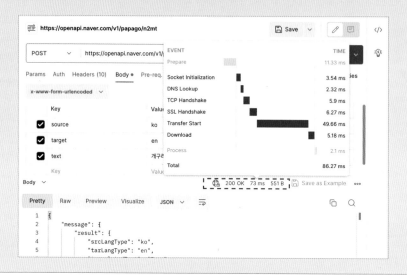

3.2 네트워크 테스트

네트워크 테스트 Network Test는 제품 개발 기간 중에 진행하는 기술 검증 테스트 중 하나입니다. 네트워크 단절·전환, 약한 네트워크, 국가별 네트워크 상황, 네트워크 성능(업/다운 링크 속도, 부하)을 의도적으로 설정합니다. 그런 후 다양한 네트워크 환경에서 서비스할 제품의 작동상 오류가 없는지, 의도하지 않은 동작이 발생하지 않는지 등 문제 및 오류를 발견하기 위한 테스트 활동입니다.

네트워크 테스트의 필요성은 알지만 실무에서 느끼는 중요성은 생각보다 높지 않습니다. 예를 들어 A 회사에서 한국을 대상으로 서비스하는 제품이 있습니다. 제품의 전망이 좋아 회사는 유럽, 일본, 미국 등 글로벌 국가를 타깃으로 서비스를 확장할 계획을 세웠습니다. 국가별로 빌드를 만들지 않고 한국의 빌드와 동일한 제품으로 기능의 변경없이 서비스를 하기로 결정했습니다. 서비스할 국가만 늘어났을 뿐 기능상 변경 사항이 없어 테스트 담당자는 추가 테스트를 진행하지 않기로 결정합니다.

이 경우 테스트 담당자가 고려하지 못한 리스크 요소가 네트워크 환경에 숨어 있습니다. 한국의 좋은 네트워크 환경에서만 테스트했던 제품이 글로벌 국가의 나쁜 네트워크 환경에서 어떻게 동작하는지, 어떤 오류를 발생시키는지, 어느 경로를 통해 이슈가 유입되는지 환경에 따른 제한적 장애를 제거하지 못하고 서비스하게 될 것입니다. 이 결정은 외부적으로는 서비스의 신뢰를 저하시키고 내부적으로는 유지 보수 비용을 증가시키는 원인으로 이어질 것입니다.

또 다른 사례로, B 회사에서 한국을 대상으로 하는 제품의 출시를 앞두고 있습니다. 한국의 네트워크 환경은 세계 최고라고 말해도 과언이 아닐 정도로 상태가 우수합니다. 네트워크로 인해 발생될 장애의 가능성은 매우 희박해 보입니다. 테스트할 분량은 많고 일정도 부족해서 네트워크 테스트는 테스트 범위에서 과감히 지워버렸습니다. 이 경우 발생할 수 있는 리스크 요소 또한 네트워크 환경에서 유입될 수 있습니다. 우리가 수행하는 테스트 환경은 네트워크가 반드시 연결되어 있는 환경에서 테스트를 진행합니다.

하지만 실생활에서는 다양한 상황이 발생됩니다. 위치 이동으로 LTE와 와이파이 사이 전환이 일어날 수 있고, 지하나 엘리베이터 등 닫힌 공간에서 네트워크 단절이 발생하기도 하며, 도시를 벗어나 산이나 바다 등 약한 네트워크 환경에서 지연이 발생할 수도 있습니다. 제품을 어떤 환경에서 사용할지 알 수 없기 때문에 장애가 발생할 수 있는 상황을 벗어날 수 없습니다. 이런 예외 상황에서 발생할 수 있는 숨은 결함을 찾기 위한 테스트를 필요 없다고 쉽게 결정할 수는 없습니다. 숨은 결함이 가진 이슈의 영향범위를 예측할 수 없기 때문에 개발 단계의 품질 검증 절차에서 테스트가 수행되어야 합니다.

네트워크로 발생하는 숨은 결함의 위험 수준은 결함의 속성에 따라 차이가 큽니다. LTE에서 와이파이로 네트워크가 전환될 때 사용 중인 제품이 수 초간 멈추거나 버벅일 수 있지만 이후 정상 상황으로 돌아오지 않고 제품의 화면이 멈춰버리거나 강제로 종료되는 경우가 발생할 수 있습니다. 그리고 모바일 게임에서 보상으로 지급하는 아이템을 지급받는 시점에 네트워크 단절과 연결을 여러 번 시도할 경우 보상이 무한으로 지급되는 이슈가 발생할 수 있습니다. 또 현금을 주고 산 아이템을 사용하는 시점에 네트워크 연결이 단절되거나 지연될 경우 아이템이 사라지는 이슈가 발생할 수도 있습니다.

이처럼 네트워크 테스트 과정에서 이슈를 발견하지 못했다면 유저가 제품에서 이탈하거나 또는 나쁜 의도를 가지고 **어뷰징**Abusing하거나 유저 컴플레인으로 회사와 다른 유저에게 손해를 끼칠 수 있고 회사의 명성과 제품의 신뢰도에 좋지 않은 영향을 끼쳤을 것입니다. 이와 같이 네트워크 테스트는 개발된 소프트웨어를 좋은 네트워크 환경에서 작동할 때 노출되지 않는 숨은 결함을 찾기 위한 일련의 테스트 과정입니다. 하지만 결함과 문제 식별에만 목적을 두지 않고 여러 네트워크 환경에서 품질을 개선하기 위한 대안 활동까지 포함하여 테스트를 진행하는 것이 중요합니다.

이는 테스트 주체가 선정한 네트워크 범위가 정량 수준을 벗어나거나 매우 제한적인 상황에서만 발생하는 오류를 발견하는 경우 결함을 수정하는 데 드는 리소스와 시간적 비용이 높아지면 효율적인 개발 활동을 했다고 보기 어렵기 때문입니다. 이런 경우 결함을 수정하는 데 초점을 두기보다 예외 상황에서 발생할 수 있는 개선 활동과 대안에 초점을 두고 문제가 발생했을 때 즉각적으로 대응할 수 있는 방안을 준비하는 활동이 더 나은 결과를 얻을 수 있습니다.

네트워크 테스트를 수행하기 전에 테스트 진행을 위한 사전 준비 사항과 네트워크 테스트의 종류 그리고 각 유형별 테스트 범위를 선정하겠습니다. 먼저 네트워크 테스트를 시작하기 전 서비스할 제품의 타깃 국가와 해당 국가의 네트워크 상황을 조사합니다. 조사한 내용을 기반으로 네트워크 목표 수준을 설정하고 한계 수치에서 제품의 동작과 데이터 보호 안정성이 요구하는 수준을 만족하는지 확인하기 위한 사전 준비를 진행합니다. 여기에는 품질 검증 목표 선정, 예상되는 문제를 예측하고 식별하기 위한 테스트 시나리오 설계, 테스트 통과 여부를 판단하는 품질 기준 그리고 마지막으로 적합한 테스트 도구 선정 등이 포함됩니다.

타깃 국가의 네트워크 상황 조사

제품을 서비스할 타깃 국가가 해외인 경우 해당 국가의 네트워크 상황을 확인하기 위해 타깃이 되는 국가 전체를 직접 방문하여 조사를 진행하는 것은 비용과 시간적 측면에서 현실적으로 불가능합니다. 대신에 해외 현지의 실제 데이터 상황과 조금의 차이는 발생할 수 있으나 직접 방문 조사를 하지 않고 이를 대체할 수 있는 방법이 있습니다. 바로 각 국가별 인터넷 네트워크 속도를 제공해주는 플랫폼을 활용하는 것입니다. 웹에서 관련 정보를 제공하는 플랫폼 중 대표적인 플랫폼으로 월드 포퓰레이션 리뷰와 스피드테스트가 있습니다.

먼저 **월드 포퓰레이션 리뷰**(worldpopulationreview.com)는 매년 전 세계의 국가별 네트워크 속도 데이터를 제공합니다.

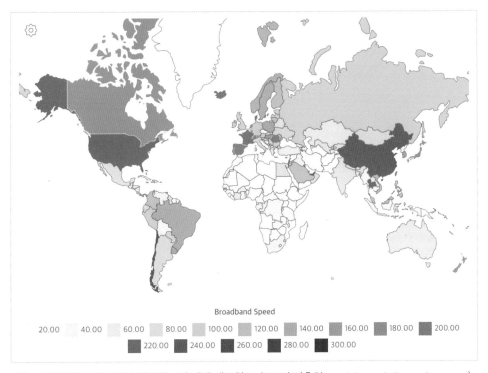

월드 포퓰레이션 리뷰에서 제공하는 전 세계 네트워크 속도 지도(출처: worldpopulationreview.com)

그리고 지도로 표시한 인터넷 속도 외에도 각 국가의 주요 도시별 광대역 속도와 모바일 속도도 목록으로 제공합니다.

국가	광대역 속도(Mbps) ∨	모바일 속도(Mbps)
검색...(179)	최소 맥스	최소 맥스
싱가포르	264.15	89.45
홍콩	263.07	69.59
칠레	248.65	34.97
아랍 에미리트	235.72	269.41
중국	230.39	164.14
태국	218.94	42.31
미국	215.72	103.69
덴마크	206.80	143.63
아이슬란드	204.80	139.52

월드 포퓰레이션 리뷰에서 제공하는 주요 도시별 광대역/모바일 속도

스피드테스트(SpeedTest.net)는 전 세계 국가별, 주요 도시별로 분류하여 인터넷 속도 데이터를 제공합니다. 월드 포퓰레이션 리뷰와의 차이는 중간 다운로드 시간과 네트워크 지연 시간까지 포함하여 정보를 제공한다는 점입니다.

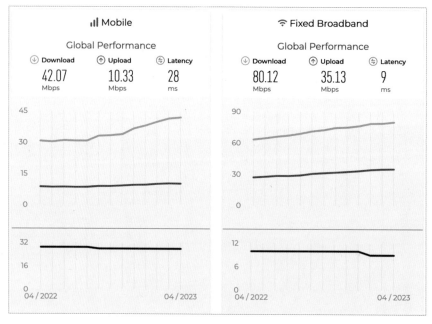

스피드테스트에서 제공하는 전 세계 모바일 인터넷/광대역 속도(출처: SpeedTest.net)

#		Country	⬇ Mbps	#		Country	⬇ Mbps
1	+1	Qatar	189.98	1	-	Singapore	242.01
2	-1	United Arab Emirates	175.34	2	+1	Chile	222.49
3	-	Macau (SAR)	171.73	3	-1	United Arab Emirates	216.78
4	-	Kuwait	139.03	4	-	China	215.80
5	-2	Norway	131.16	5	+4	Hong Kong (SAR)	205.19
6	-1	Denmark	118.83	6	-	Thailand	204.26
7	+3	Bahrain	115.00	7	+1	United States	202.40
8	-2	South Korea	110.59	8	-3	Denmark	199.94
9	-1	China	110.10	9	+2	Spain	175.96
10	-3	Netherlands	109.13	10	-	Romania	174.26

스피드테스트에서 제공하는 국가별 모바일 광대역 속도(출처: SpeedTest.net)

이러한 플랫폼에서 제공하는 정보를 활용하여 서비스 타깃 국가의 네트워크와 유사한 환경으로 네트워크 테스트 환경을 설정하여 테스트하면 각 국가의 환경에 의해 발생되는 제품 이용 원활도, 한계 수치, 국가별 품질 기준을 선정할 수 있습니다. 그리고 네트워크 성능과 환경적 특성으로 인해 발생하는 작동상 오류와 의도하지 않은 동작 등의 숨은 결함을 제거하여 더 나은 품질의 제품을 유저에게 제공할 수 있습니다.

네트워크 테스트의 종류와 범위

타깃으로 삼은 국가별 네트워크 상황을 파악했다면 이제 본격적으로 네트워크 테스트를 진행합니다. 단, 그전에 한 가지 더 확인할 것이 있습니다. 테스트 방법을 정하는 것입니다. 그러려면 네트워크 테스트의 종류와 범위를 알아야 합니다.

① 네트워크 단절 테스트

네트워크 단절 Network Disconnection은 네트워크를 사용하지 못하는 상황(예: 비행기 모드)을 의도적으로 만들어 단절 상태에서 제품의 반응을 확인하고 관련된 **타임아웃 정책**을 수립하고 단절로 인해 발생이 예측되는 네트워크 이슈에 대한 대비 시나리오 확립을 목적으로 합니다.

> **💡용어 사전 타임아웃 정책**
>
> 타임아웃 정책이란 시스템의 지연을 허용할 특정 시간, 미리 정해 둔 시간의 끝에 이벤트를 발생하거나 대기를 중단시키는 등 네트워크로 인해 발생할 수 있는 문제를 예방하고 해결하기 위한 조치를 의미합니다. 정책의 예시로 '네트워크가 단절될 경우 3회 접속 시도 후 오류 팝업을 노출' 하도록 조치할 수 있습니다.

타임아웃 정책이 수립되지 않은 경우 또는 정책의 필요성이나 이슈의 경각심이 낮은 경우 테스트 담당자는 테스트를 먼저 수행하고 그 결과를 바탕으로 UI를 친절하게, 방법론적 측면에서 제품의 품질을 높일 수 있는 의견을 제시하여 서비스를 개선할 수 있도록 권고합니다.

② 네트워크 전환 테스트

네트워크 전환은 인터넷 연결을 유지하기 위해 와이파이와 모바일 네트워크(LTE, 3~5G)가 자동으로 전환되는 것을 의미합니다. 예를 들어, 와이파이 연결 상태에서 의도하지 않게 사용이 중지될 경우 인터넷이 잠시 단절되고 모바일 네트워크로 연결되는 상황을 들 수 있습니다. 네트워크 전환 상황에 대한 테스트가 필요한 이유는 네트워크 단절 테스트 목적과 동일합니다.

③ 네트워크 부하(상태별 예외사항) 테스트

네트워크 부하는 서버에 접속자가 증가하여 트래픽이 급증하거나 의도적으로 트래픽을 조작하여 네트워크에 부하가 걸리는 것을 의미합니다. 네트워크가 일반적인 상황에서는 문제가 없으나 순간적으로 많은 트래픽이나 네트워크 패킷이 발생했을 때 프로그램의 동작에 문제가 없는지, 낮은 사양의 디바이스에서도 잘 동작하는지, 버벅거림 등의 상황이 발생하지 않는지 등을 확인하기 위해 테스트가 필요합니다.

네트워크 부하 테스트의 종류는 총 3가지로 다음 상황에서 테스트를 수행합니다.

네트워크 부하 테스트의 종류

- Edge 네트워크: 일명 EDGE^Enhanced Data Rates for GSM Evolution는 디바이스 또는 로컬 서버를 통해 네트워크의 '가장자리'에서 데이터 전송을 가능하게 하는 디지털 휴대폰 기술이다. 즉, 상시 네트워크 통신이 없어도 휴대폰에서 데이터 전송을 처리하여 큰 문제없이 제품을 이용할 수 있는지를 확인한다.
- Bad 네트워크: 네트워크 상황이 매우 좋지 않은 상태다. 제품 이용 가능/불가능 상황이 상시로 존재한다. 제품의 기능에서 발생하는 이슈가 없는지 확인한다.
- Delay/Loss 네트워크: 네트워크 지연으로 인해 패킷이 손실되는 상황으로 제품 이용이 불가능한 상태다. 제품의 주요 기능에서 의도하지 않은 동작이 발생하지 않는지 확인한다.

다음은 네트워크 부하 상태를 테스트하기 위한 설정 값입니다. 테스트 도구를 활용하여 다음 수치를 설정하고 테스트를 수행하면 3가지 네트워크에 대한 테스트를 수행할 수 있습니다.

네트워크 상태	네트워크 수치 설정
정상 네트워크	**Normal(테스트 도구: 스피드테스트)** • Downlink Bandwidth: 2Mbps 이상 • Uplink Bandwidth: 2Mbps 이상
Edge 네트워크	**Edge 네트워크(테스트 도구: 스피드테스트+네트워크 에뮬레이터)** • Uplink Packet Loss: 0% • Uplink Latency: 440ms • Uplink Bandwidth: 200Kbps • Downlink Packet Loss: 0% • Downlink Latency: 400ms • Downlink Bandwidth: 240Kbps
Bad 네트워크	**Bad 네트워크(테스트 도구: 스피드테스트+네트워크 에뮬레이터)** • Uplink Packet Loss: 10% • Uplink Latency: 500ms • Uplink Bandwidth: 0.5Mbps(kbps시 500) • Downlink Packet Loss: 10% • Downlink Latency: 500ms • Downlink Bandwidth: 0.5Mbps
Delay/Loss 네트워크	**Delay/Loss 네트워크(테스트 도구: 스피드테스트+네트워크 에뮬레이터)** • Uplink Packet Loss: 30%~100% • Uplink Latency: 1000ms • Bandwidth = 0 • Downlink Latency: 1000ms • Downlink Packet Loss: 30%~100%

네트워크 부하 상태별 테스트 수치 설정 값

④ 네트워크 성능 테스트

네트워크 성능 테스트는 인터넷에 연결된 제품의 연결 속도에 따른 품질을 확인하는 테스트입니다. 테스트는 다운로드 속도와 업로드 속도, 핑ping(대기시간), 네트워크 레이턴시Latency(네트워크 지연)를 의도적으로 설정하여 인터넷 연결의 다양한 상황에서 제품의 동작과 품질을 확인하는 데 목적이 있습니다.

- **다운로드 속도**: 제품이 인터넷에서 데이터를 수신하는 속도입니다. 주어진 시간 내 데이터의 처리량을 확인합니다. 측정 단위는 시간에 따른 데이터의 단위(Mbps 또는 Kbps)로 표시하며 18Mbps 이상이 정상 속도에 해당합니다. 다운로드 속도를 테스트하는 방법은 인터넷 대역폭을 최대로 설정하고 대용량 데이터 파일의 다운로드를 수행함으로써 데이터 처리량을 확인합니다. 측정 시간 대비 데이터 처리량을 확인하여 다양한 인터넷 환경에서 최적의 데이터 다운로드를 위한 인터넷 속도를 확인할 수 있고 조작된 네트워크 환경으로 인해 데이터를 다운로드할 때 발생되는 이슈와 동작(예: 무한로딩)을 확인합니다.

- **업로드 속도**: 제품에서 인터넷으로 전송할 수 있는 데이터 양을 의미합니다. 측정 단위는 다운로드 속도와 동일하며 8Mbps 이상이 정상 속도에 해당합니다. 업로드 속도를 테스트하는 방법은 다중 스트림을 사용하는 네트워크를 설정해서 데이터를 유저의 장치에서 서버로 전송할 때의 데이터 처리량을 확인합니다. 측정 시간 대비 데이터 처리량을 확인하여 데이터 업로드를 위한 최적의 인터넷 속도를 확인할 수 있고 조작된 네트워크 환경으로 인해 데이터 업로드 시 발생하는 이슈를 확인합니다.

- **핑**: 핑Ping은 요청이 서버까지 도착하는 데 걸리는 시간으로 인해 발생하는 지연을 의미합니다. 측정 단위는 시간 단위(ms)로 표시되며 0~60ms가 정상 속도에 해당합니다. 핑 테스트 방법은 데이터가 교환되는 속도를 조작하여 제품의 동작에 이상 반응을 확인합니다. 예를 들어, 100ms 이상으로 속도를 조작하면 눈에 띄는 지연이 발생하지만 제품 사용에는 이상이 없는지 확인합니다.

- **네트워크 레이턴시 테스트**: 네트워크 레이턴시(네트워크 지연)Network Latency는 데이터가 네트워크의 한 지점에서 다른 지점에 도달하는 데 필요한 시간으로 일반적으로 데이터가 애플리케이션 서버를 떠나 유저 디바이스에 도달할 때까지 시간 차이를 말합니다. 레이턴시 테스트는 부하 상태에서 여러 유저가 동시에 제품을 사용하는 상황을 모의 실험하여 제품의 반응 시간을 측정하고 메모리 누수에 따른 제품의 내구성을 테스트하는 것입니다. 레이턴시 테스트의 핵심은 기대하지 않은 지연 입력 시 서비스 응답 지연인 행이 발생하지 않는지, 연결 상태가 좋지 않은 환경에서 대기 시간 지연으로 제품의 성능에 문제가 발생하지 않는지 측정하고 대기 시간의 원인을 확인하여 개선합니다.

🔎 용어 사전 **행**Hang

시스템, 네트워크, 애플리케이션이 동작하지 않고 서비스가 응답하지 않는 상태 즉, 시스템 입출력에 대한 반응이 없는 상태입니다.

다음은 네트워크 레이턴시 상태를 테스트하기 위한 수치 설정 값입니다. 이후 살펴볼 테스트 도구를 활용하여 다음 수치를 설정하고 테스트를 수행하면 네트워크 지연 상황에서 제품의 동작을 확인할 수 있습니다.

네트워크 상태	네트워크 수치 설정
네트워크 레이턴시	**레이턴시 테스트(테스트 도구: Network link conditioner)** • in bandwidth: 80~**100ms**(*국내 기준) // 40~50ms (*유럽, 미국 기준) • out bandwidth: 33 ms • in/out packet loss: 0 % • in/out delay: 50/100/200ms • protocol: any

네트워크 레이턴시 테스트 수치 설정 값

네트워크 테스트 도구

네트워크 테스트 도구는 가상 네트워크를 통한 실제 애플리케이션의 성능을 테스트하는 도구입니다. 네트워크 에뮬레이터가 설치된 PC가 가상 네트워크의 핫스팟Hotspot이 되며, 에뮬레이터로 와이파이 네트워크 속도 설정 시 해당 와이파이에 연결되어 있는 디바이스가 조절된 네트워크 속도에 영향을 받게 됩니다.

네트워크 테스트를 위한 도구의 종류가 많이 있지만 이 책에서는 실무에서 가장 많이 사용되는 도구인 스피드테스트, 네트워크 링크 컨디셔너, 네트워크 에뮬레이터(NEWT)를 활용하여 사용법을 소개합니다.

테스트 시나리오 작성

도구를 활용하여 네트워크 테스트를 시작하기 앞서 테스트 수행을 위한 범위를 선정하고 진행 계획을 먼저 설계하겠습니다. 네트워크 테스트의 테스트 범위는 제품의 전체 기능을 대상으로 진행하지 않고 네트워크 환경을 의도적으로 조작한 경우 환경에 영향을 가장 많이 받는 기능을 대상으로 선정합니다.

예를 들어, 모바일 게임의 실시간 대전과 같이 상시 네트워크 통신을 사용하는 콘텐츠의 경우 네트워크 단절이나 지연 발생 시 다른 기능에 비해 더 심각한 문제가 발생할 수 있습니다. 반대로 필요한 경우에만 네트워크 통신을 하는 콘텐츠(예: 이커머스의 상품 목록이나 상세 페이지 조회)는 네트워크가 단절되어도 콘텐츠 사용에 큰 영향이 없어 테스트 대상에서 제외하거나 우선순위를 낮게 선정합니다.

네트워크 테스트용 테스트 케이스에 정해진 작성 규칙은 없습니다. 테스트 조건과 기대 결과를 확인할 수 있다면 어떤 테스트 케이스 설계 기법을 사용해도 무관합니다. 테스트 케이스 작성에 도움되도록 실무에서 사용했던 시나리오를 예시로 살펴보겠습니다. 테스트 시 가장 효율적으로 활용할 수 있는 기법으로 선택하여 사용하기 바랍니다.

네트워크 테스트 케이스 예시

일반적인 기능 테스트 케이스 형태로 네트워크 테스트 시나리오를 작성하면 다음과 같습니다. 테스트를 위한 사전 조건은 타임아웃 발생 시 3회 재시도 후 네트워크 오류 팝업이 노출되고, 팝업 노출 전 네트워크 재연결시 결제 프로세스가 이어서 진행된다는 것을 타임아웃 정책으로 설정했습니다.

타입	네트워크 세팅 조건	기능	확인 결과
정상 네트워크	• PING: 50ms 이하 • Down Bandwidth: 2Mbps 이상 • Up Bandwidth: 2Mbps 이상	결제	결제 진행 중 네트워크 원인으로 진행 불가 현상이 발생하지 않는다.
네트워크 단절	• PING: 50ms 이하 • Down Bandwidth: 2Mbps 이상 • Up Bandwidth: 2Mbps 이상		결제 중 **타임아웃 이후** 네트워크 재 연결 시 진행 불가 현상이 발생하지 않고 결제 프로세스가 이어서 진행된다. • 결제 중 네트워크 단절 → 3회 재시도 → 네트워크 오류 팝업 → 네트워크 연결 → 재연결 시도
네트워크 전환	• PING: 50ms 이하 • 다운로드: 2Mbps 이상 • 업로드: 2Mbps 이상 ※ 와이파이와 LTE 모두 ON → 와이파이로 통신하는 상태		결제 중 **네트워크 전환 이후** 네트워크 재 연결 시 진행 불가 현상이 발생하지 않는다. • 결제 중 네트워크 전환 → **타임아웃 팝업** → 네트워크 연결 → 재연결 시도
Edge 네트워크	• Up Packet Loss: 0% • Up Latency: 440ms • Up Bandwidth: 200Kbps • Down Packet Loss: 0% • Down Latency: 400ms • Down Bandwidth: 240Kbps		결제 진행 중 네트워크 원인으로 진행 불가 현상이 발생하지 않는다.

Bad 네트워크	• Up Packet Loss: 10% • Up Latency: 500ms • Up Bandwidth: 0.5Kbps • Down Packet Loss: 10% • Down Latency: 500ms • Down Bandwidth: 0.5Kbps	결제 진행 중 네트워크 원인으로 진행 불가 현상이 발생하지 않는다.
Delay/Loss 네트워크	• Up Packet Loss: 30% • Up Latency: 1000ms • Down Packet Loss: 30% • Down Latency: 1000ms	결제 진행 중 네트워크 원인으로 진행 불가 현상이 발생하지 않는다.

일반적인 기능 테스트 케이스 형태

다음으로 결정 테이블 기법을 적용하여 테스트 케이스를 작성하면 다음과 같습니다. 테스트를 위한 사전 조건은 이전과 동일하며 추가로 테스트 중 네트워크 상태는 와이파이에서 3G나 5G로 전환되는 상황으로 설정했습니다.

테스트 조건(Condition)	테스트 케이스(Action)				
	테스트 결과는 Yes나 No로 기입합니다.				
결제 처리 중	N	Y	Y	Y	Y
와이파이 단절	–	N	Y	Y	Y
재시도 3회	–	–	N	Y	Y
5G 자동 연결	–	–	–	N	Y
예상 결과					
결제 프로세스가 잠시 중단되고 로딩 화면이 노출된다.	–	N	Y	Y	Y
5G로 연결을 시도한다.	–	–	Y	Y	Y
네트워크 오류 팝업이 노출된다.	–	–	N	Y	Y
네트워크 전환 후 결제 프로세스가 이어서 진행된다.	–	–	–	N	Y

결정 테이블 형태

마지막으로 네트워크 레이턴시 테스트 케이스는 다음과 같습니다.

결제				
테스트 시나리오	디바이스 사양별로 교차 진행하며 측정을 시작한다. 1. 상점 또는 장바구니 진입, 상품 담기 등을 반복 수행한다. 2. 결제 시도를 반복 수행한다. 3. 구매 결과 및 지급을 확인한다.			
디바이스 사양		iPhone 11 / 운영체제 버전 16	iPhone 13 / 운영체제 버전 13	Galaxy 10 / 운영체제 버전 14	Galaxy z / 운영체제 버전 10
Latency	DL latency →	50ms	100ms	200ms	300ms
	UL latency →	50ms	100ms	200ms	300ms
Speedtest App	Ping(ms)				
	Jitter(ms)				
	Packet loss(%)	0	0	1	5
상점 or 장바구니	Time(s) & Delay(횟수)				
결제 시도	Time(s) & Delay(횟수)				
결과 화면	Time(s) & Delay(횟수)				
구매상품 지급	Time(s) & Delay(횟수)				
네트워크 팝업	노출 횟수				
테스트 결과 – 원활도 체크		원활함	간헐적 끊김 (인지X)	간헐적 끊김 (인지O)	사용 불가
결과		Pass	Pass	Fail	Fail

레이턴시 테스트 케이스 예시

네트워크 테스트 범위가 선정되면 네트워크 상태별로 수치를 세팅하여 테스트를 진행합니다. 네트워크 테스트를 진행하기 위해 클라이언트를 먼저 설치해야 합니다. 테스트 클라이언트는 하드웨어에 따라 사용할 수 있는 도구가 다릅니다. 맥에서는 **네트워크 링크 컨디셔너**Network Link Conditioner, 윈도우에서는 **네트워크 에뮬레이터**NEWT를 사용하여 테스트를 진행하겠습니다.

네트워크 에뮬레이터 설치 및 테스트

네트워크 에뮬레이터는 가상 네트워크에서 실제 애플리케이션의 성능을 테스트하기 위한 도구입니다. 이 도구를 이용해서 네트워크의 속성값을 조작하여 속도 조절, 부하, 지연 상태를 재현할 수 있습니다.

Network Link Conditioner(for 맥북) 설치 및 적용

01 네트워크 링크 컨디셔너를 사용하기 위해서는 먼저 맥의 Xcode 버전을 확인해야 합니다. 네트워크 링크 컨디셔너가 Xcode의 추가 도구이기 때문입니다. Xcode 버전은 맥의 왼쪽 상단 애플 로고를 클릭하여 [이 Mac에 관하여] 메뉴로 이동합니다. 화면에서 [시스템 리포트 → 개발자]를 클릭하면 로컬에 저장되어 있는 Xcode의 버전을 확인할 수 있습니다.

02 애플 개발자 사이트에 접속하여 Xcode 버전에 맞는 Network Link Conditioner 패키지를 다운로드합니다.

- 애플 개발자 사이트: developer.apple.com/download/more/?q=Network%20Link%20Conditioner

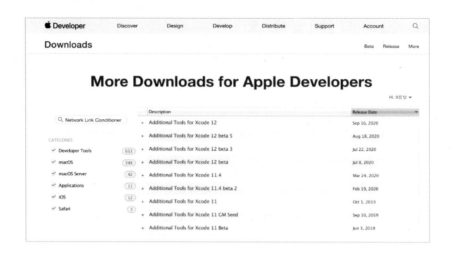

03 다운로드한 파일에서 .dmg 파일을 열고 'Network Link Condition.prefPane'을 더블 클릭하여 설치를 진행합니다.

04 설치가 완료되면 맥의 왼쪽 상단 애플 로고를 클릭하여 시스템 환경설정으로 이동합니다. 네트워크 링크 컨디셔너가 정상적으로 설치되면 화면과 같이 시스템 환경설정에 메뉴가 노출됩니다.

05 'Network Link Conditioner'를 클릭하여 실행합니다. Profile에서 원하는 네트워크 상태를 선택하거나, 수치값을 직접 입력하여 테스트할 경우 [Manage Profiles] 버튼을 클릭합니다.

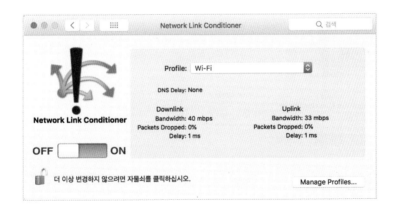

06 [Manage Profiles → Preset Profiles]에는 기본으로 세팅된 네트워크 목록이 있습니다. 원하는 네트워크 상태가 있다면 기본 설정을 선택하여 사용합니다. 만약 기본으로 제공하는 설정이 아닌 속도를 임의로 세팅하고 싶다면 Custom Profiles의 추가[+] 버튼을 클릭

하여 프로파일을 생성 후 각 속성값을 직접 입력하여 사용합니다. 네트워크 상태별 설정 값은 '네트워크 테스트의 종류와 범위'에서 알려드린 수치를 참조하여 값을 입력 후 [OK] 버튼을 클릭하여 저장합니다.

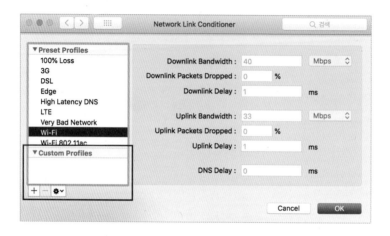

07 네트워크 수치 세팅이 완료되면 네트워크 링크 컨디셔너를 ON 상태로 활성화합니다.

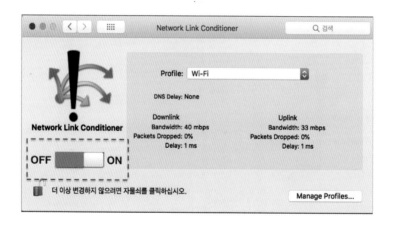

08 다음으로 맥에서 사용하는 네트워크를 핫스팟으로 사용하도록 인터넷 공유를 진행합니다. 맥의 왼쪽 상단 애플 로고를 클릭하여 시스템 환경설정으로 이동 후 [공유]를 클릭합니다. 공유창에서 연결 공유할 네트워크를 선택한 다음 '인터넷 공유'를 체크하여 연결을 활성화합니다.

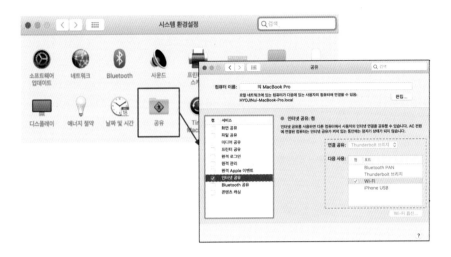

09 모바일 디바이스에서 맥에서 공유한 네트워크로 연결을 진행합니다. 디바이스의 설정 →
와이파이 → 사용 가능한 네트워크에서 '나의 맥북 와이파이'를 선택합니다.

여기까지 진행하면 네트워크 테스트를 위한 설정이 완료됩니다. 맥의 네트워크 링크 에뮬레이
터로 네트워크의 속도를 부하, 지연 상태로 조절한 후 준비한 테스트 케이스로 네트워크 테스
트를 진행합니다.

Q. 맥을 핫스팟으로 사용하지 않고 진행하는 방법도 있을까요?

A. 맥을 핫스팟으로 사용하지 않고 iOS 디바이스에 네트워크 링크 컨디셔너를 바로 설치하면 직접 네트워크 상태
를 변경하여 테스트할 수 있습니다(설치는 iOS에서만 가능합니다). 테스트에 사용할 디바이스를 USB 케이블
로 맥북과 연결하고 맥에 설치된 Xcode를 실행합니다. Xcode에서 [Window → Devices & Simulators]
로 이동한 다음 사이드바에서 디바이스를 선택하고 "개발에 사용"을 클릭합니다(또는 일부의 경우 별도 처리없
이 Xcode 실행만으로 디바이스 설정에 [개발자] 메뉴가 자동 생성됩니다).

이후 iOS 디바이스의 설정 메뉴로 접속하면 [Developer] 목록이 노출되는 것을 확인할 수 있습니다. 사용할 때
는 [Developer] 선택 → [NETWORK LINK CONDITIONER] 메뉴 선택 → 기본으로 제공되는 네트워크를 선
택하거나 [Add a profile...]을 선택하여 프로파일을 생성 후 각 속성값을 직접 입력하여 사용합니다. 단, 이 방식은
임의로 네트워크 속도를 설정하기 때문에 지하철과 같이 네트워크 속도가 일정하지 않은 환경에서는 테스트를 진
행하지 않도록 합니다

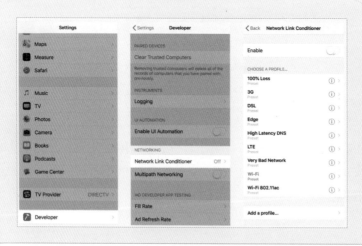

NEWT (for 윈도우) 설치 및 적용

NEWT[Network Emulator Kit]는 물리적 링크를 사용하여 유무선 네트워크의 동작을 모방할 수 있는 소프트웨어 기반 에뮬레이터입니다. NEWT는 네트워크의 대기 시간, 대역폭의 양, 대기열 동작, 패킷 손실 양, 패킷 재정렬 등 다양한 네트워크 조건을 시뮬레이션할 수 있습니다. NEWT 는 모든 윈도우 하드웨어 버전에서 설치할 수 있습니다.

01 NEWT 다운로드 페이지에 접속하여 파일을 다운로드하고 설치를 진행합니다.

- NEWT 다운로드 페이지: network-emulator-for-windows-toolkit.software.informer.com

02 NEWT를 실행하면 다음과 같은 화면이 나옵니다.

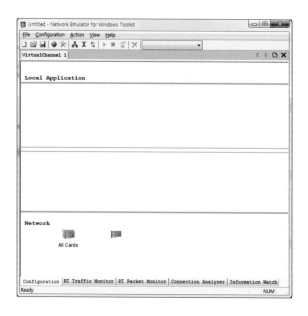

03 [Configuration] 메뉴를 선택하고 'New Filter'를 추가하면 'Filter List Property' 창이 나타납니다. 로컬 IP에 본인의 IP주소를 입력하고 Protocol 영역에 TCP를 선택합니다.

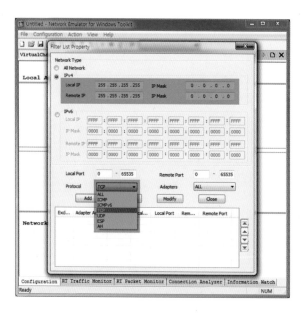

04 이후 Adapters 영역에 사용할 물리적 주소(AP)를 선택하거나 또는 [All]을 선택한 후 [Add]와 [Modify]를 순서대로 클릭합니다.

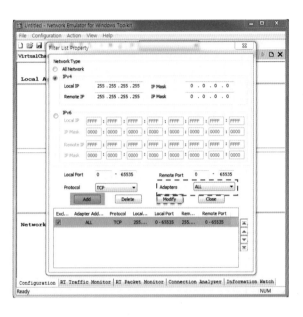

05 필터 추가가 완료되면 설정된 물리적 주소 또는 로컬IP에 연결된 이미지가 노출됩니다.

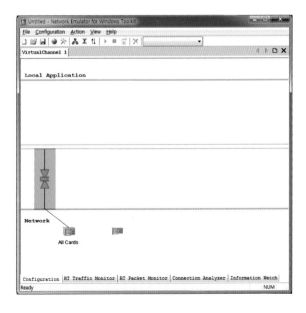

06 [Configuration] 메뉴를 다시 선택하고 'New Link'를 추가합니다. 그럼 화면과 같이 새로운 링크가 추가된 것을 확인할 수 있습니다.

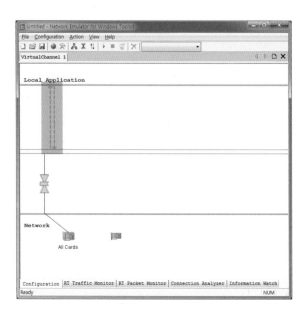

07 생성된 Link에 마우스 오른쪽을 클릭하여 [Set UpStream] 메뉴를 선택합니다.

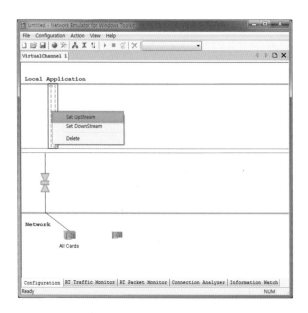

08 Upstream 설정창의 [Loss] 탭에서 [Rendom Loss]를 선택하고 패킷[Packet]에 N/100 입력해서 부하 수치를 설정합니다(예: 30%의 Packet Loss 상황 부여 시 0.3을 입력합니다).

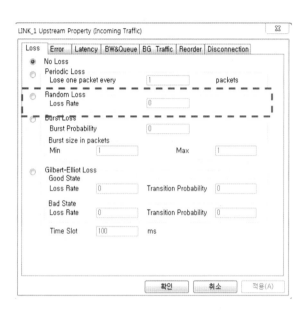

09 Upstream 설정창의 [Latency] 탭에서 [Fixed]를 선택하고 레이턴시 수치를 입력해서 업로드와 다운로드에 대한 패킷 지연 상태를 설정합니다. 레이턴시 수치는 '네트워크 테스트 종류와 범위'에서 설명한 수치를 참조하여 입력합니다(예: 80ms 입력).

10 Upstream 설정창의 [BW & Queue] 탭에서 Bandwidth(대역폭)를 선택하고 수치를 입력합니다. 대역폭은 [mbps]와 [kbps] 중 선택할 수 있습니다. 대역폭 수치는 '네트워크 테스트 종류와 범위'에서 설명한 수치를 참조하여 테스트할 네트워크 상태에 따라 입력합니다 (예: Edge 네트워크 200kbps 입력).

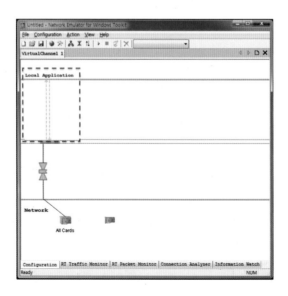

11 Upstream 설정을 완료한 후 적용하면 로컬 애플리케이션의 링크색이 활성화 상태로 변경 되는 것을 볼 수 있습니다. 여기까지 진행하면 네트워크 테스트를 위한 세팅이 완료됩니다.

12 테스트를 시작하기 전에 네트워크 에뮬레이터가 적용된 PC에 모바일 디바이스를 연결합니다. 준비가 완료되면 네트워크 에뮬레이터의 [재생] 또는 [Action → Start]를 클릭하면 PC에 연결된 디바이스의 네트워크 속도가 조절됩니다. 이후 준비한 테스트 시나리오로 네트워크 테스트를 진행합니다.

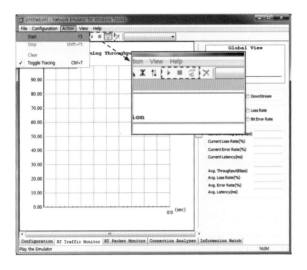

13 테스트 진행 중 상단의 [Toggle Tracing] 버튼을 클릭하면 진행 상황을 모니터링할 수 있습니다.

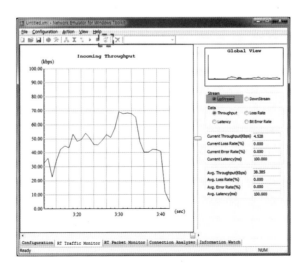

Q. 네트워크 속도는 어떻게 확인할 수 있나요?

A. 네트워크 에뮬레이터로 속도를 조정한 후 스피드테스트 애플리케이션으로 조절된 속도가 적용되었는지 확인할 수 있습니다. 애플 앱스토어나 구글 플레이에서 스피드테스트 애플리케이션을 설치하고 실행하면 적용된 네트워크의 다운로드, 업로드, 핑 속도를 확인할 수 있습니다.

스피드테스트 애플리케이션

3.3 클라이언트 성능 테스트

클라이언트 성능 테스트 Client Performance Test는 제품 개발이 완성되는 시점에 진행되는 기술 검증 테스트입니다. 검증 범위는 애플리케이션 사용 중 FPS, CPU 사용량, GPU 사용량, 배터리 사용전력량, 디바이스 온도, 메모리 사용량, 네트워크 사용량을 측정합니다. 이후 측정한 데이터를 분석하여 애플리케이션의 응답성, 안정성, 신뢰성, 부하가 발생하는 병목 구간을 확인하고 애플리케이션의 성능 문제점을 보고합니다. 클라이언트 성능 테스트의 목적은 애플리케이션 자체 성능과 제품으로 인해 디바이스 성능을 위해하는 요인을 찾아 이를 개선하는 데 있습니다.

모바일 애플리케이션을 사용할 때 고객은 사용성 측면에서 좋은 응답을 기대합니다. 또한 애플리케이션이 디바이스 성능을 저하시키거나 악영향을 끼치는 것을 원하지 않습니다. 따라서 모바일 애플리케이션 개발자들은 애플리케이션을 개발하는 동안 성능적 측면도 고려해야 하며, 소프트웨어 품질 검증 활동에도 모바일 애플리케이션의 성능 테스트를 진행하여 고객이 느린 응답과 같은 성능 문제를 직면하지 않도록 해야 합니다.

클라이언트 성능 테스트의 가장 주요한 품질 활동은 모바일 애플리케이션의 성능을 측정하는 데만 있지 않습니다. 측정한 자료를 기반으로 제품 상태를 분석하고 분석된 지표를 이용하여 정확한 개선 지점을 지정하고 명확한 품질 개선 요구 사항을 전달해야 합니다.

클라이언트 성능 테스트를 위해 시중에 나와있는 벤치마킹 도구는 다양합니다. 가장 보편적인 도구로 안투투 벤치마크^{Antutu Benchmark}, 긱벤치^{Geekbench}, PC마크^{PCMark}, GFX벤치^{GFXBench} 벤치마크^{Benchmark}, 게임 벤치^{Game Bench} 등이 있습니다. 이 책에서는 게임 벤치를 기준으로 사용법을 설명합니다.

본격적으로 도구를 활용해 성능 테스트를 진행하기 앞서 벤치마킹 도구 사용 시 유의해야 할 사항들을 몇 가지 살펴보겠습니다.

벤치마킹 도구 사용 시 유의 사항

- **테스트할 애플리케이션만 활성화된 상태로 테스트 진행**: 다른 애플리케이션도 실행 중인 상태로 테스트할 경우 테스트하려는 애플리케이션의 성능 지표가 오염될 수 있습니다. 클라이언트 성능 테스트를 진행할 때에는 반드시 열려 있는 다른 애플리케이션은 모두 닫고 테스트할 대상만 포그라운드 상태에서 프로세스를 실행합니다.
- **성능 측정은 최소 한 시간 이상**: 모바일 애플리케이션의 평균적인 성능 데이터 수집과 오랜 시간 사용했을 경우 발생하는 병목 구간을 찾기 위해 충분한 테스트 시간이 필요합니다.
- **제품 출시 전 개발이 어느 정도 완성된 상태에서 테스트 진행**: 제품이 출시된 이후 유지 보수를 거치며 애플리케이션의 메모리는 지속적으로 축적됩니다. "작은 불이 온 산을 태운다."라는 속담처럼 출시 초기에 성능을 개선하지 못한 상태에서 지속적으로 메모리가 축적되면 애플리케이션 성능에 과부하 또한 지속적으로 발생하고 서비스 중인 애플리케이션을 추후 개선하기에 더 많은 비용과 시간이 소모되고 장애 요인이 발생할 수 있습니다.

다음으로 모바일 애플리케이션의 성능으로 인해 발생할 수 있는 문제점은 어떤 것이 있는지 예시로 살펴보겠습니다.

① 화면 로딩 느림 현상과 버벅거림

쇼핑몰 애플리케이션에서 이미지가 버벅거리면서 끊기듯 노출되거나 이미지를 불러올 때, 한 세월이 걸리는 경험을 한 적이 있을 것입니다. 이런 현상이 발생하는 주요 원인은 화면 구성이 복잡하거나, 대량의 고화질 이미지를 사용할 경우 모바일 애플리케이션용으로 압축된 이미지를 사용하지 않고 웹용 이미지를 애플리케이션에서 그대로 사용할 경우 메모리를 과도하게 사용하는 등 애플리케이션이 고사양·고성능을 필요로 할 때 이런 현상이 발생합니다.

최근 개발되는 애플리케이션은 클라이언트에 저장되는 데이터는 최소화하고 대부분의 처리를 API 서버를 통해 응답을 받아와 클라이언트에 노출시켜줍니다. 이런 구조가 오히려 대량의 고화질 이미지를 호출하고 클라이언트에 다운로드하면서 로딩 시간을 지연시키고 화면 느림 현상이나 버벅거림 현상을 발생시킬 수 있습니다.

모바일 게임에서도 동일하게 고화질 이미지 사용으로 인해 화면 지연, 버벅거림, 프리징^{Freezing} (화면 멈춤) 상태의 끊김이 발생하거나 FPS$^{Frames Per Second}$(초당 프레임)의 안정성이 떨어질 경우 동일한 현상이 발생할 수 있습니다.

② 발열 이슈

다수 유저들이 가장 많이 경험해본 이슈는 단연 발열 이슈입니다. 특히 모바일 게임 애플리케이션에서 자주 경험할 수 있습니다. 발열로 인해 발생할 수 있는 문제는 다양합니다. 애플리케이션이 강제 종료되는 **크래시**^{Crash}가 발생하거나 프리징되는 현상, 프레임 드랍, 디바이스의 배터리 수명 단축의 원인이 될 수 있습니다.

발열이 발생하는 원인은 트랜지스터, 전원 관리 집적 회로, 통신 프로세서, 송수신 처리 등이 있습니다. 특히 모바일 게임은 상시 네트워크 통신을 요하는 실시간 게임이 많아지면서 통신 프로세서에서 발열이 발생하는 것을 주요 원인으로 볼 수 있습니다. 모바일 애플리케이션으로 인해 발열이 지속되면 디바이스 자체 성능을 저하시킬 수 있습니다(배터리 수명 단축, CPU성능 감소 등).

③ 병목 현상

애플리케이션 사용 시간이 길어질수록 메모리, CPU, GPU에 병목이 발생하는 구간이 발생할 수 있습니다. 병목 현상이 발생하는 원인은 설계 단계에서 병목이 발생하지 않도록 메모리 등을 자체 해제하도록 설계하거나 메모리 효율성이 높은 코드로 구성하지 못한 문제에서 발생할 수 있습니다.

병목으로 인해 유저들은 화면상 지연이나 멈춤 현상을 경험할 수 있고 애플리케이션이 디바이스의 성능을 제한하거나 CPU에 악영향을 미치는 등의 문제가 발생할 수 있습니다.

서비스할 제품에서 이런 문제들이 발생하지 않도록 하기 위해 품질 검증 단계 이전에 개발 설계 단계에서부터 애플리케이션의 성능적인 측면을 고려하여 개발해야 합니다. 하지만 성능 문제를 직면한 경험이 없거나 개발 경력이 낮은 개발자가 다수인 조직에서 성능을 고려하며 작업해야 하는 것을 당연시할 순 없습니다.

예측되는 문제 상황이 발생할 수 있는 가능성을 인지하고 대응할 수 있도록 다양한 제품의 결함을 경험하고 출시 노하우가 많은 테스트 담당자가 테스트를 통해 문제를 드러내고 문제가 발생한 원인을 파악하여 개선 의견을 전달하며 대응 전략을 마련하여 문제를 예방할 수 있도록 안내하는 역할을 해야 합니다. 따라서 품질을 관리하는 담당자로서 먼저 문제점을 찾을 수 있는 테스트 방법을 알아야 합니다. 그럼 본격적으로 클라이언트 성능 테스트 진행 방법을 하나씩 살펴보겠습니다.

테스트 범위 선정 및 수행 계획 설계

테스트 진행에 앞서 클라이언트 성능 테스트를 수행하기 위한 검증 범위를 선정하고 테스트 수행에 필요한 전략과 품질 목표 기준을 계획합니다. 클라이언트 성능 테스트에 적합한 콘텐츠를 선정하고, 테스트 수행에 필요한 디바이스를 선별하며, 품질 기준을 수립하여 기준이 적용된 테스트 시나리오를 설계합니다. 각 단계에서 구체적으로 어떤 프로세스가 진행되는지 하나씩 살펴보겠습니다.

① 테스트 콘텐츠 선정

클라이언트 성능 테스트의 검증 범위는 제품의 전체 기능을 대상으로 진행하지 않고 애플리케이션에서 성능 문제를 발생시킬 것으로 예상되는 요인을 확인하여 예측되는 문제가 발생할 가능성이 높은 콘텐츠를 대상으로 범위를 선정합니다. 테스트 범위를 선정하는 방법을 2가지 유형의 애플리케이션으로 예시를 들어 설명하겠습니다.

첫째, 쿠팡이나 11번가와 같은 이커머스 애플리케이션에서 성능 문제를 발생시킬 수 있는 기능에 해당되는 범위는 대량의 상품 목록을 호출하는 상품 조회 또는 검색 목록에서의 로딩 축적, 고사양 이미지와 동영상을 출력하는 상품의 상세 페이지, 다량의 유저 유입이 순간적으로 증가하여 트래픽이 급증할 수 있는 이벤트 페이지를 범위로 선정할 수 있습니다.

둘째, 모바일 게임 애플리케이션의 경우에는 앱 설치 시 CDN^{Content Delivery Network}을 통해 다운로드하는 대용량의 데이터, 네트워크 및 서버 부하가 높은 실시간 대전 게임 콘텐츠, 확률형 아이템 뽑기와 같이 이미지 렌더링 속도에 영향을 주는 콘텐츠, 순간적으로 시각적 화려함을 증폭시켜주는 이펙트(또는 그래픽) 효과가 많이 적용된 콘텐츠를 클라이언트 성능 테스트 범위로 선정할 수 있습니다.

② 테스트 디바이스 선별

최신 디바이스를 중심으로만 성능 테스트를 진행할 경우 미처 테스트하지 못한 저 사양 디바이스나 운영체제에서 문제가 발생할 수 있습니다. 애플리케이션 설치 및 사용에 권장되는 최소 사양부터 최고 사양까지 다양한 사양의 디바이스와 운영체제 버전을 선별하여 제품이 디바이스에 미치는 영향과 디바이스 사양으로 인해 제품 이용에 발생하는 문제가 없는지 확인해야 합니다.

테스트 디바이스를 선택할 때 참고해야 할 2가지 사항은 안드로이드와 iOS를 구분하여 최저 사양, 권장 사양, 최고 사양의 디바이스와 운영체제 버전 선정, 그리고 제품의 타깃 서비스 국가가 글로벌일 경우 서비스할 국가의 주 사용 디바이스를 고려해야 합니다.

추가로, 게임 벤치 자체에서 지원하는 디바이스 목록도 존재합니다. 게임 벤치에서 지원하는 안드로이드와 iOS의 최소 사양은 '안드로이드 4.1.2 이상', 'iOS 8 이상'이며 대부분의 디바이스를 지원하지만 일부 제조 업체에서 표준을 따르지 않아 지원 대상에서 제외되거나, 지원 대상에는 포함되지만 경우에 따라 성능 데이터가 추출되지 않는 경우가 있습니다. 선별한 테스트 디바이스 중 게임 벤치에서 성능 측정이 불가한 경우가 발생할 수 있으니 테스트 디바이스 선별 시 '게임 벤치의 디바이스 지원 가이드라인(device-support.gbdev.tech)'을 참고합니다.

Supported Devices

GameBench works with the majority of recent iPhones and Android phones. However, certain manufacturers don't follow all standards relating to things like GPU drivers and power consumption metrics, resulting in certain metrics being missing on some models. Below you'll find a list of the devices that we've tested with GameBench, and the metrics that we've found to be working.

Filter

Manufacturer	Model	OS	FPS	Power	CPU	GPU	Memory	Network
		Darwin18.6.0	Yes	No	No	No	No	No
		Darwin18.7.0	Yes	No	No	No	No	No
		Darwin19.0.0	Yes	No	No	No	No	No
		Darwin19.2.0	Yes	No	No	No	No	No
100JIA	100C	4.2.2	Yes	No	Yes	Yes	Yes	Yes
10or	E	7.1.2	Yes	Yes	Yes	No	Yes	Yes
10or	E	8.1.0	Yes	Yes	Yes	No	Yes	Yes
10or	G	7.1.2	Yes	Yes	Yes	No	Yes	Yes
10or	G	8.1.0	Yes	Yes	Yes	No	Yes	Yes

게임 벤치의 디바이스 지원 가이드라인(출처: device-support.gbdev.tech)

③ 테스트 시나리오 준비

클라이언트 성능 테스트를 위한 시나리오는 선정된 테스트 디바이스와 운영체제별로 **테스트 스위트**Test Suite를 구분하고 콘텐츠 플레이 진행 순서로 시나리오 흐름을 만들어 각 콘텐츠별로 측정한 수치를 입력하도록 설계합니다.

> 💡 **Tip.** 보다 자세한 시나리오 작성 방법은 '3.6 클라이언트 성능 테스트'에서 다루겠습니다.

> 💡 **용어 사전** **테스트 스위트**
> 테스트 케이스를 관계별로 묶어 놓은 것으로 여러 환경에서 실행하거나 동일한 환경에서 반복적으로 실행하는 테스트에 사용합니다.

④ 테스트 유의 사항

클라이언트 성능 테스트를 성공적으로 수행하고 원하는 결과를 얻기 위해 테스트 전과 테스트 진행 중에 유의해야 할 사항이 있습니다. 유의 사항의 참고 여부에 따라 다른 결과가 나올 수 있으니 내용을 확인하여 테스트를 수행합니다.

테스트 전에 참고해야 할 첫 번째 유의 사항은 테스트 수행 시간입니다. 클라이언트 성능을 측정할 때 각 테스트 콘텐츠별로 20분 이상 애플리케이션을 사용하는 것을 권장합니다. 분석이 가능한 분량의 데이터 축적과 디바이스 온도 측정을 위해 필요한 것으로 최소 20분~최대 한 시간 동안 테스트를 수행하는 것이 좋습니다. 테스트 스위트의 전체 테스트 수행은 1시간 이상이 필수이며, 각 콘텐츠별 테스트 수행 시간은 20분 이상을 권장합니다.

두 번째로 애플리케이션에서 제공하는 사운드 볼륨, 그래픽, 화질, 채도 등의 기능 설정입니다. 애플리케이션에서 기본으로 제공하는 설정 상태와 각 기능을 최댓값으로 설정한 상태 2가지로 테스트를 진행합니다. 각 기능을 최대로 설정했을 때 애플리케이션 성능에 좋지 않은 영향을 미치는 경우가 다수 발생하기 때문입니다.

마지막으로 디바이스에서 제공하는 화면 밝기와 사운드 볼륨 설정입니다. 화면 밝기와 사운드 크기를 50%과 100%로 설정한 상태와 절전모드/블루투스/GPS/위젯 기능을 활성화한 상태에서 테스트를 진행합니다. 애플리케이션 성능 측정 시 디바이스 하드웨어 기능 연동에 의한 영향도 확인을 위해 필요합니다.

테스트 중 유의 사항은 한 가지만 숙지하면 됩니다. 애플리케이션 성능 측정 시 콘텐츠별로 녹화를 끊어서 측정하지 않고 전체 테스트 스위트를 이어서 기록하는 것입니다. 분석에 필요한 분량의 데이터를 축적하기 위한 것으로 하나의 테스트 스위트에는 하나의 성능 측정 녹화분이 존재해야 합니다. 다만, 테스트 결과 분석 시 각 콘텐츠별로 녹화된 분량을 분리하여 분석이 필요하기 때문에 이 작업을 위해 테스트 시나리오에 콘텐츠별로 녹화 시작 시간과 끝 시간을 기록해 두도록 합니다.

⑤ 클라이언트 성능 품질 기준 수립(테스트 통과 기준)

클라이언트 성능 테스트의 가장 중요한 품질 활동은 성능을 측정하고 기록하는 것으로 끝나지 않습니다. 측정한 데이터를 기반으로 제품의 상태를 분석하고 분석된 지표를 사용하여 문제의 원인과 정확한 개선 요구 사항을 전달하는 데 있습니다. 그러기 위해 명확한 품질 목표 기준이 필요합니다.

측정한 데이터가 어떤 기준을 만족해야 하는지, 데이터가 가진 위험 요소는 무엇인지, 애플리케이션과 디바이스를 위해하는 수치는 무엇인지 알아야 데이터를 분석할 수 있고 문제가 발생한 원인을 파악할 수 있으며 위험 요소와 개선사항을 선별하여 대응 전략을 마련하도록 요구할 수 있습니다.

이 책에서 다루는 성능 품질 기준은 게임 벤치에서 제공하는 품질 기준을 사용했습니다. 게임 벤치의 품질 기준은 게임 벤치의 성능 측정 도구를 사용하는 여러 회사의 데이터를 기반으로 평균값과 최솟값, 최댓값의 기준을 선정한 것으로 데이터의 신뢰성을 보장합니다.

클라이언트 성능 품질 지표

다음 품질 기준은 테스트 통과 기준으로 한 개의 테스트 스위트에서 측정한 전체 데이터의 평균값이 다음 기준에 만족하면 일정 수준의 품질을 보장한다는 것을 의미합니다.

구분	품질 기준	
FPS	Median FPS: 30, FPS Stability: 평균 75% 이상(최소 20 이상)	
CPU	안드로이드	평균 사용량 60% 미만
	iOS	평균 사용량 70% 미만
GPU	평균 GPU 사용량 30% 미만(중간 사용량 – 60%, 높은 사용량 – 80%)	
메모리	안드로이드	권장 사양: 200MB 미만 고려 최고 사양: 500MB까지 허용
	iOS	권장 사양: 100~200MB 최고 사양: 500MB까지 허용
패킷	10분에 3MB미만 데이터 다운로드와 업로드의 패킷을 합친 용량으로 계산하여 10분간의 데이터를 기준으로 측정한다. 패킷량*10/측정한 시간(분단위)	
디바이스 온도	최고 온도 40도 미만	

클라이언트 성능 품질 기준

성능 항목별 세부 품질 지표

성능 항목별로 최상·표준·권장(개선 필요)·최하(위험)의 품질 기준을 나타내는 지표로 붉은색에 가까울수록 나쁜 지표에 해당됩니다. 이것은 하나의 테스트 스위트 안에 각각의 콘텐츠에 대한 측정 데이터를 분석할 때 활용합니다. 예를 들어, 한 개의 테스트 스위트에서 측정한 FPS의 전체 데이터 평균값이 품질 기준을 통과했더라도 그중 하나의 콘텐츠의 FPS 품질 기준이 20FPS 이하로 측정되었다면 해당 콘텐츠의 FPS가 떨어진 원인을 분석하여 전체 결과에 미치는 영향과 수정 또는 개선이 요구되는 상황인지 확인하여 의견을 제시할 수 있습니다.

FPS	Battery	Launch Time
Ultra ·**Median ≥60fps**, Minimum ≥54fps; Variability ≪2fps ·게임 플레이가 아닌 상호 작용 중에 54fps 이하로 지속적으로 떨어지지 않습니다.	·100% 충전 상태로 7시간 게임 플레이 예상됨 (이후 방전)	·앱 아이콘을 탭한 순간부터 첫번째 상호작용 화면에 도달하기까지(콜드런치) 10초 미만 소요.
Smooth ·**Median > 30fps** ·차이 < 3fps(이하) ·게임 플레이 또는 비게임 플레이 상호작용 중에 27fps 이하로 지속적으로 떨어지지 않습니다.	·100% 충전 상태로 5-7시간 게임플레이 예상됨 ·배터리 소모 시간당 33% 넘지 않아야 함.	·콜드런치 시간 10-15초 소요.
Basic ·게임플레이 **Median 최소 20fps**이며, 18fps 이하로 떨어지지 않음 ·비게임 플레이 상호작용 중에 30fps 이하로 지속적으로 떨어지지 않습니다.	·100% 충전 상태로 3-5시간 게임플레이 예상됨	·콜드런치 시간 15-20초 소요.
Poor ·그 밖의 모두	·그 밖의 모두	·콜드런치 시간 20초이상 소요.

Network Conditions	Thermals(단말기온도)	Power(전력 mA(밀리암페어) 사용량)
Ultra ·120Kbps up/down bandwidth와 100ms latency로 문제없이 게임 플레이 가능 ·매니아 급 latency 133ms	·게임 플레이 20분 후 기기가 섭씨 35도 미만	·100%충전 상태로 시간당 전력 소모 10%
Smooth ·300Kbps up/down bandwidth와 80ms latency로 문제없이 게임 플레이 가능	·게임 플레이 20분 후 기기가 섭씨 37.5도 미만	·100% 충전 상태로 시간당 전력 소모 30% 미만
Basic ·600Kbps up/down bandwidth와 60ms latency로 문제없이 게임 플레이 가능	·게임 플레이 20분 후 기기가 섭씨 40도 미만	·100% 충전 상태로 시간당 전력 소모 30% 이상
Poor ·네트워크 상태에 대한 더 큰 손상은 게임 경험을 손상 시킴	·게임 플레이 20분 후 기기가 섭씨 40도 이상	·그 밖의 모두

Memory	CPU	GPU
• Gamebench 데이터베이스에있는 대부분의 **iOS 앱은 100 ~ 200MB의 RAM을 사용 / Android 앱은 200 ~ 500MB를 사용** • 기가 바이트 이상의 메모리를 사용하는 게임의 경우, 앱이 실패하거나 강제 종료 될 가능성이 크게 증가함 • **중급 Android 휴대폰**에서 사용하는 애플리케이션의 경우 대상 공간을 **200MB (최대 및 평균)** 미만으로 고려 • **고사양**의 경우 **최대 500MB**를 허용 할 수 있음	• 게임 사용중 **CPU 사용량 10-15% 초과시** 과도한 전력소모(배터리소모), 온도증가, 조절 및 성능 저하가 우려됨 • CPU 비율은 낮을수록 좋음 • 25% 이상의 일관된 CPU 사용량은 높은 사용량으로 간주됨	• 게임 사용중 과도한 GPU사용시 불안정한 프레임속도, 미세 끊김, 높은 전력 소비와 같은 문제가 발생됨 • **평균 GPU 사용량 - 30% 미만을 사용** • 중간 사용량 - 60% / 높은 사용량 - 80%이상 • **GPU Marker** 전투 또는 게임레벨과 같이 격리된 플레이 영역에서 평균 GPU 사용량 확인 가능

게임 벤치의 성능 항목별 세부 품질 지표(출처: gamebench.net)

테스트 시나리오 작성

벤치마크 도구를 활용하여 클라이언트 성능 테스트를 시작하기 앞서 테스트 시나리오를 작성하는 방법을 알아보겠습니다. 앞서 설명한 것처럼 클라이언트 성능 테스트의 테스트 범위는 애플리케이션에서 성능 문제를 발생시킬 것으로 예상되는 요인을 확인하여 예측되는 문제가 발생할 가능성이 높은 기능이나 콘텐츠를 대상으로 테스트 범위를 선정합니다.

예를 들어, 대용량의 데이터(리소스, 이미지, 영상, 조회 목록 등)를 호출하여 클라이언트로 다운로드하는 기능이나 네트워크 및 서버 부하가 높은 콘텐츠나 이벤트, 그래픽 렌더링이나 로딩속도에 영향을 주는 기능이 다른 콘텐츠에 비해 심각한 성능 문제를 발생할 수 있습니다. 반대로 회원 가입이나 인증 절차, 외부결제(PG사 또는 타 마켓의 결제 프로세스) 프로세스가 연동된 결제의 경우 소프트웨어나 디바이스에 성능상 문제를 발생시키는 요소가 낮아 테스트 대상에서 제외하거나 우선순위를 낮게 선정합니다.

클라이언트 성능 테스트 시나리오는 '체크리스트' 형태로 생성하여 선정된 테스트 디바이스별로 테스트 스위트를 구분합니다. 그리고 선정한 테스트 범위를 비즈니스 시나리오 또는 유저 행위의 절차를 기반으로 테스트 진행 흐름 순서로 나열합니다. 이후 테스트를 진행하며 각 기능 또는 콘텐츠별로 측정한 성능 수치를 입력하고 테스트 수행 중 확인되는 특이사항(화면 버벅거림, 발열, 멈춤 등의 현상)을 시나리오에 기록하도록 설계합니다.

클라이언트 성능 테스트 시나리오의 특징은 일반적인 기능 테스트 케이스에서 사용하는 사전조건과 기대 결과가 없으며 테스트를 진행할 콘텐츠 목록과 측정한 데이터를 입력하는 항목만 존재합니다. 이렇게 설계된 시나리오는 클라이언트 성능 품질 지표 기준과 비교 분석하기 위한 자료로 사용됩니다.

테스트 케이스 작성에 도움이 되도록 실무에서 사용했던 시나리오를 예시로 설명하겠습니다. 예시에 사용한 애플리케이션은 모바일 게임으로 선택했습니다. 모바일 게임의 클라이언트 성능 테스트를 위한 테스트 범위와 수행 절차는 다음과 같습니다.

모바일 게임의 클라이언트 성능 테스트 범위 & 절차

① 애플리케이션 아이콘 터치(첫 번째 상호작용 화면에 도달하기까지 소요된 시간인 런치 타임 Launch Time 체크)

② CDN 데이터 다운로드

③ (부하를 유입한 상태) 회원가입 또는 로그인/아웃

④ 튜토리얼

⑤ 비실시간 게임 콘텐츠 플레이

⑥ 실시간 대전 게임 콘텐츠 플레이

⑦ 확률형 아이템 뽑기 및 아이템 결제

⑧ 보상 수령

이 테스트 절차로 테스트 시나리오를 작성했습니다. 다음 테스트 시나리오는 테스트 디바이스(운영체제 버전 포함) 1대에 해당하는 범위입니다. 선정된 iOS/안드로이드 테스트 디바이스별로 각각 테스트 스위트를 구분하여 사용하고 측정한 데이터를 기록합니다. 예를 들어, 테스트 디바이스가 iOS/안드로이드 각 3대씩 선정되었다면 테스트 스위트는 총 6개를 준비해야 합니다.

테스트 단말기 정보 입력 (예: iPhone 11/OS 16)																	
테스트 진행 순서	성능 녹화 시간	FPS		CPU 사용량	GPU 사용량	Memory	패킷 사용량		단말기 온도	Battery/Power			프리징 발생 현황	크래시 발생 현황	배터리 소모량	Launch Time
		Median FPS	FPS Stability				Download	Upload		Power	mAh	mWh				
테스트 섹션 1																	
1) CDN 다운로드																	
2) 회원가입 또는 로그인/아웃																	
3) 튜토리얼																	
테스트 섹션 2																	
4) 비실시간 게임 콘텐츠 플레이																	
5) 실시간 대전 게임 콘텐츠 플레이																	
테스트 섹션 3																	
6) 확률형 아이템 뽑기 및 아이템 결제																	
7) 보상수령																	

클라이언트 성능 테스트 시나리오

테스트 범위가 선정되면 벤치마크 도구를 활용하여 테스트를 진행합니다. 클라이언트 성능 테스트를 수행하기 위해 게임 벤치의 데스크탑 애플리케이션을 먼저 설치합니다.

게임 벤치는 소프트웨어, 디바이스, 네트워크 등의 성능을 측정하고 비교하기 위해 사용하는 플랫폼 도구입니다. 게임 벤치를 통해 소프트웨어와 디바이스의 속도와 처리 응답 시간, 성능을 측정하여 시스템의 품질과 성능을 평가할 수 있습니다. 시중에 성능 테스트를 위한 벤치마크 도구가 많지만 소프트웨어 테스터를 위한 테스트 및 모니터링 서비스를 제공하고 로컬과 모바일 환경 모두에서 테스트가 가능하며 플랫폼 사용 방법과 데이터 분석에 대한 자세한 가이드가 제공되어 도구 사용의 러닝 커브가 낮은 장점이 있어 테스트 도구로 선정했습니다.

게임 벤치 스튜디오 프로 데스크탑 설치

게임 벤치 데스크탑 애플리케이션을 설치할 하드웨어는 윈도우 7 이상, 맥 운영체제 버전 10.8 이상이어야 설치할 수 있습니다. 참고로 테스트 디바이스 중 iOS의 운영체제 버전이 17 이상인 경우 게임 벤치 데스크탑 애플리케이션을 설치할 하드웨어 조건은 최신 버전의 Xcode가 설치된 맥 13.0 버전 이상을 사용해야 합니다. 프로그램을 설치하기 전 게임 벤치에서 제공하는 가이드 문서(docs.gamebench.net/)를 확인하여 관련 정보를 참고하기 바랍니다.

01 게임 벤치 데스크탑 애플리케이션은 게임 벤치 홈페이지에서 비용을 지불하고 다운로드받아 설치합니다.

- 게임 벤치 홈페이지: docs.gamebench.net/downloads/

Tip. 참고로 게임 벤치는 28일 동안 사용할 수 있는 무료 평가판을 제공하고 이후에는 정해진 비용을 지불해야 사용할 수 있습니다. 기업이나 조직에서 구입한다면 하나의 계정으로 최대 3대의 디바이스로 동시 접속하여 테스트를 진행할 수 있습니다.

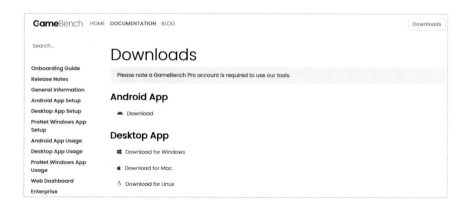

02 다운로드한 파일에서 DMG 파일을 클릭하여 설치를 진행합니다.

Tip. DMG 파일이 열리지 않거나 보안 경고가 표시되면 설치 프로그램 패키지에서 마우스 오른쪽 버튼을 클릭하고 [열기]를 선택하여 설치를 진행합니다.

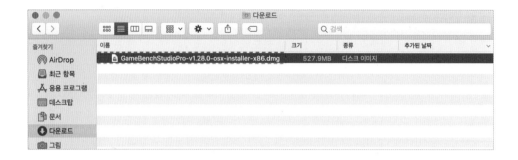

03 설치가 완료되고 게임 벤치 데스크탑 애플리케이션을 실행하면 다음과 같은 화면이 나타 납니다. 중앙 차트에는 프레임 속도와 CPU 사용량, 메모리 사용량이 실시간으로 표시됩니 다. 오른쪽 아래 [+] 버튼을 클릭하면 더 많은 측정 항목을 추가할 수 있습니다.

오른쪽 차트에는 CPU, GPU, 프레임 속도의 평균 사용량과 최대 메모리 정보가 표시되고 현재 녹화 중인 테스트 디바이스 및 애플리케이션 정보가 표시됩니다. 하단에는 메시지 로 그가 실시간 표시되고 있어 현재 장치가 작동 중인 내용을 확인할 수 있습니다.

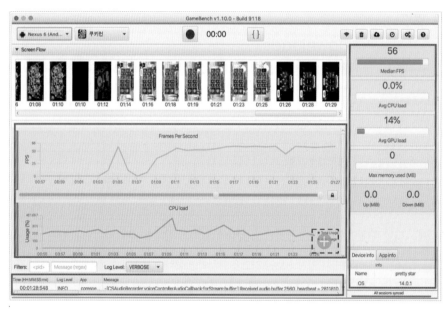

게임 벤치 데스크탑 애플리케이션 화면 구성

애플리케이션 성능 측정

01 그럼 본격적으로 애플리케이션의 성능 측정을 시작해보겠습니다. 게임 벤치 데스크탑 애플리케이션을 실행하고 테스트를 수행할 안드로이드 또는 iOS 디바이스를 USB로 데스크탑에 연결합니다. 디바이스가 정상 연결되면 게임 벤치 애플리케이션에서 연결된 디바이스가 확인됩니다.

💡 Tip. 테스트 디바이스를 USB를 사용하여 데스크탑에 직접 연결하는 대신 무선 세션을 사용할 수 있습니다. 무선 세션 사용을 위해 게임 벤치 데스크톱 애플리케이션과 테스트 디바이스의 인터넷 데이터가 동일한 와이파이 네트워크에 연결되어 있어야 합니다. 이후 테스트 디바이스를 데스크톱으로 USB를 사용하여 연결하고 게임 벤치 데스크톱 애플리케이션에서 디바이스를 선택합니다. 그런 후 아래 [와이파이] 버튼을 클릭하면 디바이스와 게임 벤치 데스크톱 애플리케이션 간의 무선 연결이 시작됩니다. 연결이 정상적으로 완료되면 와이파이 버튼이 빨간색으로 변경됩니다. 데스크탑에 연결했던 디바이스를 분리하고 무선 상태로 테스트를 진행합니다. 무선 세션 사용을 종료할 때도 우선 디바이스를 데스크톱으로 연결한 후 [와이파이] 버튼을 눌러야 무선 모드가 비활성화된다는 점을 참고하세요.

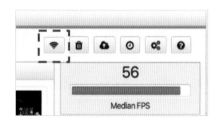

02 테스트 디바이스를 선택하면 디바이스에 설치된 애플리케이션 목록이 우측 선택 상자에 노출됩니다. 애플리케이션 목록에서 테스트 대상이 되는 애플리케이션을 선택합니다. 단, 디바이스를 연결한 상태에서 설치한 애플리케이션은 게임 벤치의 애플리케이션 목록에 노출되지 않습니다. 반드시 테스트 대상이 되는 애플리케이션이 설치된 상태에서 디바이스를 연결합니다.

Tip. 안드로이드 디바이스의 경우 디버그 모드가 설정되어 있지 않으면 게임 벤치에서 인식되지 않습니다. 안드로이드 디바이스의 설정 메뉴로 이동하여 디버그 모드가 적용되어 있는지 확인합니다.

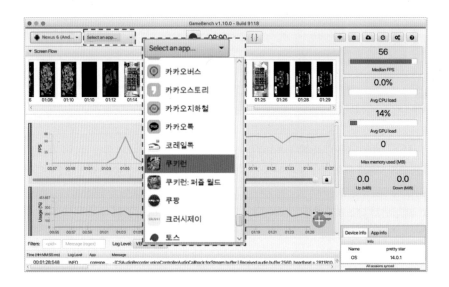

03 클라이언트 성능 테스트를 진행하기 위한 모든 준비를 완료했습니다. 테스트 시작 전 [녹화] 버튼을 클릭하면 데이터 수집이 시작됩니다. 테스트 시나리오를 따라 애플리케이션 테스트를 진행합니다. 앞 장에서 설명한 것처럼 1대의 디바이스에서 테스트를 진행하는 동안 완료 시점까지 이어서 녹화합니다.

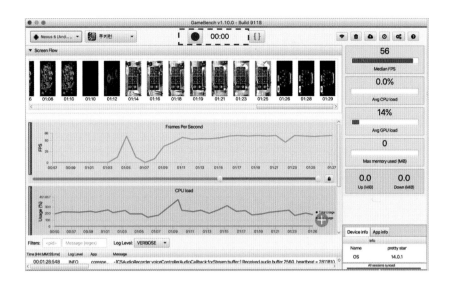

04 데이터가 녹화되는 화면을 보면 Screen Flow 영역에 녹화 시간대에 위치한 애플리케이션의 화면이 캡쳐 되어 노출되는 것을 볼 수 있습니다. 화면에 나오는 녹화 시간을 테스트 시나리오의 각 콘텐츠별로 녹화 시작 시간과 끝 시간을 기록해 두도록 합니다. 예를 들어 애플리케이션을 실행하고 CDN 다운로드하기가 완료될 때까지 시간이 00:00부터 03:00까지, CDN 다운로드 후 타이틀 화면에서 회원 가입을 완료하기까지 시간이 03:01부터 04:00까지라면 테스트 시나리오의 각 콘텐츠 절차 우측 '성능 녹화 시간' 영역에 녹화 시작과 끝 시간을 작성합니다.

Tip. 시간을 기록하는 이유는 콘텐츠별로 녹화된 분량을 분리하여 분석을 진행하기 위해서며 녹화 영상 분리는 게임 벤치에서 제공하는 웹 페이지에서 기능을 사용할 수 있습니다. 자세한 내용은 다음 그룹에서 다루겠습니다.

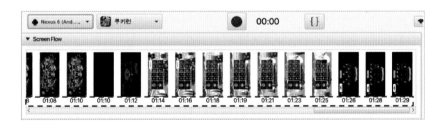

05 1대의 테스트 디바이스에서 테스트 스위트 수행이 완료되면 [녹화 중지] 버튼을 클릭하여 데이터 수집을 종료합니다. 이후 선정된 테스트 디바이스별로 테스트를 반복 수행(녹화와 종료를 반복)합니다. 데이터 녹화가 종료되면 게임 벤치에서 기록한 데이터를 웹 대시보드로 동기화됩니다.

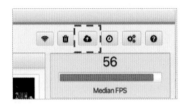

Tip. 동기화 처리는 자동과 수동으로 설정할 수 있습니다. 자동을 선택할 경우 저장과 같은 절차 없이 테스트한 데이터 전체가 대시보드로 동기화되고, 수동을 선택할 경우 대시보드로 동기화하지 않으나 데이터를 잃어버리지 않도록 로컬로 데이터가 저장됩니다. 테스트가 잘못되었거나, 더미 데이터가 동기화되는 것이 싫은 경우 수동으로 설정하고 원하는 데이터만 동기화하여 사용할 수 있습니다.

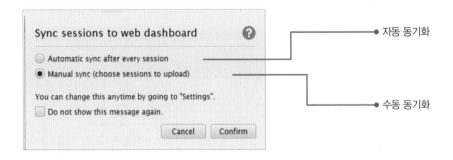

게임 벤치 웹 대시보드에서 동기화된 데이터 확인 및 데이터 분리

애플리케이션 성능 측정에서 언급한 것처럼 세션 녹화 종료 후 동기화된 데이터를 게임 벤치 웹 대시보드(web.gamebench.net/dashboard/user/home)에서 콘텐츠별로 분리하고 분리된 데이터를 비교해볼 수 있습니다. 또한 테스트 디바이스별로도 측정한 데이터의 상세 정보를 확인할 수 있습니다. 이제부터 콘텐츠별로 데이터를 분리하고 분리된 데이터를 서로 비교하는 방법과 디바이스별로 상세 데이터를 확인하는 방법을 알아보겠습니다.

01 게임 벤치 웹 대시보드로 접속하여 로그인을 진행합니다. 이후 [Sessions] 탭의 [Markers] 메뉴로 이동합니다. 왼쪽 필터에서 테스트한 디바이스와 애플리케이션 정보를 확인하고 데이터를 분리할 대상을 선택합니다.

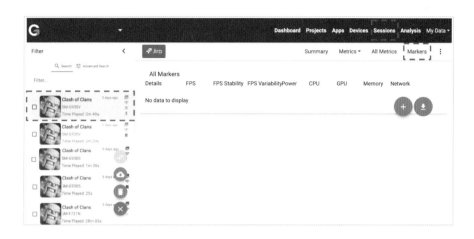

02 콘텐츠별로 테스트 시나리오에 작성해 두었던 녹화 시작부터 종료 시간을 확인하여 데이터를 분리하고 저장합니다. 이때 마커의 이름은 시나리오에 작성한 콘텐츠명으로 입력합니다.

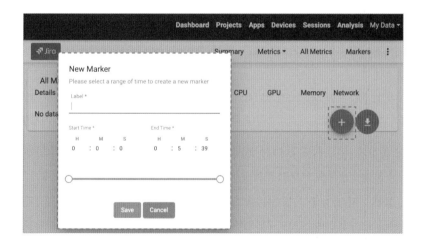

03 데이터 분리가 완료되면 마커의 요약 지표가 콘텐츠별로 표시됩니다. 해당 지표에 나와있는 각 수치를 테스트 시나리오에 입력합니다. 이 작업을 테스트 디바이스별, 콘텐츠별로 반복 진행합니다.

Markers Details	FPS	FPS Stability	Power	CPU	Memory	Network		
Level 1 0:21:00 - 0:04:31	33 11 - 80	53%	680mA 441 - 1056mA	32.73% 9.23 - 31.14%	155.74 MB 143 - 194 MB	↓ 0.4 KB ↑ 0.3 KB		
Load screen 0:01:00 - 0:06:54	51 6 - 86	56%	1125mA 1065 - 1110mA	26.45% 0 - 60.19%	127.95 MB 101 - 195 MB	↓ 0.5 KB ↑ 1.1 KB		

04 디바이스별로 동일 콘텐츠의 마커를 저장한 후 필터의 검색 영역에 마커 이름을 입력하고 검색합니다. 그럼 해당 마커 이름으로 저장된 전체 세션 목록이 표시됩니다. 목록에서 비교하고자 하는 세션을 선택하고 [비교] 버튼을 클릭합니다.

Tip. 마커의 가장 좋은 용도는 테스트한 전체 디바이스의 동일한 콘텐츠 데이터를 나란히 비교할 수 있다는 것입니다. 다만 이 기능을 사용하려면 디바이스별로 동일 콘텐츠의 마커가 저장되어 있어야 하며 마커를 저장할 때 입력하는 마커 이름이 동일해야 합니다(마커 이름을 영문으로 작성한 경우에는 대소문자와 띄어쓰기 간격도 동일해야 합니다).

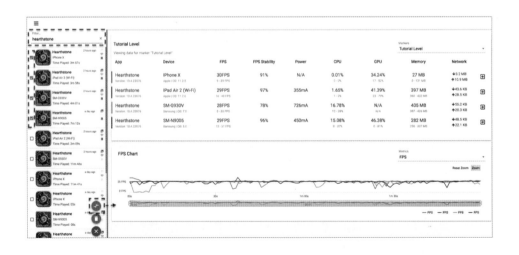

05 우측으로 선택한 항목에 대한 데이터가 노출됩니다. 상단의 데이터는 각 세션별 요약 정보이며 세부 항목을 선택하면 하단으로 프레임 속도, 네트워크 데이터, CPU/GPU 사용량, 메모리 사용량의 비교 정보가 그래프로 노출됩니다. 그래프를 통해 어떤 디바이스가 더 나은 프레임 속도 또는 CPU, GPU, 메모리 사용량을 가지고 있는지 확인할 수 있습니다.

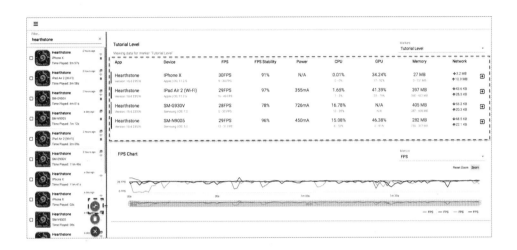

06 다음으로 테스트 디바이스별로 동기화된 데이터를 확인하겠습니다. [Sessions → Summary] 메뉴로 이동합니다. 왼쪽 필터에서 테스트한 디바이스와 애플리케이션 목록 중 데이터를 확인할 세션을 선택합니다. 그럼 중앙 화면에 요약 정보가 표시됩니다.

요약 정보의 왼쪽 영역은 기본 정보가 표시됩니다. 애플리케이션의 이름, 테스트 디바이스 정보, 데이터를 수집한 날짜와 시간 등을 확인할 수 있습니다. 테스트 진행 중 특정 사례나 오류 상황을 검증하는 경우 세션 정보 필드에 테스트 케이스 번호나 콘텐츠 이름을 입력하면 여러 디바이스에서 수행한 특정 테스트 사례를 세션 제목으로 검색하여 비교, 분석할 수 있습니다.

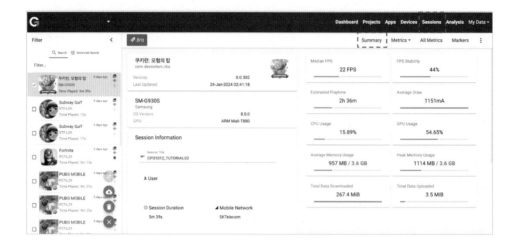

07 요약 정보의 오른쪽 영역은 각 측정 항목의 요약 데이터가 표시됩니다. 10개의 측정 항목을 하나씩 클릭하면 자세한 데이터와 그래프를 확인할 수 있습니다.

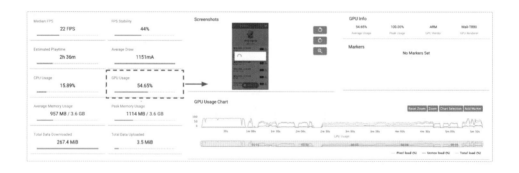

08 측정 항목의 상세 정보 화면에는 데이터 평균 수치와 최고 수치가 숫자 정보와 그래프로 제공됩니다. 그래프의 각 지점을 클릭하면 스크린샷 영역에 선택한 지점의 녹화 당시 화면 캡처 정보가 노출되고 테스트 상황을 이미지로 확인할 수 있습니다.

성능 측정 항목별 데이터 분석

테스트 디바이스별 측정 데이터와 콘텐츠별로 분리한 데이터의 각 측정 항목별로 데이터를 분석하는 방법을 알아보겠습니다. 그런 후 실무에서 수행한 테스트의 데이터를 활용하여 결과를 분석하고 분석된 내용을 기반으로 성능이 디바이스와 소프트웨어에 미치는 영향과 수정 또는 개선 대응 의견을 제시하는 방법을 예시로 살펴보겠습니다.

1. 프레임 속도

프레임 속도^{FPS}는 초당 몇 장의 화면이 지나가는지 나타내는 값으로, 값이 높을수록 화면 버벅거림이나 끊김 없이 시각적으로 부드러운 화면이 출력됩니다.

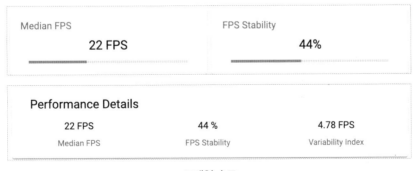

프레임 속도

Median FPS(FTS 중앙값)는 테스트 중에 관찰된 일반적인 프레임 속도를 나타냅니다. 모바일 게임인 경우 60fps, 게임 애플리케이션이 아닌 경우 30fps 이상으로 측정되어야 프레임 속도가 좋다고 평가할 수 있습니다. **FPS Stability**(FPS 안정성)은 테스트 중 프레임 속도가 FPS 중앙값을 기준으로 +/− 20%로 유지된 정도를 나타냅니다. 75% 미만의 수치가 나오면 프레임 속도의 신뢰성이 떨어진다고 볼 수 있습니다. 그 아래 Variability Index(FPS 안정성 지수)는 연속적으로 녹화된 프레임 값 간의 평균 차이를 나타냅니다. 이 지수는 2 정도가 좋은 수치입니다.

2. CPU 사용량

CPU 사용량은 테스트 중인 애플리케이션이 디바이스의 CPU(중앙 프로세서)에 부담을 주는 정도를 의미합니다. 높은 CPU 사용량(80% 이상)을 유지하는 경우 디바이스의 과도한 전력 소모, 온도 상승, 디바이스 성능 제한 및 저하가 발생할 수 있습니다.

CPU Details			
15.89%	25.45%	421.5 Mhz - 1.5 Ghz	ARM
Average Usage	Peak Usage	Frequencies	Architecture

CPU 사용량

Average Usage(평균 사용량)은 테스트 중 기록된 평균 CPU 사용량으로, 최대 CPU 용량의 백분율로 표시됩니다. 이 수치는 낮을수록 좋은 수치입니다. Peak Usage(최고 사용량)은 테스트 중 기록된 CPU의 최고 사용량을 나타냅니다.

3. GPU 사용량

GPU 사용량은 테스트 중인 애플리케이션이 디바이스의 그래픽 프로세서(GPU)에 부담을 주는 정도를 의미합니다. GPU 사용량은 전체 GPU 용량의 백분율로 표시하지 않고 사용 가능한 GPU 용량의 백분율로 표시됩니다. 즉, GPU 사용량이 높다고 해서 디바이스의 총 GPU의 최대치에 도달했다는 의미는 아닙니다.

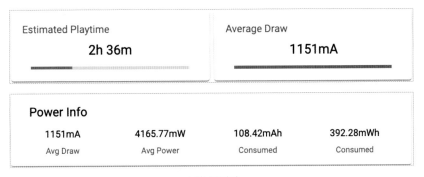

GPU Info			
54.65%	100.00%	ARM	Mali-T880
Average Usage	Peak Usage	GPU Vendor	GPU Renderer

GPU 사용량

높은 GPU 사용량(80% 이상)이 장시간 발생할 경우 디바이스의 성능 병목 현상(성능 속도 제한, 느린 렌더링, 시스템 속도 저하, 높은 메모리 소모 등)이 발생할 수 있습니다.

Average Usage(평균 사용량)은 테스트 중 기록된 평균 GPU 사용량을 나타내는 것으로 사용량이 30% 미만으로 유지되는 것이 좋습니다.

용어 사전 렌더링

컴퓨터 프로그램을 사용하여 모델 또는 이들을 모아 놓은 장면인 씬 파일Scene file로 부터 영상을 만들어내는 과정을 의미합니다.

4. 사용 전력량

사용 전력량은 테스트 중인 애플리케이션이 디바이스의 배터리 소모에 부담을 주는 정도를 의미합니다. 사용 전력량이 높을수록 디바이스 배터리의 수명을 단축하고 온도를 상승하며 다른 부품의 손상을 발생시킬 수 있습니다.

Estimated Playtime	Average Draw
2h 36m	1151mA

Power Info			
1151mA	4165.77mW	108.42mAh	392.28mWh
Avg Draw	Avg Power	Consumed	Consumed

사용 전력량

Estimated Playtime(예상 재생 시간)은 테스트 중인 디바이스의 운영체제가 알려 주는 배터리 소모 데이터입니다. 100% 충전된 배터리 상태에서 테스트 중인 애플리케이션을 지속적으로 사용할 경우 디바이스의 배터리 사용시간이 얼마나 남아 있는지 알려 주는 것입니다. 예상 재생 시간이 높을 수록 좋은 수치에 해당되며 100% 충전된 상태에서 다섯 시간에서 일곱 시간 정도의 사용 시간이 남아 있는 것이 좋습니다. 사용 전력량의 정확한 수치 산정을 위해 테스트 수행 시간은 길수록 좋으며 최소 20분 이상은 진행하는 것이 신뢰할 수 있는 정보를 얻을 수 있습니다.

Consumed(소비 전력)은 테스트 중인 애플리케이션을 사용하는 동안 테스트 중인 디바이스의 전력 소비량을 나타냅니다. 전력 사용량은 수치가 낮을 수록 애플리케이션의 전력 효율이 높다는 것을 의미합니다.

5. 메모리 사용량

메모리 사용량은 테스트 중인 애플리케이션이 디바이스의 메모리 소모에 부담을 주는 정도를 의미합니다. 메모리 사용량이 낮을 수록 애플리케이션이 최적화된 상태를 나타냅니다. 메모리 사용량이 높으면 성능 저하로 디바이스 속도가 느려질 수 있고, 애플리케이션에 충돌이 발생하거나 종료될 수 있습니다.

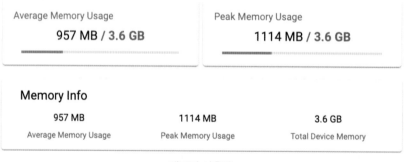

메모리 사용량

또 테스트를 진행하는 시간 동안 메모리 사용량이 꾸준히 증가하는 그래프를 나타낼 경우, 그리고 평균 메모리 사용량과 최고 메모리 사용량 사이 수치가 매우 큰 경우는 애플리케이션에서 메모리 누수가 발생한 상황으로 볼 수 있습니다.

Average Memory Usage(평균 메모리 사용량)은 테스트 중 애플리케이션이 평균적으로 사용한 메모리양을 나타냅니다. 디바이스 최고 사양에서 메모리 사용량이 500mb 이하로 유지되는 것이 좋습니다.

Peak Memory Usage(최고 메모리 사용량)은 애플리케이션이 최대로 사용한 메모리양으로 일반적으로 좋은 메모리 차트는 세션 중간 부분에서 최고점을 찍은 다음 일정하게 유지되는 것이 좋습니다.

6. 네트워크 사용량

네트워크 사용량은 테스트 중 애플리케이션이 사용한 디바이스의 네트워크 데이터양을 나타냅니다. 네트워크 사용량은 낮을수록 좋은 수치에 해당됩니다. 네트워크 사용량이 높으면 디바이스의 속도가 저하될 수 있고 전력 사용량을 함께 증가시킬 수 있습니다.

Total Data Downloaded	Total Data Uploaded
267.4 MiB	3.5 MiB

네트워크 사용량

각 측정 항목의 정의를 살펴봄으로써 수치가 나쁠 때 디바이스와 소프트웨어에 미치는 부정적 영향 그리고 성능을 저하시키는 원인을 예측해볼 수 있었습니다. 이 정보를 활용하여 실무에서 수행한 클라이언트 성능 테스트를 예시로 결과를 분석해보고 이를 기반으로 어떤 대응이 필요한지 확인하겠습니다.

측정 데이터의 그래프 분석 예시

측정한 성능 데이터의 그래프 분석을 통해 어떤 결과를 도출할 수 있는지 알아보기 위해 성능 항목 중 FPS, CPU, 메모리 사용량에 대한 결과 분석을 예시로 살펴보겠습니다. 그래프를 통한 분석 방법은 각 측정 항목별로 유사하니 예시를 참고하여 실무에 적용하기 바랍니다.

1. 프레임 속도

좋은 프레임 속도 그래프는 비 게임 애플리케이션의 경우 30fps 이상을 유지하고 테스트 시작부터 종료까지 그래프가 +/- 20%를 유지하는 것이 좋습니다. 그래프의 특정 구간이 20% 이상 튀거나 떨어질 경우 해당 영역을 확인하여 애플리케이션의 어느 위치에서 이상 현상이 발생하는지 확인하고 시각적으로 화면에 버벅거림이나 지연 등의 현상이 나타나는지 확인하여 결과를 공유합니다. 또 테스트 시간이 길어질수록 그래프가 비정상적으로 측정되는 구간이 없는지 확인하여 병목이 발생하는 구간을 지정합니다.

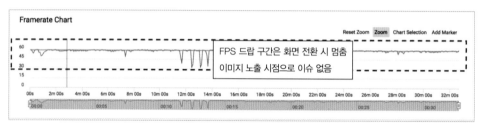

안정적인 프레임 속도 그래프 예시

최저 사양의 테스트 디바이스를 제외하면 프레임 중앙값 수치는 60fps 수준으로 좋은 상태를 보이고 있으나 20% 이상 프레임 드랍 구간은 존재합니다. 하지만 전반적으로 안정된 프레임 속도를 유지하고 드랍 구간에 화면 버벅거림이나 지연 등의 현상이 발생하지 않습니다.

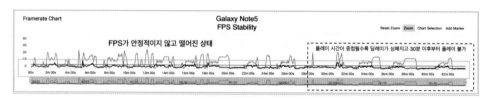

불안정한 프레임 속도 그래프 예시

문제가 발생하는 안드로이드와 iOS의 최저 사양 디바이스에서는 프레임 중앙값이 0~15fps 사이를 유지하고 20% 이상 튀는 구간이 다수 존재하여 안정성에 대한 신뢰가 낮습니다. 그리고 애플리케이션 사용 시간이 길어질수록 그래프 후반부에 지연 현상이 확인되고 시각적으로도 화면 지연이 눈에 띄게 늘어납니다. 테스트 시간이 30분 이상 초과하면 애플리케이션 사용이 불가한 수준으로 확인됩니다.

디바이스의 프로세서가 애플리케이션에 미치는 영향을 비교한 결과 엑시노스 칩셋에서 애플리케이션 사용이 불가할 정도의 프레임 속도(슬로우 모션 상태)가 확인됩니다. 이는 디바이스의 프로세스가 성능에 부하를 주는 것으로 판단할 수 있으므로 해당 칩셋이 사용된 디바이스를 서비스에서 제외하거나 문제의 원인을 수정해야 합니다.

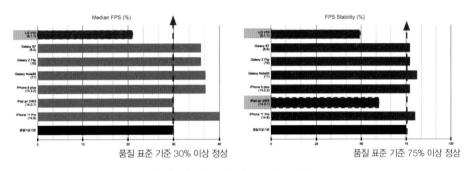

테스트 디바이스 간 비교 그래프 예시

게임 벤치 대시보드의 마커를 활용하거나 테스트 시나리오에 입력한 디바이스별 동일 콘텐츠의 프레임 속도 성능 측정 수치를 활용하여 테스트 디바이스들의 측정 결과를 비교 분석할 수 있습니다.

프레임 속도의 품질 표준 지표를 기준으로 전체 테스트 디바이스의 결과를 비교해본 결과 안드로이드와 iOS 최저 사양의 프레임 중앙값과 안정성이 기준보다 낮게 측정되고 있습니다. 이런 경우 최저 사양 디바이스를 높은 사양으로 조정하거나 또는 최적화에 불량은 없는지 확인하여 개선하도록 의견을 제시합니다.

2. CPU 사용량

좋은 CPU 사용량 그래프는 안드로이드는 60% 미만, iOS는 70% 미만을 유지하는 것이 좋습니다. 그래프의 특정 구간이 평균 사용량보다 10~15% 이상 튈 경우 해당 영역을 확인하여 애플리케이션과 디바이스에서 과도하게 배터리가 소모되지 않는지, 발열 현상이 확인되지 않는지, 성능이 제한되거나 저하되지 않는지 등 이상 현상을 확인하여 결과를 공유합니다. 또 테스트 시간이 길어질수록 그래프가 비정상적으로 측정되는 구간이 없는지 확인하여 병목이 발생하는 구간을 지정합니다.

안정적인 CPU 사용량 그래프 예시

안드로이드 디바이스에서 전반적으로 CPU 사용량이 50% 이하로 안정적인 수치를 보이나 일부 구간에서 일정하게 CPU 사용량이 20% 이상 치솟는 현상이 확인됩니다. CPU가 치솟는 구간은 공통적으로 애플리케이션에서 화면이 전환될 때 사용량 수치가 올라가는 것으로 확인됩니다. 하지만 순간의 최고 사용량도 80%는 넘지 않아서 위험한 수치는 아니며 애플리케이션 사용 중 발열 현상이나 성능이 제한되는 등의 이상 현상도 확인되지 않습니다.

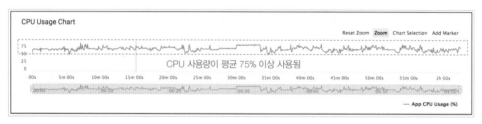

불안정한 CPU 사용량 그래프 예시

대부분의 iOS 디바이스에서 CPU 사용량이 75% 정도 사용이 유지되는 것이 확인됩니다. 사용량이 10% 이상 과도하게 증가되는 구간은 없으나 전반적인 사용량이 높아 배터리 소모가 빠르고 발열이 심하며 그래픽 렌더링이 떨어지고 사용시간이 길어질 수록 애플리케이션이 느려지는 현상이 확인됩니다. 렌더링 구조에 문제가 없는지 확인하고 사용량 개선이 필요한 상황으로 확인됩니다.

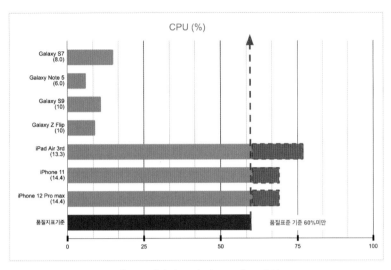

테스트 디바이스 간 비교 그래프 예시

CPU 사용량의 품질 표준 지표를 기준으로 전체 테스트 디바이스의 결과를 비교해본 결과 iOS 의 모든 환경에서 CPU 사용량이 높은 것으로 확인됩니다. iOS에서만 사용량이 높은 이유에 대한 원인 확인이 필요하며 애플리케이션 최적화가 필요합니다.

3. 메모리 사용량

좋은 메모리 사용량 그래프는 권장 사양 디바이스에서 200MB 이하, 최고 사양 디바이스에서 500MB 이하를 유지하는 것이 좋습니다. 메모리 사용이 전반적으로 높고 사용 시간이 늘어날 수록 사용량이 증가하는 그래프는 메모리가 누수될 수 있어 좋은 현상이 아닙니다. 이런 경우 성능 저하로 애플리케이션과 디바이스의 속도가 느려지거나, 애플리케이션이 중단되거나, 발열이 일어나는 등의 이상 현상이 발생하지 않는지 확인하고 결과를 공유합니다.

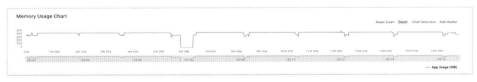

안정적인 메모리 사용량 그래프 예시

iOS 최고 사양 디바이스의 메모리 사용량으로, 400MB이하로 안정적인 사용율을 나타냅니다.

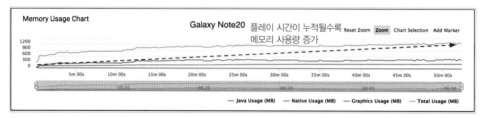

불안정한 메모리 사용량 그래프 예시

안드로이드 최고 사양 디바이스의 메모리 사용량입니다. 500MB 사용으로 시작하여 애플리케이션 사용 시간이 길어질수록 메모리 사용량도 증가하는 현상을 보입니다. 테스트 종료 시점에 메모리 사용량이 1000MB를 넘는 상황으로, 병목이 발생하는 구간을 확인해야 합니다. 과도한 메모리 사용으로 애플리케이션이 강제 종료되는 현상이 확인되고, 발열이 심해지며 오랜 시간 사용 시 애플리케이션의 속도가 저하되는 것을 확인할 수 있습니다. 데이터 교환 횟수로 인한 **오버헤드**^{Overhead}가 발생하는지 확인하고 메모리 해소를 위한 작업이 필요합니다.

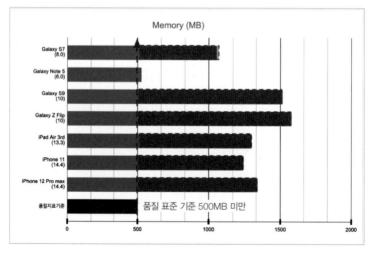

테스트 디바이스 간 비교 그래프 예시

메모리 사용량의 품질 표준 지표를 기준으로 전체 테스트 디바이스의 결과를 비교해본 결과 테스트 디바이스의 모든 환경에서 메모리 사용량이 높은 것으로 확인됩니다. 애플리케이션의 CPU, GPU 사용량이 높지 않은지 병목이 발생하는 구간이나 메모리 해소 처리가 정상적이지 않은지 등 여러 각도에서 메모리 사용량이 높은 이유를 확인해야 합니다.

3.4 자동화 테스트

자동화 테스트 Automation Test란 테스트 스크립트를 작성하거나 자동화 테스트용 도구를 활용하여 소프트웨어를 자동으로 테스트하는 방법입니다. 자동화 테스트를 도입하는 계기는 필요성과 문제인식 또는 요구 사항 발생 등 이유가 다양하지만 대다수가 투입 비용과 시간 대비 높은 품질을 확보하기 위해 도입합니다. 또는 개발 방법론의 변화에 따른 테스트 투입 시기의 변화에 맞춰 자동화를 도입하기도 합니다. 전통적인 개발 방법론인 **폭포수 프로세스**Waterfall Process에서는 개발 완료 후 소프트웨어 테스트가 시작되지만 개발 단계부터 품질을 향상시키기 위한 방법을 오랫동안 많은 회사에서 고민했습니다. 이후 **애자일 프로세스**Agile Process가 도입되면서 테스트 투입 시기도 개발 단계별로 나뉘어 개발 초기단계부터 빠르게 투입하여 반복적이고 점진적이며 지속적인 테스트를 수행하는 형태로 변형되어 왔습니다.

Tip. 폭포수와 애자일 프로세스에 대한 자세한 내용은 '5강 소프트웨어 테스트 프로세스'에서 다루겠습니다.

테스트 속도는 전통적인 환경보다 향상되어야 하고 높은 품질을 유지할 수 있어야 하며 테스트 효율성을 증가시키기 위해 자동화 테스트가 본격적으로 도입하게 되었습니다.

이 책에서는 자동화 테스트를 위한 테스트 코드를 작성하는 방법과 도구를 활용하여 테스트를 수행하는 방법에 대한 기술적인 내용은 다루지 않습니다. 큰 그림에서 자동화 테스트를 정의하고 기본 개념을 이해하여 테스트 조직에서 자동화 테스트를 도입하고 수행하기 위한 계획과 설계 방법을 설명합니다. 그 이유는, 자동화를 큰 그림에서 보지 못하고 테스트 코드를 작성하는 것에만 집중하다 보면 자동화를 도입하고자 하는 목적과 방향성을 잃어버릴 수 있기 때문입니다. 따라서 자동화 도입 목적과 배경, 이유, 자동화로 해결하고자 하는 문제와 현재 상황을 구체적으로 살펴봐야 합니다. 그런 다음 배경을 고려하여 세부적인 계획과 문제를 해결할 구체적인 방법을 구상해야 유용하고 실용성 있는 자동화를 설계할 수 있습니다.

자동화 테스트 계획

자동화는 가능한 프로젝트 초기에 계획을 세우는 것이 좋고 계획은 실무에 맞게 이루어져야 합니다. 자동화를 계획할 때 자주 저지르는 실수는 처음부터 끝까지 전체를 자동화하려는 것입니다. 자동화 범위가 확대될수록 유지 보수는 힘들어지고, 설계 자체가 경직되며, 전체를 완성하고 안정화하는 데까지 소요되는 시간과 비용이 늘어납니다. 하지만 투자 대비 유용성은 떨어집니다. 시스템이 변경되고 업그레이드될수록 설계된 자동화는 물거품이 될 수 있습니다.

유용하고 실용적인 자동화가 되기 위해 빠르게 만들고 수행해야 합니다. 따라서 자동화는 단순하게 만들고 구조는 작아야 하며 범위는 명확하고 각 구조는 목적이 있어야 합니다. 탁월한 효과를 얻기 위해 자동화 테스트 계획은 다음처럼 세워야 합니다.

자동화 테스트 계획

① 테스트 코드 작성을 위한 환경을 구축한다.

② 자동화에 엮여 있는 의존성을 가진 시스템의 다른 부분들(예를 들어, 네트워크, 데이터베이스, 개인 PC나 서버 성능 문제 등)으로 테스트가 어려울 경우 이를 제어하기 위해 mock, dummy, fake 객체를 만들어 사용한다.

③ 오류 발생 가능성이 높은 주요 기능 위주로 자동화 프레임워크를 분리하여 설계한다.

④ 자동화하기 좋은 테스트 범위를 확보한다. 예를 들어, 수동으로 테스트하기에 반복적인 일이 많은 범위, 사람보다 정확한 기계의 힘이 필요한 범위로 선정한다.

⑤ 테스트 결과와 빌드 품질에 대한 정보를 실시간으로 공유한다. 예를 들어, 정보를 보여 줄 수 있는 웹 페이지를 설계하거나 CI/CD 도구를 활용하거나 또는 슬랙 등의 메신저를 활용한다.

> **Tip.** mock 객체도 테스트용에 해당하기 때문에 실사용 환경과 차이가 있을 수밖에 없습니다. mock 객체를 만드는 것은 테스트 환경 구축이 어려운 경우에만 사용합니다.

실무에 맞춘 자동화 목표

개발 작업에 맞춰 자동화 프레임워크를 분리하여 설계하고 개발 단계 PR[Pull Request]을 할 때마다 CI/CD에서 해당 PR 대해 테스트를 자동으로 진행합니다. 테스트 중 발견되는 결함은 (QA 참여없이) 개발자들이 버그에 대한 정보를 즉시 받아 볼 수 있도록 하며 발견 즉시 수정 및 재배포할 수 있도록 합니다. 자동화의 적용으로 개발 과정 중 결함을 조기 발견하여 개발 초기 품질을 향상시키고, 개발자 테스트의 부담을 경감하며, 반복 테스트의 자동화로 시간 비용을 절감하고, 커뮤니케이션 비용과 개발·테스트 리소스를 절감하여 배포 주기를 더 빠르게 진행하도록 하는 데 목표를 둡니다.

🔵용어 사전 **PR**^{Pull Request}

기존 깃허브_{Github} 저장소에 보관된 코드 베이스에서 나의 작업으로 생긴 변경 사항(수정, 추가, 삭제)을 코드 베이스에 포함시켜 달라고 보내는 요청입니다

이를 위한 첫 번째 목표는 안정성과 신뢰성을 확보하는 것입니다. 테스트 코드와 자동화 테스트 결과에 대한 신뢰성을 보장할 수 있도록 자동화를 설계합니다. 설계된 자동화는 수행 절차에 따른 결과(응답)를 검증할 수 있도록 코드를 작성하고 거짓 오류를 주입해 작업에 대한 로직을 검사하여 신뢰성을 확보합니다. 자동화 프레임워크는 주요 기능별로 분리하여 각 기능이 독립적인 테스트가 가능하게 하고 유지 보수 관리를 용이하게 하도록 설계합니다. 이렇게 설계된 자동화는 수동 테스트^{Manual Test}를 줄이고 반복 테스트를 자동화로 대체할 수 있도록 합니다.

두 번째는 용이한 유지 보수를 목표로 합니다. 이미지 기반(GUI) 자동화는 코드 기반에 비해 유지 보수 비용이 더 높습니다. 이미지가 변경되거나 위치가 조금만 이동해도 자동화를 사용할 수 없습니다. 불필요한 유지 보수 비용을 줄이고 하나의 코드로만 테스트가 가능할 수 있도록 코드의 Element 정보(예: object, value, id, name 등 정체성을 가진 속성 사용)를 식별하여 사용합니다. 테스트 코드는 수정 및 유지 보수가 쉽도록 단순하게 만들고 자동화 담당자가 변경되어도 코드를 쉽게 읽을 수 있도록 코드 작성 시 주석을 필수로 입력합니다.

자동화 테스트 범위

테스트 목표를 달성하고 자동화를 통한 이점을 얻고 유용한 자동화를 만들기 위해 자동화하기 좋은 테스트 범위를 선정해야 합니다. 앞서 언급했듯 전체 기능의 처음부터 끝까지 자동화하는 것은 유지 보수를 힘들게 하고 실질적 사용보다 설계와 코드 작성에 투입되는 시간과 비용을 증가시켜 자동화의 효율성과 유용성을 떨어뜨립니다. 하지만 반대로 테스트 범위를 너무 제한하면 발견하는 버그 수가 적고 품질 검증의 신뢰도가 떨어질 수 있습니다.

자동화 테스트의 정체성을 전체 테스트 범위의 보조 역할에 초점을 두고 테스트 범위를 선정한다면 보다 사용성 있고 유용한 범위를 선정할 수 있습니다. 즉, 전체 테스트 범위에서 반복적인 테스트가 많은 부분을 자동화해서 테스터가 심층적이고 질적인 테스트를 할 수 있는 시간을 확

보해준다면 품질 목표보다 더 높은 수준의 품질을 달성할 수 있을 것입니다.

자동화의 활용성에 초점을 두고 테스트 범위를 선정하면 크게 기능 반복 테스트 범위와 도구를 활용한 기술 검증에서 반복 테스트 범위로 나눌 수 있습니다. 먼저 기능 반복 테스트 범위에 해당하는 테스트 종류에는 **스모크 테스트**Smoke Test, **BVT 테스트**Build Verification Test, **BAT 테스트**Build Acceptance Test, **회귀 테스트**Regression Test, **호환성 테스트**Compatibility Test를 포함할 수 있습니다.

두 번째 도구를 활용한 기술 검증에서의 반복 테스트 범위에는 동일한 테스트 시나리오를 디바이스별로 반복하는 **클라이언트 성능 테스트**Client Performance Test와 **API 테스트**가 있습니다. API는 UI에 영향을 받지 않고 그대로 사용되는 경우가 많아 한 번 작성된 API 테스트 코드는 반복적으로 재사용이 가능하며 시스템 백엔드 단에서 반복 회귀 테스트가 가능합니다. 마지막으로 **서버 부하 테스트**Performance Test에서 트래픽 부하가 필요할 때 자동화를 활용합니다. 예를 들어, 주문 부하가 발생할 때 영향도 확인을 위해 n만 건의 주문을 자동화로 처리하는 것입니다.

자동화 테스트 도구 선정

자동화 테스트를 도입하기 위한 목표와 테스트 범위가 결정되면 테스트 수행을 위한 도구를 선정해야 합니다. 자동화 도구 선정 기준은 테스트 대상인 플랫폼의 종류(PC웹, 모바일 웹/애플리케이션)에 따라, 이미지 기반 또는 코드 기반에 따라 그리고 테스트 코드를 작성하는 담당자가 사용할 수 있는 프로그래밍 언어에 따라 테스트 도구를 선정할 수 있습니다.

시중에 다양한 종류의 자동화 테스트 도구가 나와 있습니다. 그중 가장 대표적으로 많이 사용되고 있고 테스트 목표와 범위를 충족하는 도구 4가지를 소개합니다.

테스트 도구	사용 언어	지원 플랫폼
앱피움	파이썬, 자바, 루비 C#	iOS 모바일, 안드로이드 모바일, 모바일 웹
셀레니움	자바, C#, PHP, 루비, 파이썬 등	iOS 모바일, 안드로이드 모바일, 모바일 웹
카탈론	그루비, 자바	iOS 모바일, 안드로이드 모바일, 모바일 웹, Desktop apps, APIs
라노렉스	C#, 파이썬, VB	iOS 모바일, 안드로이드 모바일, 모바일 웹

자동화 테스트 도구

자동화 프로세스

실무와 조직에 맞는 자동화 테스트 전략을 구축했다면 자동화를 정착시키고, 좋은 품질의 테스트 코드를 만들고 유지할 수 있도록 수행 단계를 절차화합니다. 먼저 프로젝트 개발을 위한 설계가 진행되는 동안 테스터는 자동화가 가능한지를 검토하여 일정을 계획하고 범위를 선정하여 테스트 케이스를 설계합니다. 개발의 구현 작업이 진행되는 기간에 테스터도 자동화 테스트를 위한 테스트 코드를 작성하고 테스트 조직 내부를 통해 작성된 코드에 대한 검증과 코드 수행 동작을 확인합니다.

이후 개발자 테스트가 가능한 수준으로 개발이 완료되면 CI/CD에서 PR마다 테스트를 수행할 수 있도록 자동화를 적용하고 결과를 공유합니다. 마지막으로 테스트 조직으로 개발 결과물이 인수되고 품질 검증 기간이 시작되면 각 목적에 따라 자동화를 반영하여 테스트를 수행합니다. 이러한 과정을 도식화하면 다음과 같습니다. 다음 프로세스에는 개발 결과물이 테스터에게 인수되기 전까지의 과정을 담고 있습니다.

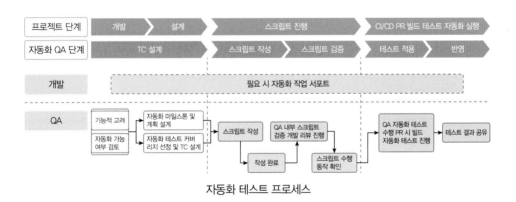

자동화 테스트 프로세스

자동화 프로세스의 각 수행 단계를 구체적으로 살펴보면 다음과 같습니다.

① 프로젝트 선정	자동화가 가능한 기능을 고려하고 자동화 가능 여부를 검토하여 적용할 프로젝트를 선정한다. 프로젝트가 선정된 이후 자동화 추진을 위한 일정과 투입 인원, 테스트 범위 선정, 자동화를 위한 지원 도구 선택 등 구체적인 계획을 수립한다.
② 자동화 테스트 케이스 작성	테스트 케이스 작성 전 자동화가 가능한 범위를 선정하고 시나리오를 설계한다. 이후 선정된 범위에 대한 자동화용 테스트 케이스를 작성한다

③ 자동화 목표 커버리지 (%) 산정	자동화 테스트 케이스에서 실제 자동화로 구현 가능한 영역에 대한 목표를 산정한다. 이는 현실성 있는 일정 안에 실제 작동 가능한 자동화 결과물을 얻을 수 있게 하고 인원별, 상황별로 발생하는 문제를 사전에 차단할 수 있다. 적절한 목표 산정은 자동화의 유효성과 유지 보수성을 결정한다.
④ 자동화 테스트 코드 구현 및 실행과 검증	테스트 케이스 기반으로 자동화 도구에 맞는 코드를 작성하고 수시로 수행 동작을 확인한다. 코드 작성이 완료되면 테스트 조직 내부에서 코드에 대한 자체 검증을 진행한다. 1차 검증이 완료된 후 개발자 또는 개발 조직을 통해 코드 리뷰를 요청해서 테스트 코드에 대한 2차 검증을 진행한다. 코드상 추가 수정이 없다면 자동화를 배포하여 실무에 적용한다.
⑤ 적용 및 활용	개발 구현 과정에서는 개발 PR시마다 자동화 테스트가 수행될 수 있도록 적용하고, 테스트 기간에는 회귀 테스트, 호환성 테스트, 클라이언트 성능 테스트와 같이 반복적인 테스트 활동에 적용하여 자동화 테스트를 활용한다. 테스트 수행 결과는 빠른 대응을 위해 HTML 또는 CI/CD 또는 사내 메신저로 공유한다.

자동화 테스트 프로세스의 수행 단계

자동화 테스트를 위한 테스트 케이스가 필요한 이유는 테스트 코드의 기반을 마련하고 선정한 테스트 범위가 자동화를 적용하는 데 적합하게 구성되어 있는지 확인하기 위해서입니다. 또한 자동화할 기능의 누락을 방지하기 위한 목적과 계획한 범위와 실제 구현한 범위의 차이를 비교하기 위해 사용합니다. 그리고 미래(유지 보수, 담당자 변경 등)를 위해 테스트 코드와 결과를 기록하고 관리하기 위한 목적과 실제 구현 가능한 범위를 시각적으로 확인하여 현실성 있는 일정 산정 및 자동화의 효과성을 확인하기 위해 자동화용 테스트 케이스를 사용합니다.

목표 달성을 위한 커버리지 산정은 기능 우선순위와 일정을 고려하여 현실성 있는 목표로 계획합니다. 개발 계획이 모호하거나 구체적으로 설계되지 않으면 일정 내 목표를 달성하기 어렵습니다. 1주 차 기간 동안 우선순위 1순위에 해당하는 기능에 대한 개발 구현 완료(전체 커버리지의 약 20% 목표 달성), 2주 차에 우선순위 2차 완료(50% 달성)와 같이 달성 가능한 목표가 수립되어야 진행 상황을 확인할 수 있고 문제가 발생할 경우 즉각적인 대응을 할 수 있습니다.

지금까지 자동화의 정의와 목표 그리고 실무에 활용하기 위한 구체적인 절차를 살펴봤습니다. 테스트 범위 선정에서 언급한 것처럼 자동화의 정체성을 테스트의 보조 역할로 본다면 여러분이 자동화를 계획할 때 어떤 목적으로 자동화를 활용할 것인지, 목적에 따른 전략은 어떻게 계획할 수 있을지 구체적이고 명확한 목표를 가지고 도입할 수 있을 것입니다.

사용성 높고 유용한 자동화 도입을 통해 더 나은 품질을 확보하고 고도화된 테스트를 수행할 수 있는 기회가 마련되길 기대해봅니다.

도구 활용 및 테스트 코드 작성 예시

개발자는 테스트 코드를 작성하는 것이 어렵지 않겠지만 테스트 담당자가 테스트 코드를 작성하는 것은 어려울 수 있습니다. 또 어떤 자동화 도구를 사용하냐에 따라 사용할 수 있는 개발 언어가 달라서 익숙하지 않은 언어 사용의 경우 프로그래밍을 배워야 하는 러닝 커브가 존재합니다. 실무에서 자동화를 도입할 때 가장 많은 테스터가 어려움을 토로하는 단계가 테스트 코드 작성입니다.

테스트 코드를 쉽게 작성하기 위해 내부 개발자의 도움을 받을 수도 있지만 이것을 위해 개발자에게 도움을 요청하고 그들의 시간을 뺏는 것은 쉽지 않은 일입니다. 그렇다고 포기할 수도 없습니다. 그래서 테스트 코드를 자동으로 만들어주는 도구를 몇 가지 소개하겠습니다.

최근에는 자동화 관련 기술도 많이 발전되어서 AI를 통해 테스트 코드를 자동으로 만들어주는 도구가 시중에 많이 나와있습니다. 이런 도구만 잘 활용해도 테스트 코드를 작성하는 어려움과 비개발자의 장벽을 해소할 수 있는 좋은 방법일 것입니다. 다음은 대표적인 도구입니다.

사이프러스 스튜디오: 자바스크립트를 기반으로 웹 페이지의 엔드 투 엔드 테스트를 지원하는 테스트 도구 중 하나입니다. 사이프러스는 테스트 중인 애플리케이션에 대한 유저의 마우스, 키보드 등의 액션을 기록하여 사이프러스에서 테스트 코드를 자동으로 생성합니다. 지원되는 명령어는 다음과 같습니다.

- .click( ): – 마우스 클릭 이벤트
- .type( ): – 인풋 박스의 키보드 입력
- .check( ): – 체크 박스 체크
- .uncheck( ): – 체크 박스 체크 해제
- .select( ): – 셀렉트 박스 선택
- assertion( ): – 테스트 통과 여부 확인

사이프러스 스튜디오는 웹 페이지에서만 서비스하고 엔드 투 엔드 테스트 작성에만 사용할 수 있어 구성 요소 테스트에서는 사용할 수 없다는 것과 여러 도메인에 걸친 테스트는 불가능하다

는 단점이 있습니다. 또, 아직 실험 중인 기능이므로 사용할 수 있는 명령어와 기능에 제약사항이 있습니다.

```
// Code from Real World App (RWA)
describe('Cypress Studio Demo', () => {
  beforeEach(() => {
    // Seed database with test data
    cy.task('db:seed')

    // Login test user
    cy.database('find', 'users').then((user) => {
      cy.login(user.username, 's3cret', true)
    })
  })

  it('create new transaction', () => {
    /* ==== Generated with Cypress Studio ==== */
    cy.get('[data-test=nav-top-new-transaction]').click()
    cy.get('[data-test=user-list-search-input]').clear()
    cy.get('[data-test=user-list-search-input]').type('dev')
    cy.get(
      '[data-test=user-list-item-tsHF6_D5oQ] > .MuiListItemText-root > .MuiListItemText-p
    ).should('have.text', 'Devon Becker')
    cy.get('[data-test=user-list-item-tsHF6_D5oQ]').click()
    cy.get('#amount').clear()
    cy.get('#amount').type('$25')
    cy.get('#transaction-create-description-input').clear()
    cy.get('#transaction-create-description-input').type('Sushi dinner')
    cy.get('[data-test=transaction-create-submit-payment]').should('be.enabled')
    cy.get('[data-test=transaction-create-submit-payment]').click()
    /* ==== End Cypress Studio ==== */
  })
})
```

사이프러스 스튜디오 자동화 테스트 코드 예제 (출처: docs.cypress.io)

카탈론 스튜디오: 셀레니움Selenium과 앱피움Appium의 기능을 연동하여 사용할 수 있는 자동화 테스트 도구입니다. 데스크톱, 모바일, 웹, API, 애플리케이션 등 다양한 플랫폼에서 생성된 소프트웨어를 테스트하는 데 사용할 수 있다는 장점이 있고 테스트 자동화 외에 AI로 테스트 스크립트를 자동으로 생성하는 기능을 제공합니다. 카탈론 스튜디오는 대부분의 플랫폼에서 사용할 수 있지만 PC 애플리케이션은 테스트할 수 없다는 단점이 있습니다.

카탈로 스튜디오 자동화 테스트 코드 예제 (출처: Katalon docs)

레코더 패널: 구글 크롬에서 제공하는 도구로, 웹 페이지에서 유저의 마우스, 키보드 등의 액션 과 페이지의 동작을 기록하여 재생하거나 JSON 파일로 기록한 내용을 저장하여 사용할 수 있 습니다. 레코더는 크롬 브라우저에 내장되어 있어 컨텍스트 전환이나 추가 외부 도구 없이 사 용이 간단하고 편리합니다.

레코더 패널의 화면 예시

레코더의 단점은 사이프러스 스튜디오와 동일하게 웹 페이지에서만 사용이 가능하다는 것입니 다. 사이프러스와 차이점은 Applitools Eye를 크롬 DevTools에 추가하면 웹을 병렬로 테스 트 자동화가 가능하다는 점입니다.

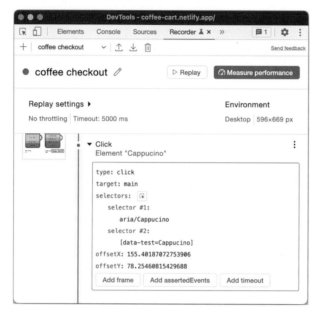

크롬의 DevTool에서 제공하는 레코더 기능 (출처: Chrome for Developers)

소개한 도구 외에도 스크립트 작성에 도움을 주는 다른 도구나 오픈소스들이 다양하게 있으니 좀 더 쉽게 자동화에 접근하고 구현해보세요.

자동화 테스트를 위한 오픈소스 스크립트

- github.com/gilbutITbook/006844
- github.com/topics/appium-tests

3.5 서버 부하 테스트

서버 부하 테스트 Performance Test는 임곗값이 한계에 도달할 때까지 시스템 부하를 지속적으로 증가시켜 특정 부하 상황에서 서버의 동작을 확인하는 비기능 테스트로 서버 부하 상황에서도 안정적으로 서비스가 이루어질 수 있도록 보장하는 활동입니다. 서버 부하 테스트로 측정한 지표들을 바탕으로 얼마나 큰 규모의 인프라를 운영할지 예측할 수 있고 유저에게 최고의 경험을 제공할 수 있는 초석이 됩니다.

하나의 변수가 어느 값이 되었을 때 특이한 상태나 급격한 변화가 일어나 임계 상태에 있을 때의 값입니다.

서버 부하 테스트는 테스터나 테스트 조직에서만 진행할 수 있는 테스트가 아닙니다. 서버 개발자, 인프라 개발자와 협동이 필요한 테스트로 사전에 각 담당자의 역할과 지원 범위, 테스트 커버리지, 임곗값 기준 등 테스트에 필요한 정보와 준비사항들에 대한 논의가 진행되어야 합니다. 하지만 서버 부하 테스트는 테스트 조직에서 참여 또는 요청하지 않아도 서버 개발자에 의해 개발 단계에서 반드시 테스트되는 항목에 해당됩니다.

그렇다면 왜 굳이 테스트 조직에서도 테스트에 참여해야 하는 것일까요? 그 이유는 개발자 시점의 서버 부하 테스트는 서버 자체 부하 상태를 측정하기 때문입니다. 서버가 버틸 수 있는 수준의 임곗값을 산정하고 부하 상황에서 시스템 동작을 예측하여 어느 지점에 어떻게 부하를 줄 것인지 테스트 방향을 결정합니다. 부하 테스트를 통해 관측된 지표를 모니터링하고 결과를 분석하여 서버 수와 스펙(Scale up/out)을 결정하고 부하 발생 중 서버가 요청을 얼마나 잘 처리하는지, 병목이 발생하는 지점은 어디인지 확인하여 개선 포인트를 도출하는 데 목적을 두고 테스트를 진행합니다.

반면, 품질 관리자 시점의 서버 부하 테스트는 서버 부하 발생 시 유저 관점에서 경험할 수 있는 상황을 확인하여 개선 포인트를 도출하고 권고사항을 전달하는 데 목적이 있습니다. 테스트 수행을 위한 부하 테스트 품질 기준을 설정하고 과거 지표 또는 타사 유사 사례 분석으로 실제 발생할 수 있는 임곗값을 산정하며 유저 패턴과 유사한 테스트 시나리오를 구상하여 부하 발생 시 검증이 필요한 주요 기능과 콘텐츠 등 서비스 라이브러리 기반으로 테스트 방향을 결정합니다.

API를 기반으로 대상 환경(맥, 운영체제, 윈도우)에서 바로 실행될 수 있도록 모듈화(프로그램에서 하나의 기능을 수행하는 코드의 집합)된 프로그램의 모음입니다.

부하 상태에서 실제 제품을 사용함으로써 안정적인 서비스가 제공되는지 확인하고 부하로 인한 이슈나 서버 다운 등의 장애가 발생하면 이로 인한 서비스의 영향도와 대응이 필요한 지점에 대한 개선 포인트를 도출합니다. 권고되는 개선 사항은 막연히 원하는 수준을 전달하는 것이 아니라 유사 서비스의 개선 사례나 서비스 개선을 경험한 기존 서버의 이력, 테스트를 통한 성능 검증 지표와 데이터 기록을 통해 명확한 개선 요구 사항을 제공함으로써 개발의 빠른 대응 및 효율성 향상을 기대할 수 있다는 데 차이가 있습니다.

즉, 개발자 관점에서만 부하 테스트를 진행하면 실제 유저가 경험할 클라이언트 이슈와 서비스 영향도를 고려하지 못할 수 있습니다. 안정적인 시스템 관리와 운영 관리 모두를 만족하기 위해 서로 다른 관점과 목적에서 개발과 테스터가 참여하는 서버 부하 테스트가 필요합니다.

- 개발자 시점의 서버 부하 테스트: 서버 자체의 부하 상태 테스트. 테스트를 통해 서버 수와 스펙을 결정하고 성능 개선 포인트를 도출한다.
- 품질 관리자 시점의 부하 테스트: 유저 경험 개선을 위한 테스트. 서버 성능 품질 기준을 수립하고 안정적인 서비스 제공을 위한 영향도와 대응방안을 권고한다.

그럼 이제 개발과 테스터가 함께 진행하는 서버 부하 테스트는 언제 진행하는 것이 좋은지, 테스트 종류는 어떤 것이 있으며 종류별 테스트 목표와 방법은 어떻게 설계할 수 있을지, 모니터링 지표는 어떻게 분석하며 어떤 개선 포인트를 도출할 수 있을지 내용을 구체적으로 살펴보겠습니다.

서버부하 테스트도 자동화 테스트와 동일하게 테스트 코드를 작성하는 방법과 도구를 활용하여 테스트를 수행하는 방법에 대한 내용은 다루지 않습니다. 그 이유는 자동화 테스트에서 설명한 내용과 동일합니다.

서버 부하 테스트 진행 시기

신규 서비스의 서버 부하 테스트는 개발과 테스트 환경이 아닌 라이브에서 실제 사용할 서버가 준비된 시점에 테스트가 수행되어야 합니다. 대개의 경우 개발 초기보다 개발과 테스트가 마무리되는 시점 또는 라이브 배포 전 **스테이징 서버**Staging Server 환경에서 테스트가 진행됩니다. 라이브 서버에서 테스트가 수행되어야 하는 이유는 내부 유저로만 구성되어 부하가 발생할 이벤트가 없고 수정이나 대응이 필요 없는 개발자 작업 환경과 테스트 환경에서 군이 부하 테스트를 수행할 필요가 없기 때문입니다. 다만, 라이브로 서비스하기 전 개발 환경/테스트 환경을 그대로 유저 서비스 환경으로 사용하는 특이한 경우에는 개발·테스트 환경에서 부하 테스트를 수행하는 예외도 있습니다.

🔖 용어 사전 **스테이징 서버 환경**

운영 서버 환경과 동일한 수준으로 설정된 환경으로, 운영 서버에서 사용되는 데이터를 가지고 실질적으로 운영 서버에 반영하기 전에 테스트를 거치는 곳입니다.

이외에도 기존 운영 중인 서비스에서 서버 부하 테스트가 진행되는 경우를 2가지로 볼 수 있습니다. 첫째, 실시간 트래픽 과부하 발생이 예상되는 새로운 서비스나 이벤트 오픈을 앞두고 있을 때입니다. 둘째, 기존 서비스에서 병목 될 가능성이 있는 변경 사항이 있을 때입니다. 예를 들어, 운영체제, 시스템, 하드웨어 등 서버 환경 버전업이나 외부 물리적 요인의 영향에 의한 변경이 있을 때입니다. 이 경우 라이브 서버는 실제 운영 환경에서 사용 중이기 때문에 서버 부하 테스트는 스테이징 환경에서 진행하며 운영 데이터가 동일하게 복사된 환경에서 테스트를 수행하는 것이 바람직합니다.

서버 부하 테스트 전략

서버의 품질 기준을 만족하기 위해 테스트 수행에 앞서 달성 가능한 목표를 설정하고 테스트 통과 기준을 마련합니다.

1. 서버 부하 테스트 목적과 목표

서버 부하 테스트의 목적은 안정적인 서비스 운영을 위한 안정성 확보와 적합성을 판단하는 데 목적을 둡니다. 목표 성능 달성 여부와 서버의 가용성, 확장성, 안정성이 보장되는지 검증하고 목표를 달성할 때까지 테스트를 반복합니다. 그리고 시스템 최대 성능과 용량을 도출하며 구간 별로 병목이 발생하는 지점과 성능을 저하시키는 요소 그리고 개선 포인트를 확인하여 인프라와 서버 담당자에게 권고사항을 전달합니다. 테스트의 목표를 품질 특성 표준의 6가지 특성으로 정리하면 다음과 같습니다.

품질 특성 표준의 특성으로 정리한 테스트의 목표

- 효율성: 적절한 서버 응답 시간과 안정된 리소스 사용률을 사용하여 서비스를 제공한다.
- 안정성: 장시간 동안 안정적인 서비스가 제공된다.
- 가용성: 많은 유저에게 안정적인 서비스를 제공한다.
- 신뢰성: 목표 시간 안에 정상적인 결과를 반환한다.
- 확장성: 서비스의 사용량에 따라 시스템의 확장성을 보장한다.
- 연속성: 장애 발생 시 서비스의 연속성을 보장한다.

2. 서버 부하 테스트 품질 기준

서버 부하의 품질을 평가하기 위한 지표에는 응답 시간, 시간당 부하 처리량, 서버의 요청 속도, 운영 조건(허용되는 접속자 수, 네트워크 사용량 등) 등이 포함됩니다. 해당 지표는 사용량이 갑자기 급증하는 동적 시스템의 품질을 확인하고 최적화하는 데 중요한 요소입니다. 개발자는 테스트를 통해 확인된 결과를 사용하여 문제를 제거하고 불일치 및 사용성 문제를 해결하며 서버 성능을 개선함으로써 유저 만족도와 제품의 신뢰도를 높일 수 있습니다. 이를 위해 테스터는 명확한 품질 기준을 마련하여 정확한 결과 데이터와 수정 및 개선 사항에 대한 의견을 제시해야 합니다.

성능 지표	품질 목표 응답 시간
동시 접속자 수(비즈니스 레벨)	서버 구성, 사업 목표, 마케팅 플랜에 따라 상이
트랜잭션 응답 시간	1초 미만
시간당 처리량(TPS)	서버 구성에 따라 상이(높을수록 좋음)
리소스 사용량(CPU, 메모리)	80% 미만
요청 건수 대비 오류 발생 건 수(실패율)	1% 미만
네트워크 레이턴시 사용량	500ms 미만(최고 1000ms 미만)
RPS	30~200 미만
Run Time	40초 이하

서버 부하 테스트 품질 기준

서버 부하 테스트 품질 지표의 응답 시간 기준 중 기업의 운영 규정이나 구성된 서버에 따라 변동 가능성이 높은 지표는 정확한 수치를 작성하지 않았습니다. 해당 부분은 소속된 회사의 규정과 목표에 따라 기준을 설정합니다. 이 외 숫자로 명확한 수치가 입력된 지표는 보편적인 수치를 사용했습니다. 보편적 수치이나 고정된 값은 아니므로 테스트 수행 전 서버와 인프라 개발자와 함께 품질 기준을 마련하거나 유사한 시스템을 식별하여 목표 기준을 설정합니다.

서버 부하 테스트 프로세스

서버 부하 테스트의 목표와 품질 기준이 마련되면 서버 부하 테스트를 진행하기 위한 절차를 설계합니다. 단계별로 체계적인 업무를 진행할 수 있도록 프로세스를 정립하여 서버 품질에 대한 확인이 누락되거나 지연되지 않도록 하고 서버와 인프라 개발자와의 협업 진행 과정에서 혼란과 부조화가 발생하지 않도록 수행 단계를 절차화합니다.

서버 부하 테스트 프로세스는 프로젝트 초기부터 업무가 진행될 수 있도록 절차를 마련합니다. 테스트 정의에서 설명했듯 서버 부하 테스트는 테스터 혼자 진행할 업무가 아닌 서버와 인프라 개발자와의 협동이 중요한 테스트입니다. 테스트 프로세스는 대략적인 서버 구성 계획이 완료되는 시점을 고려하여 설계하고 테스트 수행 기간과 단계 또한 서버와 인프라 작업 기간을 고려하여 계획합니다.

성능 테스트 과정은 개발자와의 협업 과정을 제외한 테스터 업무에 초점을 둔 **경량 프로세스**Light Weight Proces와 협업 업무를 포함한 **중량 프로세스**Heavy Weight Process로 도식화할 수 있습니다.

경량 프로세스는 테스터가 부하 테스트 과정 중 집중적으로 수행하는 업무와 절차를 설명합니다.

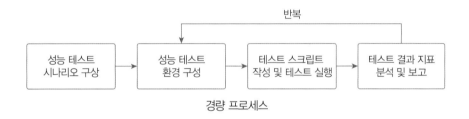

경량 프로세스

성능 시나리오 구상 단계에서 테스터는 시스템의 어느 부분에 어떻게 부하를 줄 것인지 결정하고 부하 상황에서의 시스템 동작을 예측하여 필요한 데이터를 준비합니다. 테스트 환경이 구축되면 테스트 시나리오에 따라 테스트 코드를 작성하고 실제 부하를 발생시키면서 성능 테스트를 수행합니다. 테스트가 시작되면 모니터링 지표를 통해 서버의 동작을 관측하고 상황을 기록합니다. 테스트 수행이 완료되면 모니터링 지표를 분석하여 서버가 요청을 잘 처리하는지, 시스템이 기대한 대로 동작하는지, 병목 현상은 없는지 확인해서 결과를 공유합니다. 이후 수정 또는 개선 작업이 완료되면 앞선 과정부터 반복해서 테스트를 진행합니다.

중량 프로세스는 개발자와 함께 협업하여 진행하는 업무와 절차로 구성됩니다. 앞의 설계와 구현은 개발자가 수행하는 개발 구현 단계로 해당 기간 동안 테스터는 서버와 인프라 개발자에게 서버 시스템의 구조에 대한 리뷰를 요청하고 아키텍처 검증 과정 중 설계상 오류가 있는 부분에 대한 수정을 요청합니다. 이후 개발자와 함께 테스트 대상이 되는 서버를 선정하고 품질 지표 기준을 마련하며 테스트 진행 일정을 협의합니다. 협의가 완료되면 테스트는 경량 프로세스 단계와 동일한 절차를 수행합니다.

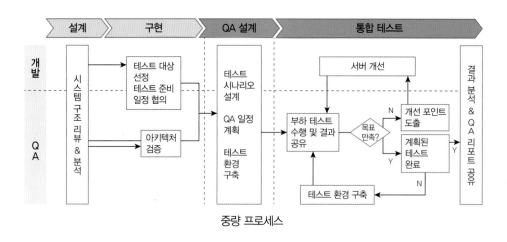

중량 프로세스

중량 프로세스의 각 수행 단계를 구체적으로 살펴보겠습니다.

① 준비 단계

테스트 시나리오 작성을 위해 서버의 구조 및 아키텍처 리뷰를 진행합니다. 리뷰 주체자는 인프라와 서버 개발자이며 테스트 담당자는 서버 구조를 분석하여 설계상 오류가 없는지 검증합니다. 설계에 대한 검증이 완료되면 이후 테스트 대상과 범위를 선정하고 대상이 되는 서버의 임곗값과 개선이 필요한 성능 및 기능을 확인하여 테스트 진행을 위한 준비에 착수합니다.

테스트 수행을 위한 일정 계획은 테스트 준비, 수행, 예외 상황에 대한 대응 기간으로 구분하여 설계하며 일정을 계획합니다(예: 테스트 시나리오 준비 2주 → 스크립트 작성 2주 → 테스트 수행 3주 → 대응 기간 1주).

② 테스트 도구 선정

서버 부하 테스트 진행을 위한 테스트 도구를 선정합니다. 제이미터[JMeter], 핀포인트[Pinpoint], 로커스트[Locust], 로드러너[LoadRunner], 엔그라인더[nGrinder], 아파치 벤치[Apache Bench] 등 다양한 도구가 있습니다. 어떤 도구를 선택해도 상관없지만 더 정확한 테스트를 위한 기준을 만족하는지 확인하여 선택하는 것이 좋습니다.

테스트 도구를 선정하기 위해 고려할 요건은 첫째, 유저 시나리오 기반의 테스트가 가능하고 요청을 정확히 시뮬레이션해야 합니다. 둘째, 동시 접속자 수, 요청 간격, 최대 TPS 등 직접 부하를 조정할 수 있어야 합니다. 셋째, 시스템에 부하를 주는 기능 뿐만 아니라 리소스 사용률을 가시화하고 애플리케이션 내부 동작을 분석해주는 기능이 제공되는지 확인합니다. 넷째, 테스트 대상이 되는 서버에 충분한 부하를 발생시킬 수 있는지 확인합니다. 다섯째, 부하 테스트 도구를 설치 및 가동하는 장소를 직접 선택할 수 있는지 확인합니다.

요구하는 기준에 만족하는 도구는 제이미터, 로커스트, 로드러너, 엔그라인더가 해당됩니다.

③ 테스트 설계 및 구현 단계

과거 지표나 기존 서비스 중인 서버 또는 타사 유사 사례를 조사하여 실제 발생할 수 있는 성능 임곗값과 가중치로 품질 기준을 마련합니다. 품질 기준을 토대로 검증이 필요한 기능과 주요 콘텐츠를 중심으로 테스트 대상을 선정하고 테스트 요구 사항을 수집하여 시나리오를 설계합니다. 이후 설계된 시나리오를 기준으로 테스트 코드를 작성합니다.

테스트 코드에는 부하를 줄 예상 임곗값(동시 접속자 수)과 부하 시간이 필요합니다. 임곗값은 서버 구성, 사업 목표, 마케팅 플랜에 따라 상이할 수 있어 관련자와 논의를 통해 유저 수를 선정합니다. 예시로 중~소형 게임의 경우 최대 동시 접속자 30~100만 명/초당 10~30만 명 수준으로 테스트를 진행합니다.

부하 시간도 통합 테스트 종류에 따라 시간이 구분됩니다. 단위 테스트의 경우 30분~두 시간, Long-run 테스트의 경우 24시간으로 진행됩니다. 진행하고자 하는 테스트에 따라 적절한 시간을 설정하여 진행합니다.

④ 부하 테스트 환경 구축

성능 테스트를 위해 필요한 시스템은 로드 에이전트(VM), 컨트롤러, 리소스 모니터링 시스템, 프로파일링 서버, 웹 서버, WAS 서버, 데이터베이스가 필요합니다.

부하 테스트는 라이브 환경과 동일한 시스템의 물리적 환경 또는 실제 운영 장비를 대상으로 테스트할 환경을 준비합니다. 기존의 테스트/라이브 환경과 분리된, 서버 부하 테스트를 위한 독립된 네트워크로 구성하여 부하 발생 및 모니터링 시스템들을 테스트 타깃 시스템들과 동일 네트워크에 존재하도록 환경을 구축합니다.

부하 테스트를 위한 환경을 라이브 환경과 유사하게 준비하는 이유는 테스트 환경과 라이브 환경 사이에 실제 발생할 수 있는 상황과 응답 시간에 차이가 발생할 수 있기 때문입니다. 이 차이를 최대한 줄이는 것이 좋은 결과를 얻을 수 있습니다.

⑤ 통합 테스트 단계

부하 테스트 도구를 활용하여 시나리오에 따라 작성된 테스트 코드를 실행하여 테스트를 진행합니다. 테스트는 목표 성능 달성 여부를 확인하여 목표를 달성하지 못할 경우 만족할 때까지 반복해서 진행합니다. 테스트가 완료되면 서버 모니터링 지표를 분석하여 병목이 발생하는 지점, 특정 부하에서의 응답성과 안정성, 부하에 따른 시스템 동작 처리, 부하로 인해 발생하는 기능 및 사용성 이슈, 개선점을 도출하여 결과를 공유합니다. 결과에 대한 서버 수정 또는 개선 작업 완료 후 반복 테스트를 수행해서 발생한 트랜잭션에 대한 처리 결과도 공유합니다.

💡용어 사전 **WAS 서버**

웹 애플리케이션을 실행시켜 필요한 기능을 수행하고 그 결과를 웹 서버에게 전달하는 일종의 미들웨어입니다.

서버 부하 테스트의 종류

서버 부하 테스트에는 시스템을 테스트하는 데 사용하는 방법에 따라 여러 유형의 테스트 종류가 있습니다. 사용하는 방법은 테스트 중인 시스템의 규모와 유형 그리고 개발자가 의도하는 목표에 따라 선택할 수 있습니다. 서버 부하 테스트의 주요 유형과 테스트 방법 그리고 시스템의 작동 방식을 알아보겠습니다.

단위 테스트

서버 단일 구성(예: 로그인, 상점 등)을 기준으로 테스트 대상이 되는 각 단위 기능의 최대 임계 TPS$^{Transactions\ Per\ Second}$를 측정하고 발생하는 문제를 사전에 찾기 위한 테스트입니다. 테스트 목적은 단위 기능별 최대 성능 도출, 구간별 병목 구간 도출, 목표 성능 만족 여부를 검증하고 임계치를 확인합니다.

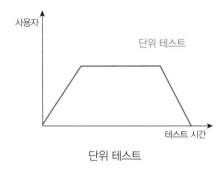

단위 테스트

용어 사전 TPS^{Transactions Per Second}

서버가 초당 처리하는 트랜잭션 양입니다.

스파이크 테스트

스트레스 테스트의 하위 집합으로, 테스트 대상 시스템에 최대 부하를 짧은 시간 동안 반복적으로 증가시킬 때 시스템의 동작을 검증하고 장애 발생시 시스템이 복원하는 과정을 확인합니다. 이 테스트는 유저 패턴과 유사한 테스트 시나리오를 재현하여 시스템 최대 성능을 측정합니다. 스파이크 테스트를 통해 시스템 최대 용량을 산정하고, 목표 성능을 만족하는지, 순간적으로 유저 과접속이 발생하는 상황을 재현하여 서버 안정성을 검증하는 데 목적을 둡니다. 목표 성능은 시스템 구성과 사업 목표, 마케팅 플랜을 고려한 최대 동시 사용(접속) 유저 수로 예상 용량을 산정하여 테스트를 수행합니다. 테스트를 위한 환경은 용량 산정을 위한 서버 1대와 백엔드 서버를 사용합니다.

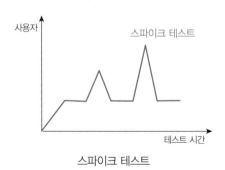

스파이크 테스트

서버 확장성 테스트

유저 예외, 프로세서의 수, 데이터 볼륨과 같은 기능적인 측면에서 축소할 수 있는 기능을 특정하기 위한 테스트입니다. 테스트의 주요 목적은 시스템을 병렬로 구성하여 확장 예정인 구간에 대한 확장 가능성과 확장이 보장되는지를 판단하기 위해 테스트를 진행합니다(시스템 증설 계획이 없는 경우 테스트를 제외하여도 무관합니다). 테스트는 비즈니스 로직 및 기능별 가중치를 적용한 통합 시나리오로 진행합니다. 통합 시나리오는 테스트 분석 단계에서 각 구간 별 서버 확장에 대한 시나리오를 사전에 정의하고 진행합니다. 테스트를 위한 환경은 확장성 확인을 위한 서버 n대와 백엔드 서버를 사용합니다.

예외 처리(장애 대응)

예외 처리 테스트는 서비스 운영 중 발생가능한 예외 상황과 유사한 테스트 시나리오를 재현하여 부하 상태에서 시뮬레이션을 진행하는 테스트입니다. 예외 처리 테스트에는 fail-over, loop back 테스트가 포함됩니다. 테스트의 주요 목적은 인프라 및 서버 다운 등 서비스 운영 중 발생할 수 있는 예외 상황에 대한 서비스의 영향도를 파악하고 안정성을 검증하기 위해 테스트를 진행합니다. 그리고 예외 상황별 동작 방식에 따라 기대 결과를 만족하는지 검증합니다.

테스트는 서버가 다운된 순간 유저의 데이터 유실이나 애플리케이션 접속 불가와 같은 문제가 발생하지 않는지 확인하고 서버 이중화 처리를 통해 다운된 서버에 있던 유저를 안전하게 다른 서버로 fail-over하거나 자동으로 서버의 스펙을 확장 또는 축소하도록 처리되어 있는지 확인하는 것을 목표로 합니다.

🔅용어 사전 fail-over, loop back

fail-over는 서버 다운 현상입니다. 그리고 loop back은 시스템의 논리적 구간 중 특정 지점에 Loop Back 코드를 삽입하여 병목 지점을 도출하는 것입니다.

롱런 테스트

롱런 테스트 Long Run Test는 서버를 장시간 연속 가동 시 서버의 처리 능력이나 가동률에 문제가 발생하지 않는지 확인하는 테스트입니다. 테스트는 목표 동접의 부하 수준(약 80%~100%)으로 24시간 이상 가동했을 때 안정적인 서비스가 제공되는지 검증합니다. 테스트 수행에는 대상 기능에 대한 비즈니스 로직과 기능별 가중치를 적용한 통합 시나리오를 사용하여 테스트를 진행합니다.

테스트의 주요 목적은 시스템이 오랜 시간 동안 서비스 운영을 유지했을 때 서버 다운, 메모리 누수, 규칙적인 CPU 사용률에 대한 서비스 안정성을 점검합니다. 또한 장시간 부하 상황에서 서버 확장성 테스트 결과 만족하는 수준의 성능이 보장되는지 검증합니다.

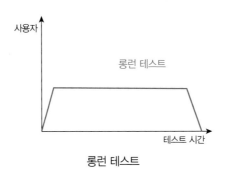

롱런 테스트

사용자 테스트

사용자 테스트는 시스템이 목표 수준의 부하를 처리하는 상태에서 실제 애플리케이션을 사용하여 서버에 접속하는 주요 기능의 동작을 확인하는 테스트입니다. 테스트는 목표 수준의 부하 상태에서 안정적인 서비스가 제공되는지 확인합니다. 테스트 시 성능 테스트 시나리오에 포함되지 않는 기능 및 유저 패턴에 대한 대비를 위해 범위에 추가하여 테스트를 진행합니다. 테스트 결과는 부하가 없는 상태에서의 기능 테스트 결과와 동일한 수준으로 만족하는지 확인합니다.

서버 부하 모니터링 지표 분석 방법

테스트 종류에 따라 테스트를 진행하더라도 테스터가 모니터링 지표를 통해 문제를 발견하고 원인을 분석할 수 없다면 테스트의 목적을 달성했다고 할 수 없습니다. 테스터는 서버 부하 테스트가 진행되는 과정 중 시스템 성능에 영향을 미치는 병목 현상을 발견할 수 있어야 하고, 서버의 로딩 시간 지연과 응답 시간 초과가 발생하는지 확인할 수 있어야 합니다. 또 부하 발생 중에 서버의 성능이 저하되는 경우 확장성이 식별되는지 확인할 수 있어야 합니다.

모니터링 지표 분석으로 확인된 문제 상황과 개선이 요구되는 부분을 명확하게 도출하여 결과를 공유합니다. 이것을 위해 성능 테스트 중 지표에 나타나는 주요 특징을 일부 메트릭을 사용하여 설명하고 분석하는 방법을 소개하겠습니다.

1. 좋은 서버, 나쁜 서버의 성능 지표

좋은 TPS 성능 지표는 목표로 한 최대 동시 접속자 부하 수준에서 안정적인 서비스가 제공되는 것입니다. TPS가 높아질수록 시스템의 자원을 많이 사용하는 것으로 목표 시간 내 일정한 수준의 응답 시간을 나타내는 것이 좋은 지표입니다.

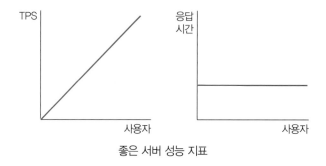

좋은 서버 성능 지표

아래 나쁜 서버 지표는 실제 테스트에서 많이 보게 될 지표입니다. TPS가 급격히 증가하다 임계점에 다다르면 증가폭이 줄어들거나 임계 수준에서 유지되고 응답 시간은 천천히 증가 또는 일정 시간 유지하다가 임계점에서 급격히 증가하는 지표를 나타냅니다.

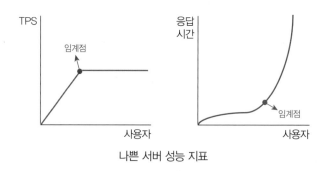

나쁜 서버 성능 지표

성능 테스트 중 임계수준 이상의 부하 발생 시 위와 같은 지표가 확인되면 임계점을 기준으로 서버 성능이 떨어지거나 요청 응답 시간이 느려지거나 서버가 다운되는 등 현상이 발생하는지 확인하고 병목현상이 확인되는지 주시하여 결과를 공유합니다.

2. 메모리 성능 지표

좋은 메모리 성능 지표는 장시간 목표 동시 접속 부하 유입 시 시스템의 메모리 누수 없이 일정 수준을 유지하는 지표가 좋은 지표입니다.

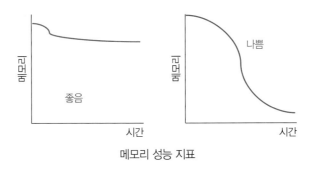

메모리 성능 지표

나쁜 지표는 오른쪽의 그래프와 같이 시스템의 메모리 누수가 지속적으로 발생하는 것이 확인 됩니다. 이는 다 쓴 객체에 대한 참조를 해제하지 않으면 계속 메모리가 할당되는 메모리 누수 현상으로 발생할 수 있습니다.

3. 나쁜 지표의 주요 원인과 개선 포인트

성능 저하가 발생하는 원인을 하나로 특정할 수는 없습니다. 패킷Packet, 캐시Cache, 메모리, 데이 터베이스, 인프라 등에서 발생하는 병목 현상이나 참조 해제를 하지 않은 것일 수도 있습니다. 또 코드상 스레드 세이프Thread safe를 하지 않은 경우일 수 있습니다. 또는 서버 로직이나 데이터 베이스 쿼리의 최적화나 개선 작업이 필요하거나 네트워크 레이턴시 사용량이 높기 때문일 수 도 있습니다.

부하 테스트를 진행하면서 어느 지점에서 성능 저하나 병목 구간이 발생하는지 지표를 지속적 으로 관측하고 기록하면서 문제가 발생한 지점에서 요인을 면밀히 분석해야 합니다. 병목 구간 을 확인하면 테스트 진행 중에 서버에 접속해서 테스트 중인 서버가 실행 중인 컨테이너 로그를 확인하여 Exception, Error, Warning 등 특이점이 없는지 분석해보는 것도 문제의 요인을 찾는 방법입니다.

🔖용어 사전 **스레드 세이프**Thread Safe

멀티 스레드 프로그래밍에서 어떤 함수나 변수, 혹은 객체가 여러 스레드로부터 동시에 접근이 이루어져도 프로그램의 실행에 문제가 없는 것을 의미합니다. 즉, 하나의 함수가 한 스레드로부터 호출되어 실행 중일 때, 다른 스레드가 그 함수를 호출하여 동시에 함께 실행되더라도 각 스레드에서의 함수의 수행 결과가 올바로 출력되는 것입니다

❓ 자주하는 질문

Q. 자동화와 같이 서버 부하 테스트 코드 작성에도 도움을 받을 수 있는 도구가 있을까요?

A. 사용하는 테스트 도구의 웹 페이지 가이드 문서 또는 깃허브 채널을 통해 예시 테스트 코드를 참조할 수 있습니다. 코드 작성에 어려움이 있는 경우 샘플 코드를 활용해보기 바랍니다. 샘플 코드를 제공하는 대표적인 도구로는 K6와 nGrinder가 있습니다.
다음은 K6(k6.io/docs/test-types/spike-testing)에서 제공하는 테스트의 샘플 코드로, 스트레스 테스트에 대한 코드입니다. 코드를 살펴보면 10분에 걸쳐 트래픽을 1에서 200으로 증가하고, 30분 동안 200명 이상의 유저 수를 유지하도록 요청합니다. 코드의 아래로 스텝의 횟수를 추가하면 사이트가 중단될 때까지 테스트 용량을 늘릴 수 있습니다.

```
import { URL } from 'https://jslib.k6.io/url/1.0.0/index.js';
export const options = {
  stages: [
    { duration: '10m', target: 200 },
    { duration: '30m', target: 200 },
    { duration: '5m', target: 0 },
  ], };

export default () => {
  const urlRes = http.get('https://test-api.k6.io');
  sleep(1);
  // MORE STEPS
};
```

다음은 nGrinder(github.com/naver/ngrinder/)에서 제공하는 테스트 코드 샘플입니다. nGrinder는 그루비, 파이썬 언어를 사용합니다. 스크립트 유형을 선택하고 파일을 생성하면 샘플 코드를 제공해 편리하게 코드를 작성할 수 있습니다.

다음 샘플 코드는 부하 테스트를 위한 코드로, 상품 목록 조회 시 접속자 부하 수를 500으로 설정하고 테스트를 반복할 때마다 TPS를 증가시키도록 작성했습니다. 일정 테스트 시간이 지난 후 테스트 동안 평균과 최고 TPS, CPU 사용량을 확인할 수 있습니다.

```java
@Test
public void test1(){
    String origin = "http://[public IP]:8080/products"
    String deliveryType = "ROCKET"
    int randomNum = Math.abs(new Random().nextInt() % MAX_RECORDS) + 1
    String params = "?deliveryType="+ deliveryType +"&start="+ Integer.
toString(randomNum) +"&listSize="+"100"
    HTTPResponse result = request.GET(origin + params)

    if (result.statusCode == 301 || result.statusCode == 302) {
        grinder.logger.warn("Warning. The response may not be correct. The
response code was {}.", result.statusCode);
    } else {
        assertThat(result.statusCode, is(200));
    }}
```

핵심 요약

API 테스트

API 테스트는 백엔드 시스템의 내부 설계 및 통합이 완료된 후 API 엔드포인트에 대한 테스팅 활동입니다. API 테스트 클라이언트인 포스트맨을 사용하여 API가 예상대로 작동하고 사용할 준비가 되어 있는지 테스트합니다.

네트워크 테스트

제품의 작동상 오류와 의도하지 않은 문제를 발견하기 위해 네트워크 환경을 의도적으로 설정하는 테스팅 활동입니다. 네트워크 에뮬레이터를 사용하여 네트워크의 영향으로 인해 발생하는 이슈의 영향범위를 예측하고 숨은 결함을 발견합니다.

클라이언트 성능 테스트

애플리케이션의 FPS, CPU/GPU, 메모리 사용량 등을 측정하여 응답성, 안정성, 신뢰성, 병목 구간을 확인하는 테스팅 활동입니다. 벤치마크 도구인 게임 벤치를 활용하여 애플리케이션의 성능 문제점과 디바이스 성능을 위해하는 요인을 찾아 개선합니다.

자동화 테스트

테스트를 빠르게 투입하고 반복적이고 점진적이며 지속적인 테스트를 가능하게 하고 테스트 효율성을 증가시켜 비용을 절감하기 위해 테스트 스크립트를 작성하거나 도구를 활용하여 소프트웨어를 자동으로 테스트합니다.

서버 부하 테스트

서버의 임곗값이 한계에 도달할 때까지 시스템 부하를 지속적으로 증가시켜 특정 부하 상황에서 서버의 동작을 확인하는 테스팅 활동입니다. 부하 발생 중 유저가 경험할 수 있는 상황을 확인하여 안정적으로 서비스가 이루어지는지 확인하고 개선 포인트를 도출합니다.

4강

예외 케이스 테스트

테스트 베이시스는 소프트웨어가 가진 기능과 기능을 수행하기 위한 정책 그리고 기능을 작동하게 하는 설계 구조와 시스템, 소프트웨어의 정보로 구성되어 있습니다. 테스트 케이스 작성시 테스트 베이시스만을 기반으로 설계할 경우 다양하게 발생하는 예외 상황을 모두 대처할 수 없습니다.

예외 상황에 대한 테스트 케이스의 특징은 테스터의 경험을 중심으로 설계된다는 것입니다. 이런 특징으로 테스트 설계는 풍부한 지식과 경험, 노하우를 보유한 테스트 전문가가 테스트 케이스를 작성해야 합니다.

하지만 실무에서 이런 역량을 보유한 전문가가 반드시 있다는 것을 보장할 수 없습니다. 테스트 전문가가 없다면 그에 걸맞은 역량을 키워 경쟁력을 갖추면 됩니다. 이 책에서 예외 케이스 테스트를 소개하는 이유가 여기에 있습니다. 예외 케이스 테스트 종류와 테스트 방법, 테스트를 설계하는 방법을 책을 통해 경험하고 활용 가능한 예시를 참고하여 실무에 적용해볼 수 있을 것입니다.

4강 커리큘럼

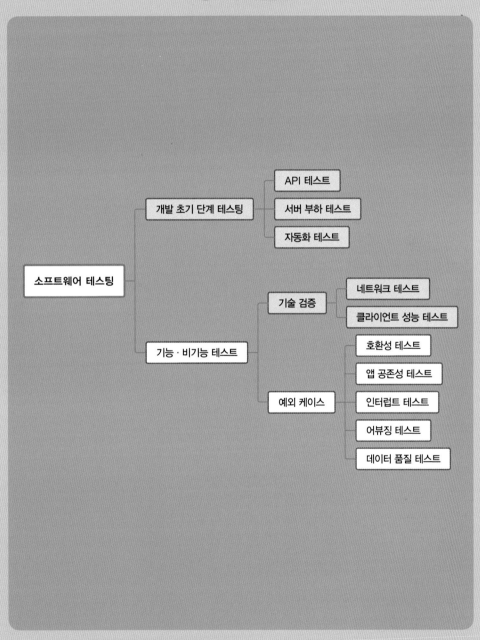

4.1 호환성 테스트

소프트웨어는 디바이스, 운영체제 버전, 해상도, 네트워크 속도 등에 영향을 받습니다. 정상적인 환경에서 작동되는 모든 기능이 이 외의 환경에서도 동일하게 작동하는지 테스트해서 발생하는 오류를 제거하고 제품의 안정성과 신뢰성을 고객에게 제공해야 합니다. 이를 확인하기 위한 테스트가 **호환성 테스트**Compatibility Test입니다. 즉, 서비스하는 제품이 다양한 환경(하드웨어, 운영체제, 해상도, 브라우저, 데이터베이스 등)으로 **이식**Portability이 가능한지 확인하고, 모든 기능이 동일하게 작동하는지 확인하는 비기능 테스트입니다.

그렇다면 가능한 한 많은 환경에서 테스트를 진행하는 것이 좋을까요? 이는 반은 맞고 반은 틀립니다. 테스트 일정과 리소스가 충분하다면 가능한 많은 환경에서 테스트를 진행해도 문제가 없습니다. 하지만 대부분 일정이 촉박하고 리소스는 항상 부족합니다. 이런 경우에 무턱대고 모든 환경에서 호환성 테스트를 진행하는 것은 일정과 비용을 낭비하는 결과를 초래합니다.

호환성 테스트를 위한 고려사항

호환성 테스트를 진행하기 위해 고려해야 하는 요건들을 알아보겠습니다. 테스터 또는 테스트 리더는 회사에서 제공하는 제품이 서비스할 타깃 유저, 타깃 국가(국가별 주 사용 디바이스/네트워크 환경), 애플리케이션을 이식하기 위한 조건(예: 최저 사양/운영체제 버전), 테스트 일정, 투입 리소스를 고려하여 테스트 전략을 계획해야 합니다. 이 전략에 따라 제품별 또는 시기별로 호환성 테스트의 목표와 범위는 달라질 수 있습니다.

타깃 유저

유저란 제품을 사용 중인 사람, 서비스할 제품에 관심이 있는 사람 또는 제품을 사용할 계획을 가진 사람을 의미합니다. 그중에서도 타깃 유저Target User는 제품을 실제로 이용하게 될 대상을 의미합니다. 타깃 유저는 서비스할 제품의 목표, 목적, 유형, 성격에 따라 또는 서비스를 이용하는 유저의 행동과 태도 등 특성에 따라 특정 연령층 또는 특정 그룹이 될 수 있습니다 (예: 9세 이하 교육 프로그램, VIP 회원 등).

타깃 유저는 프로젝트 착수 단계에서 주요 마케팅과 사업 전략에 따라 선정합니다. 선정 기준은 서비스할 제품의 목표, 목적, 유형, 성격 외 유저의 유사 서비스 경험과 이해 수준, 디바이스 사용 숙련도, 제품 이용 횟수 그리고 서비스 비용 및 콘텐츠 민감도 등을 고려합니다.

소프트웨어 테스트 시 타깃 유저를 고려하여 전략을 계획하는 이유는 타깃 유저 선별 기준과 밀접한 관련이 있습니다. 서비스할 제품의 타깃 유저 연령층, 디바이스 사용 숙련도, 콘텐츠 민감도, 관련 서비스 사용 경험과 이해 수준에 따라 테스트 범위와 주요 기능 우선순위 선정, 테스트 디바이스 선정 기준에 영향을 받기 때문입니다.

예를 들어, 이커머스 제품의 타깃 유저의 연령층이 30~40대라면 경제 활동이 활발한 시기이므로 비용 지불에 거부감이 적고 콘텐츠 민감도가 높을 것입니다. 또, 고사양 디바이스를 주로 사용하고 체류 시간에 많은 투자 없이 원하는 상품을 최대한 빠른 경로로 구입하려는 특성이 있을 것입니다. 이런 특성들을 고려하여 테스트 리더는 테스트 디바이스 선정 시 고사양 위주로 선택하고 상품조회 및 검색, 결제 기능의 우선순위 선정, 타깃 유저의 관심사에 맞는 콘텐츠 위주로 테스트 범위를 선정하는 데 중점을 두고 전략을 계획할 수 있어야 합니다.

타깃 국가

타깃 국가를 고려하는 이유는 타깃 유저와 유사하나 국가별 지리적/문화적 요소, 언어, 네트워크 속도, 주 사용 디바이스 유형 등 국가적 특이사항이 추가됩니다. 이런 국가적 특성을 조사하여 테스트 전략을 계획합니다. 예를 들어 서비스할 제품의 주요 타깃 국가가 일본이라면 일본 유저의 지리적/문화적 특성을 조사해야 합니다. 일본 국가의 주요 특성을 몇 가지 살펴보면 다음과 같습니다.

일본의 국가적 주요 특성

- 인증: 페이스북/트위터/라인을 주로 사용한다.
- 약관 동의: 일본 문화에서는 약관 전체 내용이 노출되는 것에 반감이 있다.
- UI 커스터마이징: 서비스에 특화된 UI를 제공하기를 희망하는 경향이 있다.
- 셀룰러 데이터: 유저가 인지하지 못한 상태에서 데이터가 사용되는 것을 꺼리는 성향이 있다.
- 언어 처리: 한자/히라가나/카타카나 입력 제어를 제공한다.
- 디바이스 이용률: 안드로이드보다 iOS 디바이스 이용률이 높다.

이러한 특성을 기반으로 테스트 전략을 계획한다면 테스트 디바이스는 iOS 디바이스를 주요 디바이스로 선정하고, 주 기능 외 테스트 범위 중 언어와 문화적 특성상 사용하지 않아야 할 단어 사용 여부와 인증·약관·팝업 등이 일본 문화에 맞게 특성이 반영되었는지 확인하는 것에 우선순위를 두어 국가의 문화적 요소를 포함한 테스트 범위로 선정합니다.

디바이스 지원 사양

애플리케이션을 설치하기 위한 최소 시스템 요구 사항입니다. 대부분의 모바일 애플리케이션은 구글 플레이와 애플 스토어에서 요구하는 최소 사양(안드로이드 5.1(API Level 22)이상, iOS 11 이상)을 따르고 있습니다.

최소 지원 사양을 고려해야 하는 이유는 테스트할 디바이스 범위 선정 시 애플리케이션이 설치되지 않는 사양까지 테스트 범위에 포함할 필요가 없기 때문입니다. 또 대부분의 애플리케이션이 구글과 애플 마켓의 정책을 따르고 있으나 일부 제품은 더 낮은 사양까지 지원하는 경우도 있어 각 회사에서 서비스하는 제품이 지원하는 최소 사양을 확인하여 테스트 디바이스를 선정해야 합니다.

추가로 최소 지원 사양도 타깃 국가에 영향을 받습니다. 국가별로 사용하는 디바이스 랭킹(gs. statcounter.com) 정보를 참고하여 애플리케이션이 지원하는 최소 사양에는 해당되나 타깃 국가에서 해당 사양을 사용하는 유저의 비율이 낮을 경우 테스트 디바이스 범위에서 제외하는 유연함을 발휘합니다.

테스트 일정과 범위

호환성 테스트는 제품의 안정성이 확보된 이후 테스트를 진행하도록 일정을 계획합니다. 테스트 수행을 차수별로 구분하여 진행할 경우 호환성 테스트는 2차 또는 3차, 즉 개발 구현과 기능 안정성이 확보된 상태에서 진행하는 것으로 계획하는 것이 좋습니다. **테스트 일정 산정**은 투입된 테스터 수, 테스터의 보유 역량 수준, 테스트 범위의 복잡도, 테스트 지원 도구를 고려하여 일정을 산정합니다.

호환성 테스트를 위한 **테스트 범위 선정** 시 우선순위, 하드웨어·소프트웨어 운영체제 버전, 테스트 도구 사용 여부를 고려하여 테스트를 설계합니다.

테스트 범위의 우선순위를 선정할 때 5가지 사항을 고려합니다. 첫째, 타깃 유저와 국가, 제품의 목적과 목표를 고려하여 주요 기능과 콘텐츠를 선정합니다. 둘째, 디바이스의 해상도에 따라 UI 이슈가 발생할 가능성이 높은 영역(예: 이미지, 글꼴, 텍스트 정렬 등)을 우선순위로 선정합니다. 셋째, 클라이언트 기반 기능을 우선순위로 선정합니다. 서버 기반(서버로부터 호출하여 클라이언트로 다운로드 되는 프로그램) 기능의 경우 호환성 이슈에 크게 영향을 받지 않기 때문입니다. 넷째, 하드웨어 운영체제와 디바이스의 버전별 업·다운그레이드 테스트와 애플리케이션의 설치·실행 테스트를 우선순위로 선정합니다. 다섯째, 테스트 지원 도구의 활용 여부를 고려합니다. 예를 들어 자동화 테스트를 적용할 수 있다면 자동화로 테스트할 수 있는 범위와 불가능한 범위로 테스트 영역을 나누어 설계합니다.

호환성 테스트 디바이스와 운영체제 선별

호환성 테스트를 진행하는 데 필요한 요건이 마련되면 다음으로 테스트 수행을 위한 세부 전략을 준비해야 합니다. 먼저 호환성 테스트 디바이스 선정 시 디바이스와 운영체제를 선별하는 기준과 방법을 알아보겠습니다.

호환성 테스트를 위한 테스트 디바이스 선별 기준은 애플리케이션에서 설치를 허용하는 디바이스 사양과 하드웨어의 운영체제 버전, 타깃 국가 등을 고려하여 선정합니다. 예를 들어, 데스크탑과 웹에서 설치와 사용이 불가한 애플리케이션의 호환성 테스트 디바이스 범위는 PC와 웹 브라우저를 제외한 모바일로 선정됩니다. 또는 모바일 디바이스 중 애플리케이션이 허용하는 디바이스의 운영체제 버전이 안드로이드 6.0 마시멜로 이상을 지원한다면 넥서스5, 넥서스7, 샤오미 6와 같은 6.0 이하 버전을 기반하는 디바이스는 테스트 범위에서 제외됩니다. 또, 한국에서만 제품을 서비스하는 경우 테스트 디바이스 선별 시 미국의 주 사용 디바이스인 TCL과 레노버는 포함하지 않을 것입니다. 이와 같이 호환성 테스트 디바이스를 선정하는 기준은 다양한 조건의 영향을 받습니다.

호환성 테스트를 위한 디바이스 선정 기준과 선별 방법을 알아보기 앞서 시중에 나와있는 전체 하드웨어와 모바일 디바이스 및 운영체제, 소프트웨어 버전 종류를 먼저 살펴보겠습니다.

운영체제	버전				
윈도우	11	10	vista	8	7
애플 맥	catalina	high sierra	mojave	sierra	10.10
유닉스	GNOME	LXQt	XFCE	Cinnamon	Budgie

브라우저 종류					
Chrome	Safari	Opera	Firefox	Edge	Samsung Internet

데스크탑 운영체제와 브라우저 종류

브랜드	디바이스 유형	하드웨어 운영체제 버전				
Samsung	phone/pad/watch	S4	S6	⋯	S23	S24
Apple	phone/pad/watch	6	7	⋯	14/pro max	15/pro max
Xiaomi	phone/pad	mi 1	mi 2	⋯	mi 11/pro	mi 12/pro
OPPO	phone/pad	Reno4	F7	⋯	R17	X6
vivo	phone/pad	X9	X20	⋯	X27	X30
Google Pixel	phone/pad/pixelbook	4	5	⋯	6	7a
other	phone/pad	etc	etc	⋯	etc	etc

모바일 디바이스와 하드웨어 운영체제 종류

브랜드	소프트웨어 운영체제 버전				
Samsung	4.4	5.x	⋯	13	14
Apple	4	5	⋯	16	17
Xiaomi	4	5	⋯	13	14
OPPO	4.4	5.x	⋯	13	14
vivo	4	5	⋯	13	14
Google Pixel	4.4	5.x	⋯	13	14
other	etc	etc	⋯	etc	etc

모바일 디바이스와 소프트웨어 운영체제 종류

하드웨어와 모바일 디바이스 및 운영체제, 소프트웨어 버전의 전체를 살펴보기에 그 양이 너무 많아 주요 디바이스와 버전만 추려보아도 책에 다 담을 수 없을 정도입니다. 한계가 보이지 않는 수준의 디바이스와 버전들 중에서 테스트를 위한 일부를 선정하는 일은 생각만으로도 복잡하고 어려워 보입니다. 설령 테스트 디바이스를 잘 선정했다 하더라도 원하는 디바이스를 실물로 구하는 것이 더 어려울 수 있습니다.

한국에서 구매할 수 있는 경로가 없거나, 단종되었거나, 회사의 지원을 받을 수 없는 등 여러 사유로 우리에게 주어진 몇 안 되는 디바이스에 만족하며 호환성 테스트를 수행해야 할 때도 있습니다. 아무리 좋은 전략을 세우고 테스트를 계획해도 아무 소용이 없는 것입니다. 이것이 현재의 호환성 테스트의 중요성이 낮아진 이유가 아닐까 조심스레 추측해봅니다. 하지만 이런 상황에도 불구하고 더 나은 품질과 제품의 신뢰성을 확보하기 위한 노력은 필요합니다.

그럼 본격적으로 호환성 테스트를 위한 테스트 디바이스와 운영체제를 선정해보겠습니다. 좀 더 쉽게 이해하고 업무에 적용할 수 있도록 실무에서 발생할 수 있는 사례를 가지고 테스트 디바이스를 선정해보겠습니다.

[사례]

A사는 배달 애플리케이션을 서비스합니다. 현재 이 회사가 서비스를 제공하는 국가는 한국이며, 글로벌 원빌드Global One Build로 조만간 일본과 대만을 타깃으로 서비스 국가를 확장할 계획입니다. 애플리케이션의 주 타깃 연령은 15세 이상이나 전체 연령이 이용 가능합니다. 테스트에 주어진 일정은 나흘이며 투입된 리소스는 테스트 리더 한 명과 테스터 세 명입니다. 호환성 테스트를 위해 작성한 테스트 케이스는 1개 환경을 기준으로 150개가 준비되어 있습니다.

📖용어 사전 글로벌 원빌드

플랫폼 사업자별, 국가별로 애플리케이션을 내지 않고 한 가지 버전으로 출시하는 것을 말합니다. 하나의 애플리케이션 버전에서 다양한 국가를 지원하는 방식입니다.

이 사례에서 확인할 수 있는 주요 특성 조건을 정리해보면 타깃 국가 확장, 글로벌 원빌드, 전체 이용가, 테스트 일정과 투입 인력의 부족, 1개 환경 기준 테스트 케이스 150개 × n개 환경으로 일정과 인력은 부족하나 테스트를 수행해야 할 범위는 많은 상황입니다. 가령 일본과 대만의 주 사용 디바이스를 각 국가별로 최소 5개만 선택해도 안드로이드와 iOS 플랫폼에 따라 디바이스 대수가 제곱으로 늘어나고 여기에 디바이스의 소프트웨어 버전과 테스트 케이스의 개수를 합산하면 제곱의 제곱으로 늘어날 수 있습니다.

이런 조건에서 테스트 리더는 주어진 일정안에 최대의 효과를 얻을 수 있도록 효율적인 전략을 마련하고자 고군분투합니다. 이때 테스터 A가 현실적으로 불가능한 일정과 범위이니 '샘플링 테스트'로 안드로이드와 iOS의 최저, 최고 사양으로 1대씩만 테스트 수행하는 것이 합리적이라고 의견을 냅니다. 테스터 B는 야근은 필수! 품질 확보를 위해 전체 디바이스와 운영체제 버전에서 나흘 밤을 새서라도 모든 환경에 대한 테스트를 수행해야 한다고 합니다. 테스터 C는 글로벌 원빌드이니 주요 기능 검증은 제외하고 디바이스의 해상도 크기별로 선정하여 UI만 확인하는 것이 합리적이라는 의견을 제시합니다. 마지막으로 테스터D는 현실적으로 불가능한 상황이니 일정 또는 인력을 더 추가해주지 않으면 테스트를 수행하지 않겠다고 합니다.

각 테스터들이 나름의 전략을 제시했습니다. 여러분이 생각한 전략과 비슷한가요? 그렇다면 여러분이 생각한 전략의 품질 목표와 효과적인 결과를 얻기 위한 근거는 무엇인가요? 여러분이 생각한 계획대로 실행하려면 어떤 근거를 가지고 관계자들을 설득할 수 있을까요? 효과적인 결과를 얻기 위한 근거로 제시할 수 있는 테스트 디바이스 선정 전략을 세워 보겠습니다.

Tip. 이 책에서 제시하는 방법은 하나의 예시에 불과합니다. 테스트 전략과 계획은 주어진 상황과 조건, 여러 환경적 요소에 따라 영향을 받습니다.

호환성 테스트 디바이스 선별 전략

테스트 디바이스는 국가별 주 사용 스마트폰 랭킹(gs.statcounter.com)을 참고하여 일본과 대만에서 점유율 순위가 높은 디바이스로 선정하고 점유율이 1.x% 대인 디바이스는 테스트 범위에서 제외합니다. 이는 이슈가 발생해도 수정 또는 개선에 투자하는 시간과 비용 대비 효과가 떨어지기 때문입니다. 이렇게 선별된 국가별 테스트 디바이스는 총 8대로 선정했습니다.

일본		대만	
브랜드	점유율 %	브랜드	점유율 %
Apple	68%	Apple	54.7%
Sony	7.7%	Samsung	22.5%
Samsung	6.2%	Oppo	7.4%
Google	2.9%	Xiaomi	3.5%
Huawei	2.1%	Asus	2.3%
other	11.3%	other	9.6%

일본과 대만에서의 스마트폰 점유율 순위

모바일 공급업체 시장 점유율 일본
2022년 9월 ~ 2023년 9월

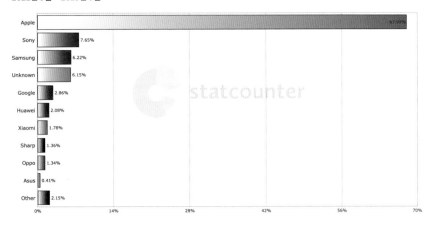

모바일 공급업체 시장 점유율 대만
2022년 9월 ~ 2023년 9월

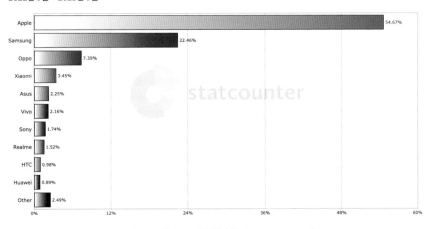

모바일 브랜드별 점유율 (출처: statcounter)

디바이스 소프트웨어 버전 선별 전략

디바이스의 운영체제 버전 선별 시 국가별 운영체제 시장 점유율(gs.statcounter.com/)을 참고하여 순위가 높은 버전으로 선정하고 랭킹에서 최고·권장·최저 사양 버전을 구분합니다. 그중 최고 사양 ~ 권장 사양 점유율이 10% 미만인 운영체제는 테스트 범위에서 제외합니다. 이는 대부분 같은 버전대의 소수점 자리만 높은 중복 버전으로 구성되어 있기 때문입니다(운영체제 버전 업그레이드 시 주요 버전업이 포함되어 있지 않아 동일 버전에 대한 테스트를 반복 수행하는 것과 같습니다). 이렇게 선별된 플랫폼의 운영체제 버전은 총 8개로 선정했습니다.

일본				대만			
iOS	점유율 %	안드로이드	점유율 %	iOS	점유율 %	안드로이드	점유율 %
17.1	46.02%	13.0	30.66%	17.1	39.02%	13.0	46.78%
16.6	12.3%	12.0	18.45%	16.6	11.15%	12.0	16.93%
16.7	6.07%	11.0	12.7%	16.1	5.07%	11.0	13.16%
16.1	4.93%	10.0	10.93%	16.7	5.04%	10.0	5.78%
16.3	4.3%	9.0 Pie	9.24%	16.3	4.61%	9.0 Pie	5.24%
15.6	2.44%	8.0 Oreo	2.9%	15.6	2.71%	8.0 Oreo	2.53%
other	23.9%	other	12.2%	other	32.4%	other	9.58%

일본과 대만에서의 버전별 플랫폼 점유율

디바이스 하드웨어 버전 선별 전략

마지막으로 디바이스의 하드웨어 버전(즉, 디바이스 모델)을 선택합니다. 예를 들어 애플은 iPhone SE와 하드웨어 버전 6부터 15까지 그리고 아이패드와 애플워치로 구성됩니다. 선택 기준은 최저·권장·최고 사양과 화면 해상도, 예외(패드 또는 태블릿, 워치 등)로 나뉘어 점유 비율이 높은 디바이스로 선정합니다.

선택 기준을 적용하여 대만의 iOS 테스트 디바이스를 선정해보겠습니다. 먼저 애플의 기종을 나열하면 애플 워치를 제외하고 iPhone 6~15와 각 보급형·Pro·Max, iPhone SE, iPad Air 와 Pro로 구분되고 모든 하드웨어 버전과 종류를 합산하면 대략 150대 정도 추산됩니다. 이 중 대만 국가의 디바이스 점유율을 적용하여 비율이 낮은 iPhone 10 이하 디바이스와 중복되는 해상도 디바이스를 제외합니다. 여기에 최저·권장·최고 사양을 적용하고 소프트웨어 버전까지 추가하면 **최종적으로 네 대의 디바이스만으로도 iOS의 호환성 테스트를 위한 조합은 충분히 만족**할 수 있습니다.

브랜드	디바이스 모델	소프트웨어 버전	특성
Apple	iphone 10	15.6	최저 사양
	iphone SE	16.6	권장사양
	iphone 15/pro/max	17.1	최고 사양
	ipad pro	16.1	다른 해상도

디바이스 모델별 버전 조합

최소로 도출된 조합을 기준으로 대만의 상위 점유 기종인 애플, 삼성, 오포, 샤오미로 테스트 디바이스 전체 대수를 계산하면 약 16대의 디바이스로 호환성 테스트 범위를 달성할 수 있습니다.

선정된 테스트 디바이스 16대에서 테스트 케이스 한 개 환경 기준 150개×16=2,400개를 투입 인원 네 명이 수행한다면 1MD(한 명의 1일 업무량)에 최대 수행 가능한 케이스를 600개(1인 테스트 디바이스 두 대 진행)로 잡고 2일이면 대만 국가의 호환성 테스트를, 그리고 남은 2일 기간 동안 일본 국가에 대한 테스트까지 완료할 수 있습니다.

최소 범위에서 최대의 품질을 확보할 수 있는 전략적인 설계를 통해 주어진 일정안에 효과적인 결과를 얻을 수 있게 되었습니다.

Tip. 여기엔 분명 예외 상황이 적용될 수 있습니다. 투입된 인원의 업무 수행 속도가 느리거나 보유 역량이 부족할 경우 계산된 만큼 테스트 수행율이 달성되지 못할 수 있습니다. 이런 경우 일정 전반에 걸쳐 테스트 제어 활동을 통해 진행 상황을 모니터링하고 계획과 비교하여 필요시마다 발생하는 차이를 컨트롤하는 역할을 수행해야합니다.

테스트 시나리오 작성

호환성 테스트를 진행하기 위해 고려해야 하는 요건 사항에 기반하여 테스트 범위와 우선순위를 선정하고 테스트 케이스를 작성합니다. 먼저 알아 두어야 하는 것은, 호환성 테스트 케이스는 기능 테스트 케이스의 기본 구성인 수행 절차와 기대 결과로 구성되지 않습니다. 테스트할 디바이스가 각 케이스의 메인 카테고리가 되고 수행되는 기능 자체가 결과 입력 항목으로 구성되어 기능별 확인 결과를 기입하도록 작성합니다.

OS	Device Vendor	OS	해상도	CPU	Ram	설치	실행	로그인/아웃	UI Resize	주요기능/앱 이용 원활도	크래시/강종	앱삭제
iOS	iPad Pro	10.3.1	2048 x 2732	Dual-core 2.26 GHz	4GB	Pass	Fail	N/A	No Run	Pass	Fail	N/A
	iPhone 6s Plus	10.3.2	1080 x 1920	Dual-core 1.84 GHz	2 GB	Pass	Fail	N/A	No Run	Pass	Fail	N/A
	iPhone SE	10.1.1	640 x 1136	Dual-core 1.84 GHz	2 GB	Pass	Fail	N/A	No Run	Pass	Fail	N/A
Android	Samsung Galaxy S7	6.0.1	1440 x 2560	Quad-core 2.3 GHz +	4 GB	Pass	Fail	N/A	No Run	Pass	Fail	N/A
	HTC 10	6.0.1	1440 x 2560	Quad-core 2x2.15 GHz	4 GB	Pass	Fail	N/A	No Run	Pass	Fail	N/A
	Huawei P9 Lite	6	1080 x 1920	Octa-core 4x2.0 GHz	3 GB	Pass	Fail	N/A	No Run	Pass	Fail	N/A
	Asus Zenfone 3	6.0.1	1080 x 1920	Octa-core 2.0 GHz Co	4 GB	Pass	Fail	N/A	No Run	Pass	Fail	N/A

호환성 테스트 케이스 예시

테스트 수행 순서 선정 시 우선순위는 디바이스 최소 사양에서의 애플리케이션 사용 원활도를 먼저 확인하여 지원되는 사양 중 어떤 디바이스부터 원활한 사용이 가능한지 확인합니다. 다음으로 디바이스의 하드웨어와 소프트웨어 버전을 확장하며 버전에 따른 호환성 이슈를 확인합니다. 디바이스 해상도별 UI 확인은 가장 마지막에 수행합니다.

테스트 케이스의 주 확인 기능은 애플리케이션 설치와 실행, 로그인·로그아웃 기능 확인, 주요 기능 및 콘텐츠의 이용 원활도를 확인합니다. 앞선 사례를 기준으로 주요 기능을 선정하면 검색을 통한 가격 비교 기능에 민감한 대만의 경우 검색과 조회, 가격 비교 기능을 주요 기능으로 선정할 수 있고 일본과 대만의 소비자 법의 특성으로 반품과 환불, 프로모션·쿠폰 등의 적립 기능을 우선순위로 선정할 수 있습니다.

이후에 UI 해상도별로 이미지의 크기 조정과 국가별 언어 노출 및 줄 바꿈 처리 그리고 국가에 특화된 UI 제공 시 해상도에 따라 적절히 노출되는지 확인합니다. 예외 케이스로 호환성에 따른 애플리케이션의 강제 종료, 멈춤 현상 등의 이상 현상 발생 확인과 하드웨어와 소프트웨어의 버전 업·다운그레이드에 따른 애플리케이션 동작을 확인합니다.

Tip. 하드웨어 버전별 업·다운그레이드 테스트는 애플리케이션이 설치된 상태에서 서로 다른 디바이스 하드웨어의 운영체제 버전과 기기 버전을 하위 호환(현재 출시된 버전보다 낮은 버전으로 다운그레이드)과 순방향 호환(새롭게 출시된 버전이나 향후 출시 예정인 베타 버전으로 업그레이드)으로 업·다운그레이드를 진행하여 환경에 따른 기능 작동 오류와 애플리케이션의 이식성을 확인합니다.

호환성 테스트로 발견되는 이슈의 처리와 대응 방법

호환성 테스트에서 발생할 수 있는 결함에는 최저 사양에서 애플리케이션이 설치되지 않는 이슈, 일부 환경에서 애플리케이션 이용 중 이미지가 깜박거리거나 프레임이 깨지는 이슈, 특정 디바이스에서 애플리케이션이 실행되지 않는 이슈, 다양한 해상도에서 이미지 크기가 조정이 되지 않거나 상하좌우 여백 또는 검은 여백이 노출되는 이슈, 언어 번역 후 텍스트가 겹치거나 줄 바꿈이 처리되지 않는 이슈가 발생될 수 있습니다.

하지만 호환성 테스트로 확인되는 이슈 대부분은 UI 관련 이슈에 해당됩니다. UI 이슈는 중요도가 낮아 발견한 이슈에 무대응하거나 유지 보수로 후처리하는 경우가 많습니다. 반드시 수정해야 할 필요가 없다면 유지 보수로 처리해도 괜찮지만 구글 플레이 스토어나 앱스토어의 애플리케이션 심사 검수 시 반려 대상이 될 수 있는 이슈(예: 다양한 해상도에서 상하좌우 여백 또는 검은 여백 노출)에 해당되지 않는지 테스트 담당자의 이슈 분석 및 검토가 필요합니다. 또는 애플리케이션이 설치되지 않거나 특정 디바이스에서 크래시가 발생하는 등 반드시 수정이 필요하지만 유저 점유율이 높지 않은 특정 디바이스에서만 발생하는 경우라면 수정 없이 논이슈 known-issue로 처리할 수도 있습니다.

이슈 처리 방법에 대한 결정 시 테스트 담당자는 이슈 분석 결과, 재현율, 사용 점유율 대비 이슈 수정에 소요되는 가치 비용을 산정하여 처리 방안에 대한 명확한 의견을 제시해주어 결정권자와 관련자들이 올바른 의사 결정을 하도록 도와줍니다.

4.2 앱 공존성 테스트

공존성이란 공통 자원을 공유하는 공동 환경에서 다른 독립적인 소프트웨어와 공존할 수 있는 소프트웨어의 능력을 의미합니다(ISO/IEC 9126 품질특성). 스마트폰에는 여러 다양한 애플리케이션이 존재합니다. 서비스할 제품은 다른 애플리케이션에 나쁜 영향을 미치지 않고 공통된 자원(하드웨어)을 공유하면서 필요한 기능을 효율적으로 수행하는 능력을 보장해야 합니다.

앱 공존성 테스트 Other Apps Co-existence Test는 다른 독립적인 애플리케이션과 서비스할 제품 간 상호 작용으로 인해 의도치 않은 동작이 발생할 수 있는 가능성이 높은 상황을 예측하여 의도한 환경으로 간섭을 도입함으로 애플리케이션의 반응을 확인하는 것입니다.

공존성 실패로 발생할 수 있는 이슈는 유저의 데이터 손상, 애플리케이션 기능 손실, 애플리케이션이 설치 또는 동작하지 않는 등 다양하게 발생할 수 있습니다. 공존성 실패로 발생한 이슈 예시에 다음과 같은 것이 있습니다.

공존성 실패로 발생한 이슈

- 서비스할 제품 내부 모듈에서 백신 애플리케이션이 바이러스로 인지하여 애플리케이션이 설치되지 않거나 설치는 되지만 실행 또는 주요 기능(결제, SMS 수신/발송, 푸시 등)이 작동되지 않는 이슈
- 제품에서 제공하는 사운드(음악, 알람)이 다른 애플리케이션 실행 또는 전화 수신·발신 시 또는 애플리케이션 백그라운드 처리시에도 일시정지 되지 않고 계속 발생하여 사용에 불편함 발생
- 다른 애플리케이션 간 충돌로 서비스할 제품이 설치되지 않거나 작동되지 않는 이슈
- 여러 개의 애플리케이션을 화면 분할로 띄울 경우 애플리케이션이 크래시/프리징이 되는 이슈
- 공존의 영향으로 기능 손실, 데이터 손상, 신호 중단 발생

앱 공존성 테스트는 많은 회사에서 테스트 필요성 또는 검증이 필요한 범위로 인식하지 못하거나 기능 테스트 중에서도 예외 케이스로 존재하여 일정 또는 리소스 부족 시 테스트 범위에서 제외되는 등 중요성이 매우 낮게 취급되고 있습니다. 이슈 사례를 보면 알 수 있듯 공존성 실패로 인해 발생할 수 있는 이슈 유형과 영향 범위가 다양해서 결코 무시하거나 쉽게 제외할 수 있는 테스트 활동은 아닙니다. 유지 보수를 할 때마다 공존성 테스트를 수행할 필요는 없지만 적어도 새로운 서비스를 출시하거나 공존성에 영향을 끼칠 수 있는 변경 사항이 있다면 꼭 테스트해보길 권장합니다.

앱 공존성 테스트 방법

앱 공존성 테스트는 3가지 유형으로 구성되어 있습니다. 애플리케이션 파일에 포함되지 않아야 할 맬웨어나 바이러스, 사용이 금지된 URL 도메인(예: 피싱 등)이 포함되지 않았는지 확인하고 애플리케이션의 유해성을 검증합니다. 그리고 다른 애플리케이션과의 상호작용과 공존 능력에 문제가 없는지 확인합니다. 각 테스트 방법을 알아보겠습니다.

1. 안티 바이러스 검사

VirusTotal과 같은 안티 바이러스 엔진을 활용하여 ipa와 apk 파일에 맬웨어 및 바이러스가 포함되어 있는 것은 아닌지 또는 애플리케이션 내부 URL에 사용이 금지되거나 의심스러운 링크가 적용되지 않았는지 검사합니다. 대개 새로운 서비스 출시를 앞두고 구글, 애플 마켓의 심사 승인을 받기 전 제출하는 애플리케이션 파일의 유해성을 사전 검증하기 위해 테스트를 수행합니다.

안티 바이러스 엔진(출처: VirusTotal.com)

🔍용어 사전 ipa, apk

- −ipa : iOS 패키지 애플리케이션의 파일 확장자입니다.
- −apk : Android Application Package, 안드로이드에서 프로그램 형태로 배포되는 형식의 확장자입니다.

이 검사를 통해 서비스할 애플리케이션의 안정성을 검증하고 미처 발견하지 못한 바이러스나 사용이 차단된 URL 사용으로 인해 하드웨어와 공존하는 다른 애플리케이션에게 예상치 못한 영향을 미치지 않는지 확인하여 보다 안전한 제품을 유저에게 제공하기 위한 목적으로 테스트 가 진행됩니다.

2. 백신 애플리케이션과 공존성 검증

ipa와 apk 파일의 안티 바이러스 검사가 애플리케이션을 마켓에 출시하기 전 사전 검증의 목 적으로 진행된다면, 백신 애플리케이션과의 공존성은 마켓 출시 이후 백신 애플리케이션을 통 해 파일이 악성으로 탐지되지 않는지 확인하고 미처 검증되지 못한 최신 바이러스가 존재하는 지 확인하기 위한 목적으로 진행합니다.

테스트 방법은 백신 애플리케이션 설치 또는 디바이스 자체에 설치되어 있는 백신 프로그램의 스캔 기능을 사용하여 서비스할 제품에 이상이 있거나 바이러스 검사에 탐지되지 않는지 확인 합니다. 정확한 백신 스캔을 위해 테스트 전 설정에서 '악성코드 검사'와 '파일 시스템 모니터링' 설정이 활성화되어 있는지 확인합니다. 그리고 백신 프로그램이 검사 중인 상태에서 서비스할 애플리케이션의 주요 기능 작동 시 문제없이 사용이 가능한지 테스트를 수행합니다.

백신 애플리케이션과의 공존성 검증을 수행할 때 유의할 사항은, 먼저 테스트를 시작하기 전 설치된 백신 애플리케이션이 자동 업데이트를 통하여 항상 최신 버전으로 유지되는지 확인하는 것입니다. 백신 애플리케이션의 버전에 따라 최신 악성코드 및 바이러스 정보가 업데이트되므로 이전에 바이러스로 탐색되지 않은 경우에도 업데이트 후 탐지될 가능성이 있기 때문입니다. 그리고 백신 애플리케이션 간의 충돌이 발생할 수도 있으니 테스트 시 설치하는 백신 애플리케이션은 하나만 설치하여 사용합니다.

Producer	Certified	Protection	Performance	Usability
Avast Security 15.7	🛡️	6	6	6
AVG Antivirus 20.5	🛡️	6	6	6
Avira Security 2.1	🛡️	6	6	6
Bitdefender Antivirus for Mac 9.3	🛡️	6	6	6
ClamXAV ClamXAV 3.6	🛡️	6	6	6
F-Secure Total 19.2	🛡️	6	5.5	6
kaspersky Plus 23.0	🛡️	6	6	6
norton Norton 360 8.8	🛡️	6	6	6
TREND MICRO Antivirus 11.5	🛡️	6	6	6

백신 애플리케이션 리스트 참고(출처: av-test.org)

3. 다른 애플리케이션과 공존성 확인

다른 애플리케이션과 공존성 확인은 디바이스에 설치된 타사 애플리케이션 즉, SNS소셜(예: 트위커, 페이스북, 인스타그램 등), 메신저(예: 카카오톡, 슬랙, 라인 등), 동영상 공유 플랫폼(예: 유튜브, 틱톡 등), 이커머스(예: 쿠팡, 아마존 등), 모바일 게임 등 다수의 유저가 사용하는 애플리케이션과 서비스할 제품 간 상호작용 능력을 확인하는 목적으로 진행됩니다.

테스트는 타사 애플리케이션을 설치하고 사용 중인 상태에서 서비스할 제품의 설치, 실행, 로그인, 결제, 채팅 등 주요 기능 동작을 확인합니다. 이때 애플리케이션 간 상호작용으로 기능이 작동하지 않거나 충돌과 같은 이상 현상이 발생하지 않는지 확인합니다. 또, 서비스할 제품 사용 중 타사 애플리케이션에서 알림, SMS, 푸시가 발송될 경우 제품 간 의도치 않은 동작이 발생되지 않는지 확인하는 방법으로 테스트를 진행합니다.

공존성 테스트를 통해 서비스할 제품이 디바이스와 다른 애플리케이션에 영향을 미치지 않는지, 반대로 외부 환경의 간섭으로 인해 우리의 제품에 미치는 영향이 없는지 확인하여 제품의 공존하는 능력을 검증하고 보장된 제품을 제공할 수 있도록 필요한 역할을 수행합니다.

4.3 디바이스 기능 연동 테스트

앱 공존성 테스트가 다른 애플리케이션과의 상호작용과 관련된 테스트라면 **디바이스 기능 연동 테스트**Device Function Interruption는 디바이스의 자체 기능과 서비스할 제품 간 상호작용으로 애플리케이션에 의도치 않은 동작이 발생하는지 또는 디바이스의 성능에 애플리케이션이 나쁜 영향을 미치지 않는지 확인합니다. 인터럽트 테스트는 디바이스의 기능을 고의로 조작하여 애플리케이션이 인터럽트에 반응하는 응답을 관찰하고 애플리케이션의 성능과 요구된 기능을 효율적으로 수행하는지 확인하는 비기능 테스트입니다.

일상 생활에서 모바일 게임을 플레이하던 중 전화가 오거나, 쇼핑 애플리케이션에서 결제하는 중 배터리 충전을 위해 케이블을 연결하거나, 음악 애플리케이션 이용 중 블루투스 이어폰을 끼는 등 의도하거나 의도하지 않은 동작이 발생하기도 합니다. 이를 **인터럽트 유형**이라고 합니다. 인터럽트 유형을 살펴보면 애플리케이션 사용 중 발생되는 간섭이 매우 다양한 것을 알 수 있습니다. 인터럽트가 의도적이든 아니든 유저는 이용 중인 애플리케이션의 기능상 오류는 없을 것과 데이터 손실이나 재산상 피해와 같은 불편이 발생하지 않을 것이라고 믿고 제품을 사용할 것입니다. 즉, 게임을 하다가 전화를 받고 와도 이어서 플레이를 할 수 있어야 합니다.

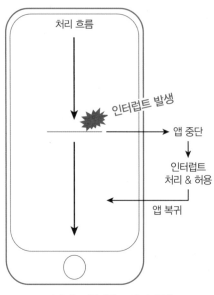

처리 흐름

인터럽트 발생

앱 중단

인터럽트
처리 & 허용

앱 복귀

디바이스 인터럽트 처리 흐름

이와 같은 제품에 대한 유저의 신뢰를 만족시키기 위해 새로운 서비스를 출시하거나 디바이스 기능 연동상 영향을 끼칠 수 있는 변경 사항(예: 디바이스 운영체제 업데이트)이 있을 경우 인터럽트 테스트를 수행하길 권장합니다.

인터럽트로 발생하는 이슈의 유형

실무에서 자주 발생하는 인터럽트 유형을 살펴보겠습니다. 이 사례를 통해 발생하는 이슈의 다양성과 영향 범위를 확인하기 바랍니다.

디바이스 소프트웨어 업데이트 후 팅김 현상

iOS/안드로이드 디바이스의 소프트웨어 버전 업데이트 후 애플리케이션 팅김 또는 실행이 안되는 문제가 발생할 수 있습니다. 이것은 iOS/안드로이드 운영체제의 자체 오류이거나 디바이스의 저장 공간 문제 또는 애플리케이션의 데이터 변질로 인해 발생할 수 있는 문제입니다. 문제를 발생시키는 요인이 불분명하기 때문에 테스터는 사전에 이를 검증하여 애플리케이션의 문제로 원인이 증명되면 수정 대응할 수 있도록 내부에 요청해야 합니다. 또는 iOS/안드로이드 운영체제 오류라면 CS로 고객에게 가이드 할 수 있도록 운영관리 차원에서 조치를 취해야 합니다.

전화 수신 후 애플리케이션 강제 종료 현상

애플리케이션 이용 중 전화(음성/영상통화) 수신으로 인해 발생한 이슈입니다. 애플리케이션 사용 중 전화가 오면 애플리케이션은 잠시 중단됩니다. 통화가 끝나면 애플리케이션이 원래 이용 중이던 상태를 유지하며 다시 시작되어야 하지만 실행되지 않고 애플리케이션이 강제 종료되거나 원래 이용 중이던 상태를 유지하지 않고 재시작되는 문제가 발생합니다.

기능 조작 후 오류 현상

디바이스의 기능 조작으로 이슈가 발생하기도 합니다. 디바이스 진동/무음 상태로 전환한 후에도 애플리케이션의 사운드가 계속 노출되는 이슈와 디바이스의 화면을 세로/가로로 전환 시 애플리케이션의 UI가 화면 전환되지 않고 깨지는 문제가 발생합니다.

화면 분할 시 애플리케이션 오류 현상

멀티 윈도우Multi-Window를 제공하는 디바이스에서 여러 개의 애플리케이션을 화면 분할로 띄울 경우 애플리케이션이 강제 종료되거나 또는 작동하지 않는 현상이 발생합니다.

이제 이 사례들을 바탕으로 발생이 예측되는 이슈를 사전에 차단하기 위해 인터럽트 유형들을 기반으로 테스트 시나리오를 설계해보겠습니다.

인터럽트 테스트 시나리오 작성

인터럽트 테스트 시나리오와 다른 검증 유형의 가장 큰 차이는 인터럽트에 따른 애플리케이션의 동작이 기업의 정책이나 기능적 요구 사항으로 정해져 있지 않은 경우가 많다는 것입니다. 또, 모든 애플리케이션의 기대동작이 동일할 필요도 없어서 내부의 방침에 따라 결과가 언제든지 달라질 수 있습니다. 테스트 시나리오 작성 예시를 통해 기업 내부의 정책에 따라 애플리케이션에 요구되는 동작의 결과가 어떤 차이를 보이는지 확인해보겠습니다.

애플리케이션 사용 중 통화를 한 다음 애플리케이션으로 복귀했을 때 내부 정책이 존재하지 않을 경우 일반적인 기능 테스트의 기대 결과 수준을 예측하여 테스트 케이스를 작성합니다.

사전 조건+정책X	수행 절차	기대 결과
모바일 애플리케이션 사용 중 전화 수신.	수신 종료 후 애플리케이션 복귀	이전 진행 중이던 화면으로 복귀되고 애플리케이션 사용에 문제가 없는지 확인한다.

테스트 시나리오 작성 예시

이 예시에서 다룬 인터럽트에 따른 예상되는 애플리케이션의 동작 조건에 정책을 적용해보겠습니다. 적용된 내부 정책은 '애플리케이션을 이탈한 시간 5분 이상인 경우 자동 재시작한다 (유저 데이터는 사용 전 상태를 유지한다).'로 가정하겠습니다.

사전 조건+정책O	수행 절차	기대 결과 1
모바일 애플리케이션 사용 중 전화 수신 + **이탈 시간 5분 내**	전화 수신 종료 후 애플리케이션 복귀	수신 종료 후 애플리케이션으로 복귀되고 진행 중이던 화면에 접속된다. 애플리케이션 사용 및 사운드 출력에 문제가 발생하지 않는다.
모바일 애플리케이션 사용 중 전화 수신 + **이탈 시간 5분 이상**		**기대 결과 2**
		수신 종료 후 애플리케이션으로 복귀되고 **자동 재시동하여 초기 화면으로 접속**된다. 유저 데이터는 이탈 전 상태를 유지하고 있다. 이후 애플리케이션 사용 및 사운드 출력에 문제가 발생하지 않는다.

애플리케이션 동작에 적용한 정책

이처럼 내부 정책 또는 기능 요구 사항에 따라 기대 결과가 달라질 수 있습니다. 따라서 테스트 시나리오 작성 시 정의된 인터럽트에 따른 기대 동작이 있을 경우 애플리케이션이 이를 만족하는지 조건별로 확인하도록 설계하는 것이 중요합니다.

내부 정책이나 요구 사항이 별도로 존재하지 않는다면, 애플리케이션 기능 동작에 집중하여 테스트를 수행하거나(예: 인터럽트 조작이 없을 때와 동일하게 기능이 작동해야 함) 테스트 담당자의 경험상 정책이 필요하다 판단될 때 유사 서비스를 조사하고 참고하여 정책을 마련할 수 있도록 관련자에 의견을 공유합니다.

살펴본 예시 외 추가로 다른 인터럽트 유형을 적용하여 시나리오를 작성해보겠습니다. 작성된 테스트 시나리오를 참고하여 실무에 활용해보기 바랍니다.

디바이스를 외부 환경과 연결 또는 해제

모바일 애플리케이션 사용 중 USB 케이블로 PC 등 외부 환경과 디바이스를 연결하거나 해제할 때 애플리케이션의 동작을 확인합니다.

사전 조건	수행 절차	기대 결과
모바일 애플리케이션 사용 중 + 외부 환경과 연결되지 않은 상태	USB 케이블을 사용하여 디바이스를 PC에 연결한다.	디바이스를 PC에 연결 시 디바이스 자체의 연동 알림이 발생한다. 이 알림이 사용중인 애플리케이션의 기능 동작과 사운드를 방해하거나 충돌을 일으키지 않는지 확인한다.

외부 환경과 디바이스를 연결 또는 해제

이 유형 또는 이와 유사한 유형(예: 블루투스 연결/해제, 진동 무음 모드 ON/OFF 등)에서 발생될 수 있는 이슈는 외부 환경과의 연결 또는 해제 시 애플리케이션의 작동이 멈추거나 강제 종료되는 현상이 발생할 수 있습니다. 또, 사운드가 계속 출력되거나 반대로 출력되지 않고 멈추는 이상 현상이 발생할 수 있습니다.

배터리 부족

이 예시의 주요 확인 범위는 인터럽트로 인한 데이터 손실 발생 확인을 목적으로 합니다. 애플리케이션 사용 중 방전으로 인해 디바이스가 종료되는 경우 애플리케이션의 동작과 유저 데이터의 유지 여부를 확인합니다.

사전 조건	수행 절차	기대 결과
배터리 잔량 1% 상태	쇼핑 애플리케이션에서 구매할 상품을 장바구니에 저장한 상태에서 배터리가 방전되며 디바이스 전원이 꺼짐 → 충전 후 애플리케이션에 재접속한다.	장바구니에 저장한 목록이 삭제되지 않고 유지되어 있는지 확인한다.

배터리 부족

애플리케이션에서 유저 데이터를 저장하는 시점에 맞물려 의도하지 않게 종료되는 상황이 발생되는 경우를 대비한 로직이 설계되어 있는지 확인할 수 있는 케이스입니다. 이 유형의 테스트를 통해 서버로 데이터 전송 및 저장하기 전 데이터 손실이 발생하지 않도록 캐시나 클라이언트 저장 공간에 파일을 임시로 저장하는 구조가 설계될 수 있도록 의견을 제시합니다.

디바이스 자체 기능 조작

애플리케이션 이용 중 디바이스 홈 키를 눌러 애플리케이션을 백그라운드로 위치한 후 재시동 조건에 따른 애플리케이션의 동작과 뒤로가기 버튼을 사용하는 경우를 확인합니다. 재시동에 대한 내부 정책은 '애플리케이션 미사용 시간 3분 이상인 경우 자동 재시동'으로 적용된 상태로 가정하겠습니다.

사전 조건	수행 절차	기대 결과
애플리케이션 미사용 시간 3분 내	디바이스의 홈 키를 클릭하여 애플리케이션을 백그라운드로 위치시킨다.	애플리케이션을 포그라운드로 복귀 시 진행 중이던 화면으로 접속된다. 이 외 기능 동작에 문제가 발생하지 않는지 확인한다.
애플리케이션 미사용 시간 3분 이상		애플리케이션을 포그라운드로 복귀 시 자동 재시동되어 초기 화면으로 접속된다. 유저 데이터는 이탈 전 상태로 유지되어 있다.
뒤로 가기 버튼 1회/3회 클릭	디바이스의 뒤로 가기 버튼을 클릭한다.	뒤로 가기 1회 클릭 시 현재 위치한 화면에서 이전 화면으로 이동되고, 3회 클릭 시 애플리케이션을 종료할지 묻는 팝업이 노출된다. 답변 선택 시 애플리케이션이 종료 처리된다. 이후 재접속 시 종료 전 상태로 데이터가 유지되어 있는 것이 확인된다.

디바이스 자체 기능 조작

알림 발생

이 예시의 확인 범위는 다른 애플리케이션 또는 외부 환경에서 제공하는 기능으로 인한 인터럽트 영향을 확인하는 것입니다. 애플리케이션 이용 중 타사 애플리케이션에서 발송한 푸시, 알람이나 국가 위기 경보, 에어드랍, 디바이스에서 발송하는 시스템 알람이 발생한 경우 애플리케이션의 반응을 확인합니다.

사전 조건	수행 절차	기대 결과
모바일 게임의 실시간 대전 플레이 중	타사 애플리케이션에서 발송된 푸시가 수신된다.	푸시로 인해 진행 중인 게임이 중단되지 않고 계속 이용 가능한지 확인한다.

알림 발생

푸시나 알림 등 갑작스러운 간섭으로 게임이나 영상, 음악이 중단되거나 애플리케이션과의 충돌로 비정상 종료가 발생할 수 있습니다. 외부 자극에 쉽게 영향을 받는 애플리케이션은 안정성을 보장하지 않습니다. 안정성이 보장되지 않는 제품의 유저는 이탈할 가능성이 높습니다. 인터럽트 테스트를 통해 잠재된 문제를 확인하고 품질을 보장합니다.

다중 디스플레이

갤럭시 Z 플립 또는 폴드와 같이 디스플레이가 2개 이상인 디바이스에서 각각의 디스플레이를 독립적으로 사용하거나 디스플레이 간 화면 이동 기능을 사용할 경우 애플리케이션의 반응을 확인합니다.

사전 조건	수행 절차	기대 결과
갤럭시 Z 플립 또는 갤럭시 폴드 디바이스 + 메인/커버 디스플레이 모두 사용 중인 상태	메인 디스플레이에서 모바일 애플리케이션 사용 중 폴더를 접는다.	애플리케이션이 커버 디스플레이에 노출되고, 이전에 이용 중이던 기능이 이어서 사용된다. 커버 디스플레이에서도 기능 작동 및 UI 화면 노출에 문제가 발생하지 않는지 확인한다.

다중 디스플레이

시중에 다양한 종류의 디바이스가 출시되고 고객은 개인이 선택한 디바이스에서 이용을 원하는 애플리케이션의 기능을 어떤 방해나 거부없이 사용하기 원합니다. 빠르게 발전하는 시장과 고객의 요구 사항을 만족하기 위해 품질 검증도 발빠르게 대응해야 합니다. 예상치 못한 디바이스의 기능에서 애플리케이션이 요구된 기능을 효율적으로 수행하는지 확인이 필요합니다.

예시 시나리오를 통해 살펴본 바와 같이 인터럽트 테스트 수행을 위한 기대 동작은 기능 요구 사항에 따라 그리고 테스트하는 애플리케이션의 유형에 따라 달라질 수 있습니다. 이 책을 참고해 테스트할 제품의 상황에 맞게 자신만의 시나리오와 품질 기준을 적용해보기 바랍니다.

4.4 어뷰징 테스트

어뷰징^Abusing은 자신의 이익을 위해 불법 프로그램을 사용하거나 시스템의 허점을 이용해서 정당하지 않은 방법으로 부당한 이득을 취하는 것(악의적 행위)과 도덕적으로 옳지 않은 행동을 의도적으로 악용하는 행위(학대적 행위)를 말합니다. **어뷰징 테스트**^Abusing Test는 기존 사례, 데이터, 내부 취약점 등의 분석으로 발생할 수 있는 문제들을 예측하고 어뷰징 상황을 의도적으로 조작 및 간섭하여 실제 어뷰징이 가능한지 확인하기 위한 목적을 가진 비기능 테스트로, 주로 게임에서 많이 사용하는 테스트 활동입니다.

> ## '中 응원' 사태로 촉발된 '어뷰징'...게임업계는 전쟁 중
>
> ---
>
> **3줄 요약**
> 다음 '중국 응원' 사태로 촉발된 '어뷰징' 근절 논의
> 한덕수 국무총리 지시로 범정부 태스크포스까지 출범
> 어뷰징 행위로 몸살 앓아온 게임업계는 'AI 기술로 방비
>
> [아시아타임즈=이영재 기자] 포털사이트 '다음'에서 벌어진 '중국 응원' 사건, 이른바 '어뷰징' 사태 여파가 일파만파 확산하는 가운데 게임업계도 이와 유사한 형태의 어뷰징으로 몸살을 앓고 있다.

실제 발생한 어뷰징 뉴스 (출처: asiatime.co.kr/article/20231005500276)

실제 발생한 어뷰징 사례를 살펴보면 프로그램을 직접적으로 변경 또는 훼손하거나 기업 또는 유저에게 금전적 피해를 주거나, 학대 등 행위로 도덕성을 파괴하는 등 이슈의 여파가 제품의 경제 사회적 영향, 만족도, 공정성 등에 큰 영향을 미치는 것을 확인할 수 있습니다.

언론이나 커뮤니티를 통해 어뷰징이 발생하는 사례와 위험성은 자주 화두였으나 지금까지도 어뷰징 테스트는 게임 업계에서 주로 사용했습니다. 앞으로 살펴볼 어뷰징 행위와 유형, 발생했던 사례들을 보면 알 수 있듯이 어뷰징은 모든 도메인에서 시도할 수 있습니다. 여러분이 관리하는 도메인에서 발생할 수 있는 어뷰징 행위를 책을 통해 간접적으로 경험할 수 있기 바랍니다. 그래서 지금까지 진행하지 못했던 테스트를 시도해보는 계기로 삼고 활동 범위를 넓혀 나간다면 더 넓은 범위에서 더 많은 품질을 확보할 수 있을 것입니다.

어부징 행위의 종류

대표적이고 가장 흔한 어부징 행위로는 핵, 매크로, 해킹 프로그램을 사용하거나 프로그램을 직접 만들어 제품의 데이터나 프로그램을 변경, 훼손, 위조하거나 클라이언트 파일을 분해하여 부당한 이득을 챙기는 행위가 있습니다. 또한 이렇게 만든 프로그램을 배포하는 행위도 어부징의 범주에 포함됩니다.

또 다른 어부징 행위에는 제품 내 버그를 이용해 비정상적인 방법으로 보상, 아이템, 점수 등을 챙기는 행위와 버그가 수정될 때까지 이를 악용하는 것입니다. 그리고 타인의 계정을 도용하거나 부계정을 사용하여 다중 계정 조작으로 부당한 이익을 챙기는 행위도 포함됩니다. 게임에서 발생하는 대표적인 어부징은 **리세마라** Reset(리셋) + Marathon(마라톤)와 불법적인 방법 또는 비정상적인 플레이로 승부를 조작하여 이득을 획득하는 행위를 어부징의 일종으로 볼 수 있습니다.

채팅이나 AI를 활용한 서비스에서는 사용이 금지된 단어를 지속적으로 주입하여 프로그램이 이를 학습하게 하고 악의적인 의도를 가지고 활용하거나 프로그램을 훼손하는 행위를 어부징으로 볼 수 있습니다.

> **🔍 용어 사전 리세마라**
>
> Reset(리셋) + Marathon(마라톤)의 합성어로, 게임의 캐릭터 뽑기와 같은 기능에서 원하는 결과가 나올 때까지 애플리케이션 설치와 삭제를 반복하거나 계정을 반복 생성 등의 행위를 가리킵니다.

도메인별 어부징 유형 및 이슈 사례

메신저, 게임, AI 등 대화 또는 **채팅 기능이 있는 모든 도메인**에서 발생할 수 있는 어부징 유형은 이루다와 챗GPT 사례로 이미 접한 적이 있습니다. 대표적으로 대화를 이끄는 AI에게 선정적이고 공격적이고 편향적이고 학대 의도를 가진 채팅을 유도하여 데이터나 프로그램을 훼손하는 것입니다. 이처럼 프로그램을 훼손하지 않더라도 채팅을 통한 불법 사이트 홍보나 음란물이나 피싱 프로그램 발송을 위해 짧은 시간 동안 많은 친구를 추가하고 채팅방을 생성하여 불법적인 방법으로 이익을 챙기는 행위도 발생합니다. 또, 이렇게 생성된 채팅방을 통해 개인정보를 추출하고 거래하는 행위도 어부징에 해당됩니다.

회원가입 기능이 있는 도메인에서 발생하는 사례로 불법 프로그램을 사용하여 대량으로 회원에 가입하고 서비스를 부정 이용하는 것입니다. 블로그나 카페의 회원 수, 댓글 조작(예: 드루킹 사건), 쿠폰·혜택·티켓 부정 취득, 리세마라 이용 등이 속합니다. 그리고 회원정보 유출을 목적으로 불법 사이트를 만들어 음원파일을 무료로 배급하거나 불법 동영상 무료 이용 등의 미끼로 회원 가입을 유도하는 행위가 있습니다.

회원가입에서 더 나아가 **계정을 대상**으로 한 어뷰징 행위도 살펴보겠습니다. 불법 광고나 서비스 조작을 위해 다른 이의 계정을 불법 탈취하거나 도용하는 행위, 블로그·SNS 광고를 위해 계정을 불법 거래 또는 매매하는 행위, 계정 인증 없이 블록체인을 통한 가입이 가능한 경우 이를 부정 이용하여 중복계정을 생성하고 보상·혜택 등 이득을 취득하는 행위가 발생할 수 있습니다.

검색 도메인과 음악, 동영상 공유 플랫폼에서 발생하는 대표적인 유형으로 트래픽 어뷰징이 있습니다. 실시간 검색에서 검색 결과 상위 노출을 위해 트래픽 량을 증가시키는 행위, 동영상 플랫폼이나 소셜 네트워크의 조회수·좋아요·구독 수 조작, 특정 음원을 수천 회 재생하여 음원 차트를 조작하거나 음반 판매량을 조작하는 행위가 해당됩니다.

게임에서 발생하는 어뷰징에는 핵, 매크로와 같은 불법 프로그램을 사용하여 데이터나 승부를 조작하거나 네트워크를 의도적으로 조작하여 보상·재화 등 부당한 이득을 편취합니다. 또 다른 사람의 계정을 대신 플레이해서 등급을 올려주거나(일명 대리랭) 고의로 패작하는 행위가 있습니다.

이커머스에서는 결제 시 환율이 낮은 국가 IP로 우회해서 저렴한 금액으로 상품을 구입하거나 상품 결제 후 배송 상태로 변경되는 순간 주문을 취소하여 환불 및 상품만 무료로 편취하는 행위, 결제 초기화·경계 시간대에 횟수 제한 상품을 무제한 구매하는 등 시스템 취약점이나 버그를 이용하는 사례가 발생합니다.

지금까지 어뷰징 행위의 종류와 도메인별 어뷰징 유형, 이슈 사례를 살펴보았습니다. 어뷰징의 종류와 사례를 기반으로 어뷰징 이슈에 대응하기 위해 소프트웨어 테스팅에서 활용할 수 있는 역할 범위와 테스트 범위를 구체적으로 살펴보겠습니다.

어뷰징 테스트의 범위와 테스터의 역할

대부분 회사는 어뷰징을 차단하거나 단절하기 위해 마케팅, 보안 등 특정 부서에서 관리 프로그램을 활용하거나 데이터를 분석하여 어뷰징을 대응하고 있습니다. 하지만 어뷰징을 대응할 부서가 없는 경우나 특정 팀은 있지만 어떤 유형의 어뷰징이 발생할 수 있을지 예측이 어려운 경우, 어뷰징 이슈에 대한 위험도 및 대응을 위한 방안이 필요하다 판단되는 경우 그리고 어뷰징이 발생할 수 있는 시스템상 오류를 확인해야 하는 경우 등의 다양한 상황에서 테스터가 할 수 있는 역할과 테스트 범위는 무엇이 있을지 지금부터 하나씩 알아보겠습니다.

1. 데이터 활용

마케팅, 사업, 개발 부서에서 데이터를 활용한 어뷰징 패턴을 분석하고 분석된 데이터와 어뷰징 사례를 활용하여 이를 감지하기 위한 로그를 설계합니다. 테스트 담당자는 실제 라이브에서 발생한 또는 발생할 수 있는 어뷰징 데이터를 취합하고 관리합니다. 이후 설계한 로그와 취합된 어뷰징 데이터를 기반으로 테스트 시나리오를 설계하고 테스트를 수행합니다. 로그가 라이브에 적용된 후에는 보안 부서에서 로그의 지표 분석을 통한 시스템 탐지를 적용하고 탐지 대상을 선정하여 대상자를 추출합니다. 이때 테스트 담당자는 테스트 기간 중 예상하지 못한 새로운 어뷰징 행위에 대한 사례와 데이터를 취합하고 관리합니다.

2. 시스템 취약점 검증

테스트 담당자는 개발 구현 전 기획서, 개발 설계서, 아키텍처 구조 등 문서상 존재하는 취약점을 검증하고 어뷰징 유형, 이슈사례 예시, 실제 발생한 어뷰징 데이터를 활용하여 어뷰징 요소가 될 가능성이 있는 범위를 선정합니다. 개발 기간 동안 보안 부서에서는 개발 로직상 취약점이 존재하지 않는지 검증하고 개발이 완료된 후 테스트 담당자는 실제 구현된 결과물에서 기능상 취약점과 클라이언트 파일 분해 및 변조 가능 여부를 확인합니다. 라이브에 배포된 이후에도 관련 커뮤니티에서 분해된 파일 또는 APK가 공유 또는 거래되는지 확인하여 어뷰징 행위를 차단하는 역할을 수행합니다.

3. 불법 프로그램 감지

캡차(사람과 컴퓨터를 구별하기 위한 자동 계정 생성 방지 기술), 머신 러닝 등 매크로나 핵, 해킹과 같은 불법 프로그램을 통한 메모리 변조, 패킷 변조 등의 프로그램 사용을 감지하는 역할은 보안과 개발 부서에서 관련 프로그램을 사용하여 역할을 수행합니다. 테스트 담당자는 매크로, 핵, 해킹 프로그램을 직접 사용해서 서버나 클라이언트에서 감지하는 활동이 제대로 수행되는지 확인하고, 관련 커뮤니티나 다크 웹에서 불법 프로그램이 배포 또는 거래되는지 확인하는 역할을 수행합니다.

4. 우회 감지 검증

보안 부서에서 웹 프록시 사이트 또는 VPN을 활용한 특정 IP구간이나 우회 접속, 일회용 전화번호 사용을 감지할 때 테스트 담당자는 이를 직접 활용하여 실제 접속이 불가한 IP에서 접속이 가능한지 확인합니다. 또 IP 우회나 일회용 전화번호로 다중 계정 생성이 가능한지, 블랙리스트 처리된 IP나 ID로 우회 접근 시도 시 블로킹 되는지, 해당 계정이 작성한 댓글이나 공감 등의 행위가 무효화 처리되는지, 환율이 낮은 국가로 우회 접속하여 인앱 상품 구매가 가능한지 엔드 투 엔드 테스트를 통해 감지 활동이 정상적으로 이뤄지고 있는지 검증합니다.

소프트웨어 테스팅에서 활용할 수 있는 역할과 테스트 범위를 4가지로 살펴보았습니다. 생각보다 테스트 담당자가 할 수 있는 역할과 검증 범위가 넓고 다양하다는 것을 확인할 수 있습니다. 그럼 살펴본 테스트 범위를 기반으로 실무에서 활용할 수 있는 테스트 시나리오를 설계해 보겠습니다.

테스트 시나리오 작성 방법

앞서 살펴본 사례를 활용하여 테스트 시나리오를 작성하겠습니다. 인터럽트 테스트에서와 같이 어뷰징 테스트 케이스 작성에도 내부의 정책과 어뷰징 차단을 위해 개발자의 대응 설계 방식에 대한 구체적인 설계서가 필요합니다. 어뷰징 테스트를 계획하고 있다면 테스트 준비에 앞서 사업, 보안, 마케팅, 개발 등 관련자와 사전 미팅을 통해 대응책을 마련하고 테스트 조건에 대한 정확한 기능 요구 사항을 수립한 후 테스트 케이스를 설계합니다.

AI챗봇 어뷰징

AI챗봇에서 사용이 금지된 금칙어를 사용할 경우 프로그램의 동작과 정책 적용을 확인합니다. 적용된 정책의 내용은 '사용이 금지된 단어나 금칙어 사용 시 채팅창에 해당 단어가 노출되지 않도록 별표(*) 처리하고 금지 단어를 3번 이상 사용하는 계정은 기능 접근을 제한한다.'로 가정하겠습니다.

사전 조건	수행 절차	기대 결과
금칙어 정책이 적용된 상태 + 금지 단어 3회 이상 사용	자살, 성희롱, 욕설, 등 사용이 금지된 악의적이고 가학적인 단어를 3회 이상 작성한다.	금칙어 사용 시 채팅창에 단어가 별표로 표시되고 해당 계정은 차단되어 이후 채팅을 이용할 수 없는 것이 확인된다. 추가로 금칙어로 채팅 데이터가 변조되거나 채팅이 불가한 현상 등 오류가 발생하지 않는다.

AI챗봇 어뷰징 테스트 시나리오

매크로 사용

매크로, 핵, 캡차 등 불법 프로그램을 사용하여 애플리케이션 조작이나 부당 이득 취득이 가능한지 확인합니다. 참고로 어뷰징 차단을 위해 IP 우회, 불법 프로그램, 일회용 전화번호 사용을 차단하고 감지하는 로직이 적용된 상태입니다.

사전 조건	수행 절차	기대 결과
티켓 1회 구매 완료	매크로를 사용하여 대량의 콘서트 티켓 구매를 시도한다.	매크로 차단으로 1계정 당 1건 이상 티켓 구매가 불가능하다.

매크로 사용

시스템 버그 이용

모바일 게임에서 발생하는 데이터 손실 버그를 이용하여 어뷰징 시도가 가능한지 확인합니다. 발견한 버그 내용은 소모성 아이템으로 이용할 수 있는 콘텐츠에서 애플리케이션을 삭제하고 재설치를 진행할 경우 아이템이 충전되는 이슈가 존재합니다.

사전 조건	수행 절차	기대 결과
콘텐츠 입장을 위한 소모성 아이템을 소진한 상태	애플리케이션을 삭제하고 재 설치한 후 콘텐츠 입장을 시도한다.	애플리케이션 삭제 후 재설치 시 아이템이 초기값으로 돌아오지 않고 마지막 데이터를 유지하는지 확인한다.

시스템 버그 이용

품질 관리자로서 어뷰징 이슈의 심각성을 깨닫고 테스트를 수행하더라도 기대하는 만큼 드라마틱한 결과를 얻지 못할 수 있고 이슈 대응의 필요성을 제시하는 의견이 무시될 수 있습니다.

루트비히 요제프 Ludwig Josef Johann Wittgenstein는 "어떤 돌이 전혀 움직이지 않고, 도저히 손을 쓸 방도가 없다면 먼저 주변의 돌부터 움직여라."라는 말을 남겼습니다. 회사와 조직을 상대로 큰 변화를 이끌어 낼 방도가 없다면 어뷰징으로 발생하는 이슈 사례들과 데이터를 확보하고 분석하고 공유해서 조직이 이슈의 위험성을 인지하고 대응할 수 있도록 지속적으로 권고해야 합니다. 이를 시작으로 우리가 할 수 있는 주변의 작은 돌부터 옮겨 보는 시도가 품질 향상을 위한 좋은 변화의 시작이 될 것입니다.

4.5 데이터 품질 테스트

데이터란 컴퓨터가 처리할 수 있는 변수Variable, 문자, 숫자, 영상 등의 형태로 된 자료로 연구나 실험, 조사로 얻은 사실을 나타내는 수치로, 의미를 갖지 않은 원소의 상태를 의미합니다. 데이터 그 자체는 실용적인 가치가 없습니다. 소프트웨어에서 규정하는 형태와 규칙으로 데이터를 구조화하여 수집하고, 수집된 데이터는 가공 및 분석 과정을 거치며, 분석된 결과를 이용해 조사 대상의 목적과 주제에 대한 이론을 세우는 기초로 사용할 수 있고 유용한 정보를 얻을 수 있습니다.

성격유형검사(MBTI)를 예로 들면, 검사 질문지의 각 답변은 데이터의 자료가 됩니다. 수십 개의 자료는 그 자체가 정보가 될 수 없습니다. 의미 있는 정보를 얻기 위해 해당 자료를 처리하고 분석하여 'INTP는 호기심이 많고, ESFP는 분위기 메이커'와 같은 정보를 도출해낼 수 있습니다.

수집된 데이터가 얼마나 실용적이며 가치가 있을지는 데이터 자체의 질과 자료의 분석 방법 그리고 데이터 분석 전문가의 실력에 따라 결과가 달라질 수 있습니다.

IT업계에서 데이터를 수집하고 분석하는 목적은 각 회사에서 어떤 용도로 데이터를 활용할 것인지 주제에 따라 다를 수 있습니다. 그렇지만 일반적으로 유저 또는 집단의 특성과 유형, 행동을 분석하여 마케팅, 사업, 기술 등에서 유용한 인사이트를 얻기 위한 용도로 사용하기 위한 것이 목적입니다. 그리고 분석된 자료를 통한 행동의 인과관계를 확인함으로써 발생한 현상의 원인을 규명하기 위한 목적도 있습니다. 마지막으로는 분석 정보를 바탕으로 앞으로 발생할 수 있는 미래를 예측하여 합리적인 의사결정을 하기 위함입니다.

데이터 이해

데이터 요소^{Data Element}란, 논리적 데이터의 가장 작은 단위로서 데이터 집합을 구성하는 각각의 세부 항목을 의미합니다. 예를 들어 유저 정보라는 데이터 집합에는 사람의 나이, 이름, 성별, 주소, 전화번호와 같은 세부 항목이 존재합니다. 유저 정보라는 문맥 중에서 더 이상 나눌 수 없는 한 단위의 데이터 즉, 각각의 세부 항목이 데이터의 요소가 됩니다.

데이터 형태는 **정형 데이터**^{Structured Data}, **반정형 데이터**^{Semi-Structured Data}, **비정형 데이터**^{Unstructured Data}로 분류됩니다. 정형 데이터는 정해진 구조에 따라 저장된 데이터로, 데이터베이스의 열과 행으로 표시되는 테이블의 규칙에 맞게 데이터를 저장합니다. 테이블로 생성된 데이터를 저장하는 장소와 **데이터베이스 스키마**^{Database Schema}가 분리되어 있다는 특성이 있습니다.

	A	B	C	D	E
1	Connect Date	User ID	Nickname	Server	IP Address
2	2023-01-23	ABCD1234	STUDYSQL	1	12.34.56.78
3	2023-08-10	JAMES007	BRAVEMAN	2	22.345.564.89

정형 데이터의 예

💡용어 사전 **데이터베이스 스키마**^{Database Schema}

데이터베이스에서 자료의 구조, 자료의 표현 방법, 자료 간의 관계를 형식 언어로 정의한 구조입니다. 데이터베이스 관리 시스템이 주어진 설정에 따라 데이터베이스 스키마를 생성하며, 데이터베이스 유저가 자료를 저장, 조회, 삭제, 변경할 때 데이터베이스 관리 시스템은 자신이 생성한 데이터베이스 스키마를 참조하여 명령을 수행합니다.

반정형 데이터는 절반의 정형 구조를 가진 데이터로, 정형 데이터와 같이 테이블 형태로 구조화되어 있지 않으나 스키마 및 메타 데이터의 특성을 함께 가지고 있습니다. 데이터 정보를 파악하는 파싱 과정이 필요하고 HTML, XML, JSON 파일 형태로 저장됩니다.

```
<html>
▶ <head> ⋯ </head>
⋯ ▼ <body> == $0
    ▶ <div id="app"> ⋯ </div>
    ▶ <script> ⋯ </script>
      <script src="/skins/senkawa/manifest.8e297a7….js" defer></script>
      <script src="/skins/senkawa/vendor.e58dd08….js" defer></script>
      <script src="/skins/senkawa/main.1000def….js" defer></script>
    ▶ <iframe src="https://76b7078….safeframe.googlesyndication.com/safeframe/1-0-4
      0/html/container.html" style="visibility: hidden; display: none;"> ⋯ </iframe>
      ad
    ▶ <style> ⋯ </style>
    ▶ <iframe src="https://www.google.com/recaptcha/api2/aframe" width="0" height=
      "0" style="display: none;"> ⋯ </iframe>  ad
  </body>
</html>
```

반정형 데이터 HTML

비정형 데이터는 정의된 구조나 규칙, 데이터 모델 없이 저장된 데이터로 값의 의미를 파악하기 힘든 데이터를 말합니다. 정형 데이터의 테이블 형태의 스키마가 없는 데이터베이스로 비디오, 이미지, 오디오, 텍스트가 많은 문장 또는 글, 워드 등 문서와 같은 데이터가 포함됩니다.

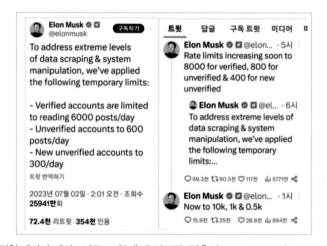

비정형 데이터 예시: X (구, 트위터)에 작성된 글(출처 :twitter.com/elonmusk)

데이터 유형은 데이터 분석 활동에 필요한 정보로, 데이터 테스트의 검증 범위에 해당되지 않아 유형의 종류와 개념만 이해할 수 있는 수준으로 내용을 소개합니다. 데이터 유형의 종류에는 **정량적 데이터**와 **정성적 데이터**로 분류됩니다. 정량적 데이터는 숫자로 표현되는 객관적 측정이 가능한 데이터로 **연속형 데이터**와 **이산형 데이터**로 구분됩니다.

연속형 데이터	수치적 의미를 가지고 소수점 단위까지 표현이 가능한 측정할 수 있는 데이터다. 길이의 단위인 m, cm, mm를 예시로 들 수 있다.
이산형 데이터	셀 수 있는 형태의 값으로, 속성이나 그룹을 셀 수 있는 데이터다. 소수점이 아닌 정수로 표현된다. 인원 수, 판매된 물품 수를 예시로 설명할 수 있다.

정량적 데이터의 분류

정성적 데이터는 숫자로 측정할 수 없는 범주의 데이터(예: 설명, 특징)로 이항 데이터, 명목형 데이터, 순서형 데이터로 의미를 나눌 수 있습니다.

이항 데이터	0과 1의 상태만을 가지는 데이터로 예/아니요, 넓음과 좁음, 참과 거짓을 예시로 들 수 있다.
명목형 데이터	카테고리로 분류되지만 순서 관계가 없는 데이터로 혈액형, 성별, 색상이 해당된다.
순서형 데이터	카테고리와 순서로 분류되는 데이터이며 대/중/소, 학점(A, B, C)을 예시로 설명할 수 있다.

정성적 데이터의 분류

데이터 활용

IT업계에서의 데이터는 '4차 산업 혁명시대의 석유(원유)'라고 불릴 만큼 그 가치가 높은 미래 자원으로 인정받고 있습니다. 석유는 정제를 거쳐 휘발유, 경유 등 다양한 용도로 분류될 수 있고 유용성으로 인해 여러 산업에서 기초 원료로 사용됩니다.

데이터도 이와 같습니다. IT기술의 발전으로 대용량의 데이터를 축적 및 가공·분석 처리하게 되었고 빅데이터, 인공지능AI, 사물인터넷[IoT], BI[Business Intelligence] 등에서 다양하게 활용되고 있습니다. 데이터의 사용으로 새로운 기술 및 제품 개발, 다양한 분야로의 발전, 해결이 필요한 문제에 대한 솔루션 제공, 효율적인 업무 전략 수립이 가능하게 되었습니다. IT업계에서 데이터를 활용하여 창출해 내고 있는 가치를 몇 가지 살펴보면 다음과 같습니다.

빅데이터로 창출하는 가치

- 고객의 나이와 성별, 관심을 분석하여 연관 상품을 추천함으로써 고객의 제품 이용 시간을 단축하고 쇼핑 경험을 개선할 수 있다.
- 고객 만족도를 분석하여 신제품의 개발 방향을 정하거나 출시 시기를 예측할 수 있다.

- 유전학의 DNA 분석 데이터를 바탕으로 병의 발병 가능성과 위험도를 예측할 수 있다.
- 수집된 CCTV 데이터로 객체의 행동을 분석하여 범죄자의 다음 행동을 예측하고 범죄를 예방할 수 있다.
- 내비게이션 애플리케이션 이용자들의 이동 경로와 속도 데이터를 분석하여 막히는 길과 소요 시간을 예측할 수 있다.
- 모바일 게임의 다운로드, 구매건수 요인, 유저의 게임 행동 등의 데이터를 분석하여 유저의 취향과 성향에 맞춤화 된 콘텐츠를 제공하고 매출을 견인할 수 있는 게임 상품을 개발하며 유저의 이탈이 발생하는 원인을 분석하여 솔루션을 제공할 수 있다.

인공지능으로 창출하는 가치

- 유저의 패턴과 실력을 학습하여 게임 진행과 결말을 유저 맞춤형으로 환경을 제공할 수 있다.
- 유저를 대신하여 AI가 게임 내 캐릭터를 움직이고 안내 기능을 수행할 수 있다.
- 얼굴 인식을 통한 휴대전화 잠금 해제, 로그인 또는 송금 시 2차 인증 확인과 같은 보안 프로그램에 사용할 수 있다.
- 영상 인식 AI로 치료 과정의 이미지를 분석하여 병력을 빠르게 진단할 수 있다.
- AI 이미지 검색으로 결과물을 빠르게 찾을 수 있는 기능을 제공한다.
- 고객 문의 자동 답변과 같은 기능으로 휴먼 오류를 줄이고 많은 정보를 빠르게 제공하며 광범위한 작업을 수행할 수 있다.

데이터 품질 관리의 필요성

소프트웨어 품질 검증 범위에 데이터가 포함된 역사는 그리 길지 않습니다. 빅데이터가 본격적으로 활용되던 시기 이전의 데이터 테스트는 검증 대상에 대한 변수, 문자, 숫자의 형태로 된 자료들이 규칙에 따라 데이터베이스에 잘 저장되는지, 수집된 데이터상 잘못된 정보가 포함되지 않았는지 확인하는 수준이었고 데이터 자체의 정합성이나 가공 후 분석된 정보의 오류는 데이터 전문 분석가에 의해 품질이 검증되었습니다.

4차 산업 혁명이 시작되고 빅데이터와 AI가 본격적으로 업계에 등장하고 활용됨으로써 데이터 품질 검증의 중요성과 필요성이 커짐으로 인해 테스팅 업계에서도 데이터 품질 테스트를 도입하고 전문성을 갖추기 위해 다양한 연구를 시도하고 있습니다.

데이터 품질 인사이트(출처: infocleanse.com)

데이터 품질이란 '비즈니스에 적합하고 정확한 데이터를 적시에 안전하고 일관성 있게 제공함으로써 비즈니스 효율을 높이고 전략적 의사결정을 지원하는 정보 자산으로서의 가치(ISO 8000)'와 래리 P. 잉글리시[Larry P. English]의 말을 인용하여 "데이터를 활용하는 유저의 다양한 활용 목적이나 만족도를 지속적으로 충족시킬 수 있는 수준"으로 정의할 수 있습니다.

즉, 데이터가 의도한 목적에 따라 정확하게 기록 및 사용되고 최신의 데이터로 유지되고 향상되며 다양한 비즈니스 용도로 상호 연계가 가능하다면 좋은 데이터 품질을 갖추고 있다는 것을 의미합니다.

데이터의 품질을 관리하지 못해 품질 저하가 발생하면 이는 곧 정보의 품질 저하로 연결되고 이로 인한 매출의 감소와 비즈니스 전략, 의사 결정에 오류가 발생할 수 있습니다. 이런 상황이 발생하지 않도록 데이터의 품질을 확보하고 유지하려면 품질 목표 및 기준 설정, 검증 방법 도입 등 체계적인 품질 관리 활동이 필요합니다.

데이터 품질 테스트의 생명주기

데이터 품질 테스트의 생명주기는 테스트 프로세스와 마찬가지로 데이터 계획 및 구축 단계에서부터 검증과 관리 활동이 시작되어야 합니다. 주요 품질 이슈는 계획 단계에서부터 존재하며 운영 단계에서 이슈를 수정하고 개선하는 작업이 뒤늦게 이뤄질수록 불필요한 추가 비용, 시간, 인적 자원이 과도하게 발생합니다. 품질 관리의 효율성과 품질 확보를 위해 개발 생명주기 각 단계에 걸쳐 적용되는 검증 활동을 체계화하고 적용해야 합니다.

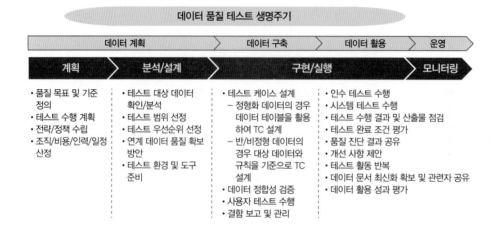

데이터 품질 테스트 생명주기

데이터 계획		데이터 구축	데이터 활용	운영
계획	분석/설계	구현/실행		모니터링

- 계획
  - 품질 목표 및 기준 정의
  - 테스트 수행 계획
  - 전략/정책 수립
  - 조직/비용/인력/일정 산정
- 분석/설계
  - 테스트 대상 데이터 확인/분석
  - 테스트 범위 선정
  - 테스트 우선순위 선정
  - 연계 데이터 품질 확보 방안
  - 테스트 환경 및 도구 준비
- 구현/실행
  - 테스트 케이스 설계
    - 정형화 데이터의 경우 데이터 테이블을 활용 하여 TC 설계
    - 반/비정형 데이터의 경우 대상 데이터와 규칙을 기준으로 TC 설계
  - 데이터 정합성 검증
  - 사용자 테스트 수행
  - 결함 보고 및 관리
- 모니터링
  - 인수 테스트 수행
  - 시스템 테스트 수행
  - 테스트 수행 결과 및 산출물 점검
  - 테스트 완료 조건 평가
  - 품질 진단 결과 공유
  - 개선 사항 제안
  - 테스트 활동 반복
  - 데이터 문서 최신화 확보 및 관련자 공유
  - 데이터 활용 성과 평가

데이터 품질 오류

데이터의 품질을 결정하는 3가지 요인은 데이터의 완전성, 정확성 그리고 일관성으로 결정됩니다.

데이터의 완전성	데이터를 저장하는 데이터베이스 구조 설계의 완전성(표준화, 모델링, 아키텍처)
데이터의 정확성	설계 및 규칙에 맞게 데이터 값이 저장
데이터의 일관성	데이터의 표준 준수, 비즈니스 활용성, 서비스/콘텐츠 내 사용성

데이터의 품질을 결정하는 3가지 요인

즉, 데이터의 품질 오류란 이 3가지 요인이 충족되지 않은 데이터를 뜻합니다. 대표적으로 **데이터베이스 설계 구조의 오류**, 부정확한 데이터나 중복 데이터와 같은 **데이터 값의 오류, 데이터베이스 표준 준수 오류**, 데이터 활용으로 인해 발생하는 서비스 또는 콘텐츠상의 기능과 UI 오류(접속지연, 부정확한 결과 도출 등), 시스템 또는 데이터간 연계의 어려움 등이 해당됩니다. 각 오류의 유형을 요인별로 정리하면 다음과 같습니다.

데이터 오류 유형	요류 내용
데이터베이스 설계 구조 오류	설계된 규칙을 위배하여 저장된 데이터
	데이터 모델 설계도와 실제 구현된 데이터 컬럼과 테이블간 구조의 불일치
	테이블 구조(컬럼명, 데이터 타입, 데이터 길이)의 중복성. 즉, 중복 테이블이나 컬럼이 사용되거나 중복 데이터를 사용하되 별도 규칙을 적용하지 않거나 정합성 검증이 수행되지 않은 경우
	데이터 구분을 위한 식별자가 정의되지 않은 테이블
	입력 데이터의 오류를 방지할 수 있는 검증 장치가 설계되지 않았거나, 운영 중인 데이터에 오류 발생 시 이를 감지하고 대응할 수 있는 알림 장치 및 프로세스가 설계되지 않음
	단형/비정형 데이터의 메타데이터를 관리하기 위한 설계가 되지 않아 해당 데이터의 활용이 어려움
데이터베이스 표준 준수 오류	데이터베이스 컬럼과 테이블 내 '데이터 타입, 길이, 소수점 길이, 컬럼명' 이 상이하거나 유효한 값의 범위를 벗어나는 오류
	컬럼명, 코드, 도메인, 용어 등이 명명 규칙이나 표준화를 따르지 않는 오류
데이터 값의 오류	데이터 컬럼과 테이블에 저장된 값이 유효하지 않거나 상이한 경우(예: 동일 상품의 실제 결제 금액과 정산 테이블에 저장된 값이 다름)
	금액, 번호, 소수점 등 단위의 혼재(예: A 컬럼에는 원화가 '₩'으로 사용, B 컬럼에선 '원'으로 사용)
	문자 또는 숫자 또는 문자와 숫자가 함께 저장되는 데이터의 값이 유효한 범위를 벗어나는 경우(예: YY/MM/DD 또는 YYMMDD로 값의 유형이 일관되게 저장되지 않음)
	규칙에 위배된 데이터 값의 저장(예: 전화번호가 저장되는 규칙이 11자리나 8자리 또는 12자리 값이 저장됨, 이름 입력란에 숫자/특수 문자 값이 저장됨, 날짜 시작 일시가 종료 일시보다 큰 값으로 입력이 가능함, 숫자, 문자 값이 입력되어야 하는 컬럼에 null이 입력)
	코드 테이블(공통 코드, 개별 코드)을 참조하는 컬럼이 코드 테이블에 정의하지 않은 코드 값을 저장
	컬럼 간 관계 규칙이 존재하는 경우 특정 컬럼의 논리적 일관성 오류(예: 혼인 여부 'Y'로 선택 시 결혼 기념일 컬럼에도 값이 반드시 입력되어야 하나 그렇지 않은 경우, 회원 테이블에 존재하지 않는 사람이 회원으로 등록된 경우)
인적, 정책적 오류	데이터 관리를 위한 규정, 규칙, 정책 등이 정의되어 있지 않음(예: 데이터 정합성, 문서 관리 규칙, 데이터 응답 시간 관리)
	업무 수행을 위한 규칙, 절차, 정의서가 마련되어 있지 않음(예: 인적 오류로 인해 발생하는 데이터 품질 불량, 부서간 의사 소통 부족, 부적절한 데이터 전략, 규정/규칙 개정, 프로그램의 변경, 담당자 교체 등 상황 발생에 대한 절차가 마련되어 있지 않음)
	오류나 장애 발생 시 대응을 위한 절차가 마련되어 있지 않음
	재해, 재난에 대비한 데이터베이스 관리 시스템이 마련되어 있지 않음

데이터 테스트 방법

데이터의 품질을 확보하고 유저에게 정확한 정보와 유용한 가치를 제공하기 위한 테스트 활동은 데이터 품질 수준 향상을 목표로 합니다. 데이터 테스트는 데이터가 계획되는 초기에 테스트 수행 계획을 세우고 데이터 활용에 맞게 품질 목표와 테스트 통과 기준을 정의합니다. 테스트 계획이 지연될 수록 데이터의 주요 품질 이슈를 초기에 해소하지 못하고 이슈를 수정하고 개선하는 작업이 늦어질수록 데이터를 안정화 하는 데 소요되는 시간과 비용이 늘어나게 됩니다. 활용성 있는 데이터가 되기 위해 테스트는 빨리 투입되고 테스트 대상 데이터를 분석하여 정확한 테스트 범위를 선정하며 테스트에 적합한 환경과 도구를 사용하여 데이터 테스트를 통한 효과를 거두어야 합니다.

데이터 테스트는 데이터가 정의된 규칙에 따라 표준화되고 저장되며 활용상 오류가 없는지 검증합니다. 검증된 결과는 분석을 통해 문제를 확인하고 파악된 문제의 원인을 바탕으로 개선방안을 도출하는 단계까지 진행합니다.

테스트 대상 선정

서비스나 제품에서 제공하는 전체 데이터를 테스트 대상으로 선정하는 것은 투입 비용, 업무 효율, 기대 효과 어느 측면에서도 바람직하지 못합니다. 품질 관리를 위한 중점 대상을 선정하고 해당 데이터를 대상으로 선택적이고 집중적인 품질 검증 활동으로 시스템의 전반적인 데이터 품질 수준을 향상하고 가시적인 성과를 도출하기 위한 전략이 필요합니다.

일반적으로 기업 내 데이터 테스트를 위한 대상은 사업, 마케팅, BI, DBA^{DataBase Administrator} 등 데이터를 다루고 활용하는 비즈니스 사용자에 의해 1차적으로 선정되고 요청 조직과 개발 조직 간에 데이터 설계(데이터 요소 선정, 규칙 적용 등)가 진행됩니다. 이후 품질 담당 조직으로 선정된 대상과 데이터 테이블 문서가 전달되고 품질 검증 활동이 수행됩니다.

기업 내 데이터 관리 프로세스가 정착된 조직이라면 품질 담당 조직에서 테스트 대상을 선정할 필요는 없습니다. 다만 기업 내 데이터가 한 번도 품질 검증을 진행한 이력이 없거나 신제품의 개발로 해당 제품의 데이터 전체에 대한 검증 작업이 필요한 경우라면 다음 기준을 참고하여 테스트 대상을 선정할 수 있습니다.

테스트 대상 선정 기준

- 제품 또는 서비스 핵심이 되는 데이터베이스를 식별하여 테스트 대상으로 선정한다(예: DAU^Daily Active User, 결제 정보, 크래시 발생률, 유저 이탈률 등).
- 시스템 간에 연계되는 데이터, 활용 관점에서 중요한 역할을 하는 데이터베이스를 대상으로 선정한다.
- 데이터 품질 개선 요청 또는 오류가 제기된 데이터로 선정한다.
- 품질 이슈가 발생할 가능성이 있는 데이터를 예측하여 대상으로 선별한다.

데이터 품질 기준

데이터의 품질은 다음과 같은 요소에 의해 결정됩니다. 각 요소는 모두 중요하지만 데이터의 활용 목적과 활용 조직에 따라 일부의 중요성을 더 강조할 수 있습니다. 예를 들어 준비성과 유용성은 데이터를 계획하는 사업과 마케팅에서 더 강조될 수 있고, 일관성과 적시성 그리고 보안성은 개발 조직에서 더 우선 시 할 수 있습니다. 테스트 조직에는 어느 것 하나도 더 강조할 수 없이 모든 요소가 중요하며 각 지표를 기준으로 삼아 데이터 품질을 평가합니다.

품질지표	데이터 오류	설명
준비성	데이터 정의 및 관리 미흡	관리되어야 할 데이터 요소를 정의하고 지속적인 품질 관리 활동으로 데이터를 최신화하고 있는지 측정한다.
신뢰성	응답 시간 및 결과의 정확도 오류	목표한 응답 시간 안에 정확한 결과를 제공한다.
완전성	정보 누락 규칙의 오류	업무 규칙에 맞게 데이터가 저장된다(예: 필수 속성이 정의되어 있고, 반드시 값이 입력되도록 구현되어 있다).
유용성	정보 제공의 불충분 정보의 유용성 오류	유저에게 충분한 정보 제공, 유저의 편의성 확보, 정보 이용의 만족도 개선이 지속적으로 제공된다.
정확성	정보의 정확성 오류	데이터 입력 단계의 오류 측정, 저장된 데이터의 기준 준수(유효한 값의 범위와 형식 준수) 측정, 데이터 최신화 반영 여부를 측정한다.
일관성	시스템간 불일치 정보의 일관성 오류	같은 의미를 갖는 데이터 값이 테이블, 속성 간 또는 연계 시스템에서 일관된 이름과 형식을 갖도록 표준을 준수하고 있다.
적시성	정보 연계 지연	• 데이터 응답 시간과 성능 확보 여부, 데이터 수집·처리·제공 절차가 체계적으로 관리되는지 확인한다. • 데이터를 적시에 제공 및 활용하는지 측정한다.
보안성	정보 보안 관리 누락	권한에 따른 데이터 접근 통제, 개인 정보 데이터 암호화 등 보안 조치를 하는지 측정한다.

데이터 품질 기준 지표

테스트 범위

테스트 범위는 크게 산출물 검증과 데이터 유효성 검증으로 구분할 수 있습니다. 산출물 검증에 해당되는 자료는 데이터 테이블 정의서, 규칙 정의서, 표준 용어 정의서, 코드 표준서 등의 데이터 산출물과 개발 설계서가 포함됩니다. 데이터 산출물 검증은 자료에 대한 리뷰를 통해 문서상의 오류, 정의된 규칙이 사용되지 않은 영역, 식별자가 정의되지 않은 영역, 필수 속성값 누락을 검토하고 데이터 흐름도와 아키텍처 설계서를 통한 설계 구조상 오류, 연계 시스템과의 영향도를 확인합니다.

데이터 유효성 검증은 테스트를 통해 수집된 데이터와 유효성을 검증합니다. 설계상 정보와 실제 구현된 데이터 간 정보를 비교하여 유효하지 않거나 상이한 값을 확인하고, 엔드 투 엔드 테스트를 수행하여 수집된 데이터와 설계상 정보 비교를 통해 데이터의 오류를 검출합니다.

산출물과 실물 데이터 검증을 통해 발견한 오류는 원인을 파악하여 수정 요청하거나 개선 활동을 진행합니다. 품질 검증이 완료된 데이터가 라이브에 적용된 이후에도 테스터의 활동은 끝나지 않습니다. 운영 중인 서비스의 데이터 오류를 수집하고 식별하여 지속적인 수정과 개선을 요청합니다.

테스트 수행 절차

테스트 대상과 범위가 선정되면 테스트 수행을 위한 절차를 계획합니다. 각 목적에 따른 테스트 단계와 단계별 테스트에 대한 수행 방안을 정의합니다. 앞서 데이터 품질 테스트 생명주기에서 테스트 단계와 단계별로 필요한 테스트 유형을 정의하였습니다. 여기서는 수행 방안을 세부적으로 정의해보겠습니다.

① **계획 단계**는 데이터 산출물 리뷰를 진행하여 문서상 문제점과 오류를 발견하고 추가 적용 규칙을 도출합니다. 테스트 품질 목표와 품질 기준을 정의하고 테스트 수행 계획을 수립합니다.

② **분석·설계 단계**는 테스트 대상 데이터, 연계 데이터를 분석하여 테스트 범위와 우선순위를 선정합니다. 이후 데이터 테이블 또는 대상 데이터와 규칙 정의서를 활용하여 데이터 검증용 테스트 케이스를 설계하고, 실제 웹 또는 애플리케이션에서 엔드 투 엔드 테스트를 수행하여 데이터를 수집할 수 있도록 유저 시나리오를 작성합니다. 데이터 테스트 수행을 위해 작성되는 테스트 케이스는 설계된 데이터 테이블 스키마 문서를 바탕으로 실제 데이터 정보와 비교하여 TRUE/FALSE로 결과를 입력하는 영역과 수집된 데이터 정보를 추출하여 설계 데이터와 비교

분석할 수 있는 입력 영역을 추가하여 사용할 수 있도록 테스트 케이스를 설계합니다.

테이블명	컬럼명	Datatype	Rule Description	Result	적재된 실제 데이터값 입력	
					Client Platform Log	Server Platform Log
CUSTOMER	UserID	VARCHAR(32)	UserID	TRUE		
CUSTOMER	CountryCode	VARCHAR(2)	Current Country code (ex: KR, US, JP)	TRUE		
CUSTOMER	LanguageCode	VARCHAR(20)	Device language code (ex: ko_KR,en_US)	TRUE		
CUSTOMER	DeviceOS	INT	Device OS. 1: iOS / 2: AOS	TRUE		
CUSTOMER	DeviceOSVersion	VARCHAR(50)	Device OS version (ex:11.0)	TRUE		
CUSTOMER	TimeZone	VARCHAR(10)	Device time zone (ex: +09:00)	TRUE		
CUSTOMER	ConnectChannel	VARCHAR(60)	Connected channel. 0: Guest / 1: Google / 2: Apple / 3: Facebook	TRUE		
CUSTOMER	ConnectIP	VARCHAR(50)	User IP (ex: 10.218.77.180)	TRUE		
CUSTOMER	AppVersion	VARCHAR(20)	App version (ex: 1.0)	TRUE		

데이터 테이블을 활용한 데이터 검증용 테스트 케이스 설계 예시

데이터 변경 정보 확인을 위한 diff(파일 비교 유틸리티)와 데이터 수집 및 추출, 유효성 검증 등 전반적인 데이터 테스트 수행을 위한 데이터 관리 시스템 또는 SQL 사용을 준비합니다.

데이터 관리 시스템은 Kibana, ETL, Google Data Studio 등과 같은 데이터 시각화 소프트웨어를 말하며 기업 내 데이터 정보 처리를 위해 프로그램을 활용할 수 있습니다. 데이터 관련 도구 사용이 불가할 경우에는 SQL로 데이터베이스에 저장된 정보를 직접 추출하여 사용할 수 있도록 관련 작업을 준비합니다.

Kibana 화면 예시(출처: Microsoft)

🔍 **용어 사전** diff, ETL

- diff: 두 파일의 차이에 대한 정보를 출력하는 파일 비교 유틸리티. 일반적으로 하나의 파일 버전과 동일한 파일의 다른 버전 간의 변경 사항을 보여 줍니다.

- ETL: 데이터를 추출, 변환하고 이를 데이터 웨어하우스 또는 기타 통합 데이터 저장소에 로드하는 프로세서입니다.

③ **실행 단계**는 diff를 활용하여 데이터 변경 사항을 비교하고 변경된 정보를 확인합니다. 이것을 통해 변경되지 않아야 할 데이터의 변경 오류, 누락 데이터, 입력 실수 등의 오류를 도출합니다.

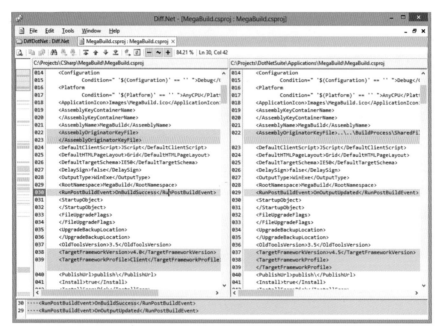

diff 화면 예시(출처: github.com/menees/Diff.Net)

데이터 프로파일링 및 정합성 검증은 SQL 또는 데이터 관리 시스템을 활용합니다. 실제 제품에서 직접 테스트 대상 범위의 기능·비기능 테스트를 수행하여 데이터 관리 시스템으로 데이터 정보(테이블명, 컬럼명, 속성, 자료형 등)를 수집 및 적재합니다. 그리고 추출된 정보와 설계상 메타 데이터를 비교하여 컬럼내 필수값, 누락값(null, 공백, 숫자0), 최솟값~최댓값, 문자열 규칙, 중복값 등이 유효한 범위에 있는지 확인한 후 불일치하는 데이터를 도출하여 수정을 요청합니다. 그 외 프로그램 오류, 입력 실수 등의 휴먼 오류나 개선 사항을 도출하여 진행합니다.

이후 연계 데이터를 분석합니다. 추출, 적재한 실제 데이터에 존재하지 않는 데이터는 오류 데이터로 간주하여 수정 요청합니다. 해당되는 사례로 제약 조건이 정상 적용되지 않아 발생하는 케이스, 고객 정보와 구입한 상품 정보의 연계 데이터에 존재하지 않는 고객 정보가 발견되는 케이스를 예시로 들 수 있습니다.

오류로 추정되는 데이터는 실제 오류인지 예외 처리된 데이터인지 개발 및 데이터 설계 담당자와 확인 후 수정 요청을 진행하고 오류로 판정되진 않았으나 개선이 필요한 데이터는 개선을 요청합니다. 오류 수정 또는 개선 처리 이후에는 테스트 활동을 반복 수행하여 수정사항을 확인하고 수정으로 인해 발생하는 사이드 이펙트를 관리합니다.

④ **완료 단계**에서는 테스트 수행 산출물과 결과를 분석하여 최종 품질 상태를 공유하고 잔존 이슈 및 개선 사항에 대한 대응 방안을 권고합니다. 모든 검증 활동이 완료되면 데이터 담당자에게 데이터 문서를 최신화 하여 확보할 것을 권고합니다.

데이터 품질 테스트는 결함을 제거하고 실수를 줄이며 신뢰할 수 있고 완전한 고품질의 데이터와 활용 가치가 있는 데이터를 제공함으로써 고객을 유지하고 수익을 창출하는 데 있어 중요한 활동이 될 것입니다. 이 책을 읽음으로 데이터 품질을 관리하고 품질 검증을 수행하며 품질 목표를 달성하는 데 필요한 도움을 얻길 바랍니다.

핵심 요약

호환성 테스트

소프트웨어의 다양한 환경(하드웨어, 운영체제, 애플리케이션, 디바이스 등)으로 이식하는 능력을 확인하는 테스팅 활동입니다. 작동하는 모든 기능이 다양한 환경에서 문제없이 동작하는지 확인하고 제품의 안정성과 신뢰성을 제공하기 위해 테스트를 수행합니다.

앱 공존성 테스트

공통된 자원을 공유하는 공동 환경에서 다른 독립적인 애플리케이션과 공존하는 소프트웨어의 능력을 확인하는 테스팅 활동입니다. 제품이 다른 애플리케이션과 상호작용 시 요구된 기능을 효율적으로 수행하는지 확인하고 간섭을 도입하여 제품의 보장성을 확인하기 위해 테스트를 수행합니다.

디바이스 기능 연동 테스트

디바이스가 제공하는 기능과 소프트웨어 간 상호작용을 통해 애플리케이션에 미치는 영향도를 확인하는 테스팅 활동입니다. 디바이스 기능을 고의로 조작하여 애플리케이션이 인터럽트에 반응하는 응답을 관찰하고 요구하는 기능을 효율적으로 수행하는지 확인하기 위해 테스트를 수행합니다.

어뷰징 테스트

어뷰징 사례, 데이터, 내부 취약점을 분석하여 문제의 발생 가능성을 예측하고, 소프트웨어를 의도적으로 공격하여 어뷰징 대응 능력을 확인하는 테스팅 활동입니다. 해킹 프로그램으로 제품의 데이터나 프로그램을 변경, 훼손하거나 불법적인 방법을 사용하여 이득을 획득하는 것이 가능한지 확인하고 이를 차단하고 단절하기 위해 테스트를 수행합니다.

데이터 품질 테스트

데이터가 의도한 목적에 따라 정확하게 기록되고 사용될 수 있도록 데이터베이스 설계의 오류, 데이터의 부정확함, 시스템과 데이터 간 연계 오류를 확인하고 데이터의 완전성, 정확성, 일관성을 보장하기 위해 테스트를 수행합니다.

3
주 차

소프트웨어
테스트 프로세스

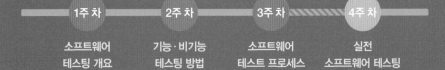

1주 차	2주 차	3주 차	4주 차
소프트웨어 테스팅 개요	기능·비기능 테스팅 방법	소프트웨어 테스트 프로세스	실전 소프트웨어 테스팅

3주 차에서는 프로세스를 설계하고 이를 중심으로 품질에 영향을 주는 요소를 조정하고 관리하는 방법을 알아봅니다.

5강

소프트웨어 테스트
프로세스

소프트웨어 프로세스는 프로젝트를 구성하는 상호 관련된 조직별 작업들이 모여 일련의 과정을 통해 약속된 시간안에 요구되는 품질 수준으로 결과물을 생산하기 위한 모든 활동의 집합을 의미합니다. 이 활동의 집합에는 기획, 개발, 테스트, 디자인 등 개별 작업이 포함되어 있고 소프트웨어를 생산하고 유지 보수하는 작업의 과정을 '소프트웨어 개발 프로세스'라고 부릅니다.

소프트웨어 개발 프로세스는 소프트웨어를 개발할 때 필요한 절차를 체계화한 것으로 요구 사항을 구현하기 위한 활동입니다. 여기에는 작업을 수행하는 데 필요한 방법, 도구, 일정 계획, 비용 산정, 작업자 간의 의사소통 기준, 작업 진행 상황 파악 등을 포함합니다. 효과적이고 효율성 있는 소프트웨어 개발을 위해 축적된 경험과 지식을 바탕으로 시행착오를 줄이고 일을 원활히 진행할 수 있도록 안내하는 역할이 프로세스의 목적입니다.

이 책에서 소프트웨어 개발 프로세스라는 명칭을 사용하지 않고 '소프트웨어 테스트 프로세스'로 사용한 이유는 프로세스를 테스트 수명주기 활동을 중심으로 설계하는 방법을 제시하기 때문입니다. 그리고 프로세스를 하나의 리스크 요인으로 보고 품질적 관점에서 테스터가 설계에 참여하고 절차에 관여하며 관리해야 하는 프로세스의 범위를 소개합니다. 또한 공동의 목표를 달성하기 위해 프로세스를 바탕으로 한 테스터의 역할을 확인해보겠습니다.

5강 커리큘럼

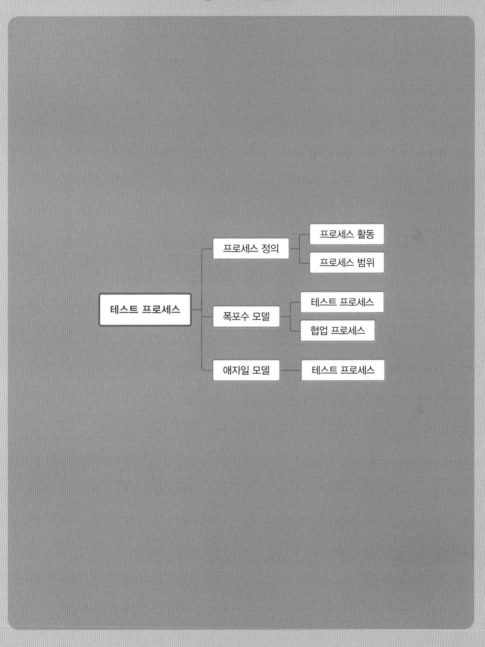

5.1 프로세스의 정의

프로세스에 대한 정의는 여러 가지가 있지만 품질 경영 시스템을 규정한 국제표준 인증인 ISO 9001에서는 프로세스를 다음과 같이 정의합니다.

> "프로세스란, 입력을 출력으로 변환시키는
> 상호 관련되거나 상호작용하는 활동의 집합이다."

하나의 제품을 고객에게 서비스하기 위해 각 직무별(제품 기획, 제품 개발, 품질 검증, 사업·마케팅)로 제품을 생산하는 활동을 합니다. 이런 활동들은 각 조직과 직무별로 구별되어 있고 상호 관련된 각각의 작업들이 모여 프로젝트라는 하나의 집합을 이룹니다. 이 집합에서 일정한 기간 안에 목적을 달성하고자 시간과 활동을 구성합니다. 일련의 일이 처리되는 경로·과정·절차를 조정하고 결과를 산출하기 위한 모든 활동이 바로 **프로세스**Process입니다.

이와 같이 활동의 집합으로 구성된 프로세스(이하 '협업 프로세스')에는 각 직무별 활동 안에 작은 단위의 프로세스가 존재합니다. 그리고 각 단위 프로세스는 서로 다른 직무 활동과 상호 작용하며 연결됩니다. 각 직무별 프로세스에는 작업의 입력과 출력이 존재합니다. 이는 곧 일의 시작과 마무리로 볼 수 있습니다. 예를 들어 제품의 기획이 완료(출력)되면, 해당 기획이 개발로 전달(입력)되고 기획을 바탕으로 개발 작업이 진행됩니다. 개발 작업이 완료(출력)되면 테스트 조직으로 일이 전달(입력)되고 검증 작업이 진행됩니다.

직무별 작업의 입출력이 약속된 시간안에 요구되는 품질 수준으로 전달되지 못하면 다른 프로세스에 영향을 미칩니다. 이전 프로세스의 출력물을 입력물로 받는 다음 프로세스가 활동을 진행하지 못하게 되는 것입니다. 이런 일이 발생하지 않도록 조정하는 것이 바로 프로세스의 역할입니다. 협업 프로세스 안에서 직무별 단위 프로세스 간의 진행 과정과 활동, 시간을 절차화하고 상호작용할 수 있도록 하는 일련의 과정인 것입니다.

프로세스에 포함되는 활동

프로세스 활동을 진행 절차로 정의하면 총 6가지로 분류할 수 있습니다. 각각의 절차는 소프트웨어를 명세하고, 설계하며, 구현하고, 완성하는 것으로 단계별 목표를 가지고 있습니다. 여기서 말하는 프로세스 활동은 테스트 프로세스에만 국한된 것이 아닙니다. 기술적이고 관리적인 특성을 가진 프로젝트 공동의 활동을 의미하며 각 활동의 목표는 직무에 따라 특성한 목표를 가질 수 있습니다. 그리고 프로세스의 활동은 단계에 따라 독립적으로 진행하기도 하지만 때로는 공동의 활동이 중첩되어 진행됩니다. 또한 소프트웨어의 명세나 설계가 변경되거나 활동 주체자의 요구 사항이 변경되면 활동의 단계는 반복되어 진행될 수 있습니다. 활동이 완료된 경우에도 필요에 따라 다시 시작할 수도 있습니다.

프로세스 활동

　① 달성 목표 수립

　② 단위 작업 또는 해당 업무를 수행함에 있어 목표가 되는 작업의 기준 선정

　③ 작업 수행 방법 및 순서(경로·과정·절차) 계획

　④ 각 단계별 작업 또는 업무 수행의 세부 지침 설계

　⑤ 제품과 프로세스 활동의 결과물 산출

　⑥ 데이터와 정보의 평가를 기반으로 한 프로세스 개선 활동 수행

기본적인 프로세스 활동은 활동의 수행 방법과 참여자, 개발 수명주기에 따라 달리 구성할 수 있습니다. 소프트웨어의 유형, 각 담당자의 역량과 경험 수준, 활동의 주체(유저, 내부조직, 작업자 등), 조직의 유형에 따라 변경될 수 있습니다.

소프트웨어 테스트 프로세스의 범위

프로세스가 직무별 단위 프로세스와 협업 프로세스로 구성되어 있다면 테스터가 설계하고 관여하며 관리해야 할 프로세스의 범위는 어디까지 정의할 수 있을까요?

소프트웨어 품질 검증 활동에서 정의하는 '프로세스 심사·평가' 활동은 프로세스 설계를 담당하는 독립된 조직에 의해 표준 프로세스가 수립된 상태입니다. 즉, 각 작업자가 프로세스를 준수하는지, 프로세스에서 제품의 품질을 통제하는 활동을 수행하는지, 프로세스가 품질 문제의 원인을 파악할 수 있는 수준인지, 프로세스상 각 직무별 활동이 효율적인지 평가하고 문제가 확인된 프로세스의 개선 활동을 수행하는 것을 의미합니다.

이 책에서는 프로세스 품질 관리 활동을 확장된 시각에서 살펴보고 프로세스 설계에 적극적으로 참여하여 다양한 품질 검증 활동을 할 수 있게 만드는 방향을 제시하려고 합니다. 이는 이미

수립되고 적용된 프로세스를 평가하고 문제점을 도출하여 개선하는 데만 목적을 두지 않고 품질을 통제하고 문제의 원인을 파악할 수 있는 수준의 프로세스를 품질 관점에서 테스터가 직접 설계하거나 또는 설계에 직접 참여하고 관여하여 프로세스를 수립하는 역할부터 시작하는 것입니다. 좋은 품질의 제품을 만들기 위해 좋은 프로세스가 필요하다면 그런 프로세스를 만드는 역할부터 테스터가 참여하는 것은 어쩌면 당연한 이치입니다.

이런 관점에서 소프트웨어 테스트 프로세스 범위를 정의하면 직무적 관점에서 '테스트 프로세스'와 품질적 관점에서 '협업 프로세스' 2가지가 모두 해당됩니다. 이는 제품을 생산하는 모든 직무 활동의 업무 흐름에 품질이 포함되어 있기 때문입니다. 각 직무 담당자가 프로세스를 통하여 본인의 작업에서 제품에 영향을 미치는 품질을 고려할 때 각 직무별 출력물의 품질 목표를 달성할 수 있습니다.

품질은 테스트 조직만의 책임이 아닌 제품을 만드는 기획, 개발 구성원 모두의 책임입니다. 이런 관점에서 각 직무의 단위 작업에서부터 협업 활동에 이르기까지 품질을 고려할 수 있도록 테스터가 협업 프로세스에 관여하고 관리하는 것이 품질 관리 업무의 일환이 될 수 있습니다. 이것이 프로세스 관점에서 품질을 관리하는 것이며 이것이 품질 관리 활동 범위에 프로세스가 포함되는 이유입니다.

소프트웨어 테스팅의 프로세스 범위를 2가지로 정의하였습니다. 이제 각 프로세스를 어떻게 구성하고 설계할 수 있는지, 각 프로세스에 맞는 품질 기준을 선정하는 방법과 작업이 처리되는 절차 그리고 업무의 세부 지침을 설계하는 방법을 알아보겠습니다. 그 방법으로 적합한 프로세스를 찾기 위해 프로세스의 모체가 되는 소프트웨어 개발 프로세스 모델을 기준으로 살펴보겠습니다.

5.2 폭포수 모델에 기반한 프로세스

폭포수 모델 Waterfall model은 순차적으로 소프트웨어를 개발하는 가장 기본적인 모델로 **요구 사항 분석 → 설계 → 구현 → 테스팅 → 유지 보수** 단계로 작업이 진행되며 다른 공학 모델과 다르게 이전 단계를 거슬러 올라갈 수 없다는 게 특징입니다.

프로젝트 이해관계자들이 각 단계의 계획을 철저히 검토해서 승인하면 비로소 팀은 일을 시작할 수 있습니다. 팀 구성원들은 자기에게 할당된 일을 완성한 후 다음 사람에게 인수합니다. 모든 작업이 끝나면 제품은 테스트 조직으로 이관되어 고객 인도 전에 필요한 테스트를 수행합니다. 전체 프로세스에 걸쳐 초기에 설계했던 대로 제품이 개발되도록 철저한 통제가 이루어집니다.

폭포수 모델의 장점은 단계별로 정형화된 접근이 가능하고 모든 단계를 문서화함으로써 프로젝트를 명확하게 진행할 수 있다는 점입니다. 하지만 앞 단계가 마무리되지 않고 지연이 발생하면 이후 작업도 진행할 수 없다는 게 단점입니다. 또 요구 사항에 의존적이라 문제가 발생하면 프로젝트 전반에 치명적인 결과를 가져올 수 있습니다.

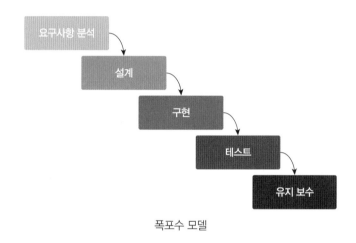

폭포수 모델

테스트 프로세스

테스트 프로세스Test Process란 개발된 소프트웨어의 품질 기준을 만족하기 위한 테스트 수행 절차로 소프트웨어 테스트를 효율적으로 실행하기 위한 테스트 계획과 설계, 조직의 역할과 책임, 필요한 작업 및 절차, 산출물 등 테스트 단계별 활동을 정의한 것입니다.

테스트 프로세스를 통해 소프트웨어의 품질 기준과 테스트 범위를 측정하고 개발 구현된 소프트웨어와 요구 사항과의 차이를 판별하며 테스트 진행 과정을 관리하기 위해 각 테스트 단계의 활동을 정의하는 것이 목적입니다.

테스트 프로세스는 테스트 계획에 따라 테스트를 수행하기 위한 세부 활동과 테스트 조직의 품질 목표와 기준을 바탕으로 테스트 수행을 모니터링하고 제어하며 테스트 종료 활동을 포함합니다.

테스트 수행을 위한 세부 활동은 테스트 설계 및 구현, 테스트 환경 구축, 테스트 실행, 검출된 결함 등록 및 관리, 테스트 산출물(설계서, 테스트 케이스, 준비·진행·완료 보고서 등) 작성 및 관리, 종료 활동으로 구성됩니다. 각 단계별 활동의 정의와 수행 방법은 다음에서 자세히 알아보겠습니다.

폭포수 개발 생명주기에 기반한 테스트 프로세스 생명주기

테스트 프로세스 플로는 테스트 조직 내 수행 주체에 따라 역할과 책임을 구분하여 각 역할별 활동을 업무 진행 순서로 도식화한 것입니다('1.4 소프트웨어 품질 관리자의 명칭과 역할' 참고). QA가 테스트 프로세스 생명주기의 계획 단계 업무를 수행한 후 테스트 수행 주체인 테스트 리더와 테스터에게 테스트 실행을 요청합니다. 테스트 리더와 테스터는 테스트 대상을 분석하여 테스트 케이스를 설계하고 테스트를 실행합니다. 실행 과정 중 결함 등록 및 보고, 수행 결과를 기록하여 보고합니다. 테스트 리더와 테스터가 테스트를 설계하는 동안 소프트웨어 테스트 엔지니어는 자동화, 서버 부하 등 개발 활동이 필요한 범위를 도출하고 스크립트를 작성합니다. 이후 테스트 실행 기간에 스크립트를 실행하여 테스트를 수행합니다.

테스트 진행 중 QA는 수행 과정을 모니터링하여 절차상 발생하는 문제 상황을 제어하고 일정 내 목표한 제품을 산출하도록 과정의 전반을 관리합니다. 제품이 출시 가능한 상태가 되면 완료 조건을 평가하여 의견을 제시합니다.

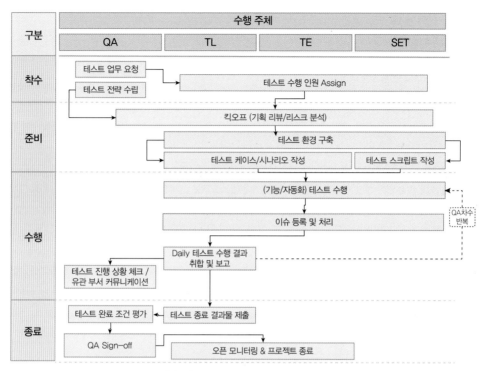

구분	수행 주체			
	QA	TL	TE	SET
착수	테스트 업무 요청 / 테스트 전략 수립	테스트 수행 인원 Assign		
준비		킥오프 (기획 리뷰/리스크 분석)		
		테스트 환경 구축		
		테스트 케이스/시나리오 작성	테스트 스크립트 작성	
수행		(기능/자동화) 테스트 수행		
		이슈 등록 및 처리		QA차수 반복
		Daily 테스트 수행 결과 취합 및 보고		
	테스트 진행 상황 체크 / 유관 부서 커뮤니케이션			
종료	테스트 완료 조건 평가	테스트 종료 결과물 제출		
	QA Sign-off	오픈 모니터링 & 프로젝트 종료		

폭포수 개발 생명주기에 기반한 테스트 프로세스 플로

테스트 프로세스 생명주기의 세부 단계별 활동의 정의와 수행 방법을 자세히 살펴보겠습니다.

테스트 계획

테스트 계획은 소프트웨어의 품질 목표를 달성하기 위해 검증에 필요한 활동을 정의하는 단계로 전체 테스트 범위를 포함한 종합적인 계획과 폭포수 모델 단계별 테스트 수행 계획 및 테스트 유형별(기능성, 유지 보수성, 사용성 등) 수행 계획으로 설계합니다.

① **테스트 수행 계획**은 테스트 대상 시스템 및 비즈니스 리스크를 식별하고 테스트 주요 요소를 분류하여 테스트 전략을 수립합니다. 수행 계획과 전략 설계 시 프로젝트 계획서와 요구 사항을 분석하여 테스트 범위, 테스트 목적, 리스크 분석, 담당자, 일정, 투입 비용, 제약 사항 등을 고려합니다.

테스트 전략 수립

- **범위 선정**: 프로젝트 기간 중 진행되는 전체 테스트 범위를 명시하고 수행 일정, 소요 기간, 투입 리소스, 테스트 목적에 따라 세부 일정을 계획합니다. 또한 선정된 테스트 범위는 메뉴얼, 자동화, 화이트박스, 도구 활용 등에 따라 범위를 분류합니다.
- **산출물 정의**: 테스트 계획, 수행 현황, 종료 활동에 따라 작성되는 산출물을 명시합니다.
- **환경 구축 및 도구 준비**: 개발·테스트(통합, 시스템)·인수 환경과 기능·비기능 테스트, 자동화, API, 서버 부하 등 개별 테스트 실행을 위한 테스트 환경과 도구를 명시하고 준비합니다.
- **테스트 데이터 식별**: 테스트 실행에 필요한 데이터를 식별하여 필요한 데이터를 준비합니다.
- **일정 및 투입 인원 선정**: 테스트 일정은 테스트 수행에 소요되는 전체 일정과 테스트 단계별 시작~완료 일자를 정의하고 각 단계에 투입되는 인원을 선정합니다.
- **결함 보고 절차 정의**: 테스트 중 발견한 결함의 보고부터 완료까지 절차와 결함 수정 및 관리 담당자 정보를 정의합니다.
- **테스팅 시작 요건**: 테스트 시작 기준을 수립하여 개발에서 산출물 전달 전 수행해야 할 개발자 테스트와 전달된 산출물의 테스트 시작 가능여부를 판단합니다. 기준을 기반으로 테스트 활동을 중단하거나 다시 시작할 수 있는 요건을 명시합니다.
- **완료 기준**: 제품의 최종 품질상태 및 출시 여부를 판단할 수 있는 기준을 명시합니다.

테스트 단계	목적	테스트 범위	예상 리소스	테스트 기간
스모크 테스트	개발 완성도를 확인하고 주요 기능에 대한 사전 검증을 진행하여 QA 시작 가능 여부 확인한다.	주요 리스크, 테스트 요소 확인	4MD	2일
1차 QA	테스트를 위해 인수받은 결과물에 대한 전반적인 구현 상태를 검토한다.	전체 테스트 수행	10MD	5일
2차 QA	−1차 QA에서 발생한 결함 수정 확인 및 사이드 이펙트를 확인한다. −2차 신규 구현·개선 기능에 대한 상태를 검토한다.	결함 확인 테스트 2차 신규 구현 기능 전체 테스트 수행	8MD	4일
3차 QA	2차 QA를 거친 후 버그 수정에 대한 전체적인 영향도를 확인한다.	전체 테스트 재수행 리그레션 테스트	6MD	3일

테스트 계획안 중 범위 선정 예시

테스트 범위와 수행 전략이 수립되면 개발 생명주기 각 단계(단위, 통합, 시스템, 인수)에 적합한 ② **개별 테스트를 선정하고 테스트 유형별 수행 방법을 정의**합니다. 개별 테스트를 선정할 때 소프트웨어의 유형과 요구 사항에 따라 파악된 테스트 범위와 요소를 기반으로 테스트 단계와 각 단계에 수행할 테스트를 정의하고 기능 테스트, 성능 테스트, API 테스트, 네트워크 테스트 등 개별 테스트 유형을 결정합니다. 이 때 유의 사항은 시스템 복잡도, 기능 중요도, 조직·개발 성숙도(담당 조직과 인원의 성숙도에 따라 테스트 방법의 구체화 등에 영향을 미침), 요구 사항, 일정, 테스트 환경을 고려하여 선택합니다.

다음으로 ③ **테스트 단계별 품질 목표 기준을 설정하고 품질 지표 관리 방안**을 정의합니다(품질 목표 기준 달성에 대한 보고, 목표 기준에 영향을 미치는 품질 상태, 최종 품질 수준을 평가하는 데 사용되는 기준이 포함되며 품질 기준안에 내용이 포함되어 있습니다.). 테스트 품질 목표 기준은 테스트 시작·종료 기준, 테스트 수행 단계별 기준으로 구성됩니다. 테스트 시작 기준은 폭 포수 모델의 '테스팅' 단계를 시작할 수 있는지 판단하는 기준으로 시작 기준을 달성하지 못한 경우 테스트 활동을 중단하거나 다음 시작 가능 시기를 조율해야 합니다.

테스트 수행 단계별 기준은 약속된 기간 안에 개발 작업을 완료하지 못해 테스트 수행 기간 동안 개발이 병행되는 경우 개발 구현 완성도에 따라 테스트 수행을 차수로 나누어 테스트가 진행될 때 적용되는 기준입니다. 이 경우 각 차수의 시작 기준에 개발 구현 완성도가 포함되고 차수별 기준이 달성되면 테스트를 시작합니다. 예를 들어 1차수를 시작하는 기준이 개발 구현 80% 완료, 개발자 테스트 결과 성공률 90% 이상이라면 2차수 시작 기준은 이보다 높은 개발 구현 95% 완료, 시작 기준 성공률 98% 이상으로, 마지막 차수는 개발 구현 100%로 기준이 설정됩니다.

테스트 수행 단계	QA 시작 기준
1차 QA	1. 개발 완료율: 90% 이상, 중요 기능 및 정책 구현 완료 2. 개발자 테스트 수행 결과: 수행률 90% & 성공률: 90% 이상 3. 결함 수정율: 90% 이상, Major 이상 버그 3개 이하 4. 빌드 인수 테스트 수행 결과: 수행률 100%, 성공률 100%, Major 이상 버그 3개 이하
2차 QA	1. 개발 완료율: 95% 이상, 기획 마감 및 론칭 스펙 기준 기능 구현 완료 2. 개발자 테스트 수행 결과: 95% 및 성공률: 95% 이상 3. 결함 수정율: 95% 이상, Major 이상 버그 1개 이하 4. 빌드 인수 테스트 수행 결과: 수행률 100%, 성공률 100%, Major 이상 버그 1개 이하

| 3차(최종) QA | 1. 개발 완료율: 100%
2. 개발자 테스트 수행 결과: 수행률 100% & 성공률 100%
3. 결함 수정율: 100% 또는 Major이상 버그 없음
4. 빌드 인수 테스트 수행 결과: 수행률 100%, 성공율 100% |

테스트 수행 단계별 시작 기준 예시

테스트 종료 기준이 의미하는 바는 서비스할 제품의 품질 검증이 완료되었고 출시 가능한 상태를 의미합니다. 이 기준의 특징은 목표한 품질 기준에 만족하지 못할 경우 출시 일정을 지연하거나 추가 테스트 일정을 조율하는 조건이 포함됩니다. 수정할 수 없는 이슈나 리스크가 있다면 대응 방안을 마련해야 테스트를 종료할 수 있습니다.

테스트 종료 기준

- 계획한 품질 보증 활동을 모두 완료한다.
- 위험도가 '중' 이상인 리스크가 없거나 대응 방안을 마련해야 한다.
- Major 이상 잔존 결함이 없어야 한다.
- 잔존하는 이슈나 리스크에 대한 대응 방안이 준비되지 않았다면 테스트 종료를 할 수 없다.
- 보안 검수 및 성능 검수 결과 권고된 시정 사항에 대한 조치를 완료하거나 대응 방안을 마련한다.
- 테스트 종료가 불가한 경우 프로젝트 담당자가 모두 참여하여 제품의 품질 상태와 원인을 확인하여 제품 출시 여부를 결정한다. 그리고 문제에 대한 해결 방안 마련과 추가 일정을 협의한다.

품질 기준이 마련되었으니 ④ **테스트 수행 환경을 구성**하고 테스트 수행에 필요한 테스트 데이터를 준비합니다. 테스트 수행 환경에는 개발과 테스트 수행을 위한 환경 준비와 테스트 도구 사용을 위한 환경 준비로 구성됩니다.

테스트 수행 환경은 테스트 케이스 실행 시에 필요한 환경이 가진 속성을 말합니다. 테스트 환경은 개발 생명주기의 각 단계(단위, 통합, 시스템, 인수)별로 구분됩니다. 단위와 통합 테스트 단계는 개발 구현 작업과 개발자 테스트 수행을 위한 **Dev 개발 환경**, 시스템 테스트는 **QA 테스트 환경**, 인수 테스트는 실제 시스템과 동일하거나 복제한 **Staging 운영 테스트용 환경**(라이브와 동일한 서버, 데이터베이스 백업) 그리고 마지막으로 실 유저 운영 환경인 **Real 환경**입니다. 테스트 도구 사용을 위한 환경에는 자동화, API, 서버 부하, 데이터 등 테스트 수행을 위한 개별 환경이 필요하며 테스트 도구 환경은 테스트 수행 범위와 개별 테스트 결정 사항에 따라 준비합니다.

테스트 데이터는 프로젝트 목적에 맞게 테스트를 수행하기 위한 기본 데이터들로 정리하고 테스트 수행 전 QA 환경에 미리 준비합니다. 그리고 준비한 데이터와 자원을 관리하기 위해 문서화합니다. 테스트에 필요한 데이터의 예로는 테스트 계정, 계정에 따른 권한, 네트워크, 제품 출시 타깃 국가에 따른 조건, 테스트 서버(API, 클라이언트, 데이터베이스 등) 설정 등 해당되며 테스트 유형과 테스트 대상에 따라 필요한 데이터는 매우 다양합니다.

이제 테스트 수행 역할에 따라 ⑤ **투입 인원을 선정**합니다. 여기서는 담당 업무와 책임에 따른 역할을 쉽게 이해하기 위한 목적으로 각 역할을 QA, 테스트 리더, 테스터로 지칭하였습니다. 프로젝트의 규모에 따라 또는 인원의 역량에 따라 1명이 모든 역할과 업무를 수행할 수 있고 더 많은 인원이 투입될 수 있습니다.

테스트 수행을 위한 투입 인원은 테스트 범위, 테스트 일정, 테스트 대상의 중요도와 시스템 복잡도, 테스트 도구 사용 능력 보유에 따라 달라질 수 있습니다. 예를 들어, API와 데이터 품질 테스트가 중요한 프로젝트에 테스트 도구 사용 경험이 없고 서버와 데이터베이스 구조에 대한 이해가 전혀 없는 인원으로 선정하지 않아야 한다는 것입니다. 단, 테스트 수행 인원은 무조건 많이 투입한다고 해서 품질이 좋아지거나 테스트 수행 속도가 빨라지는 것은 아닙니다. 상황과 주어진 조건을 고려하여 가장 적절한 테스트 인원을 산정하는 것이 중요합니다.

역할 및 투입 인원	담당 업무 및 책임	투입 인원
QA	품질 관련 프로세스 및 절차 정의·개선, 품질 기준 공유, 테스트 진행을 위한 사전 협의(일정, 범위 등), 테스트 전략 및 계획 설계, 프로세스 준수 여부 감사, 커뮤니케이션 관리, 리스크 관리, 품질 목표 달성 여부·품질 요구 사항 충족 관리 및 평가를 수행한다.	1명
테스트 리더	테스터 관리, 테스트 진행 상황 관리, 테스트 일정 관리, 목표 수준의 품질 달성 여부 확인, 테스트 종류별 산출물 작성 및 관리, 테스트 우선순위 선정, 테스트 환경 및 도구를 준비한다.	1명
테스트 엔지니어	자동화, 성능, 보안 등 기술 검증 도구 및 환경 준비, 테스트 스크립트 작성 및 관리, 기술 검증 테스트를 수행한다.	1명
테스터	테스트 데이터 식별 및 준비, 테스트 시나리오(케이스) 설계, 테스트 수행, 결함 기록 및 진행 상황을 관리한다.	3명

테스트 수행 역할, 업무, 책임

테스트 계획의 마지막으로 테스트 활동 중 작성할 ⑥ **테스트 산출물**을 선정합니다. 테스트 산출물은 작성 목적에 따라 각 테스트 단계별로 종류가 구분됩니다. 테스트 산출물 선정이 완료되면 산출물 작성 시점과 작성 담당자, 전체를 총괄하고 관리하는 책임자도 함께 선정합니다.

단계	산출물
테스트 계획	• 총괄 테스트 수행 계획서(작성자: QA 또는 리더) • 테스트 수행 요청서(작성자: QA 또는 리더) • 테스트 종류별 세부 수행 계획서(작성자: 테스트 리더)
테스트 구현 및 설계	• 선정한 테스트 설계 기법에 대한 정의 • 테스트 케이스 또는 시나리오 문서 • 테스트 스크립트(작성자: 테스트 엔지니어) • 테스트 데이터 명세서
테스트 실행	• 빌드 인수 테스트 결과서 • 테스트 차수별 진행현황 지표(메트릭) 보고서 • 오류 보고 & 결함 추적 관리
결과 분석 및 보고	• 테스트 케이스 결과 분석 자료 • 제품 품질 상태 보고서 • 테스트 종료 보고서

테스트 산출물

계획한 테스트 전략을 바탕으로 총괄 ⑦ **테스트 수행 계획서를 작성**하고 프로젝트 관련자에 내용을 공유합니다. 총괄 테스트 계획서는 테스트를 하기 위해 필요한 자원들을 요약한 것으로 정해진 프로세스대로 업무를 수행하기 위한 청사진 역할을 하며 계획한 방향으로 테스트가 진행되도록 가이드 역할을 합니다. 테스트 계획서에는 테스트 준비 상황, 테스트 케이스 작성을 위해 선정된 설계 기법, 테스트 투입 인원, 테스트 일정과 일정별 테스트 세부 수행 계획서, 전체 테스트 범위, 사용되는 테스트 도구 및 환경, 품질 목표 기준 등 테스트 수행을 위해 설계된 내용 전체를 작성합니다.

1. 테스트 시작 조건

   1.1 빌드 인수 테스트 결과

   1.2 코드 프리징, 코드 리뷰 결과

   1.3 프로젝트 시작 전 테스트 요청사항 공유

2. 프로젝트 정보 요약

　　2.1 프로젝트 목적·목표

　　2.2 기획, 디자인 자료

　　2.3 참여자

3. 테스트 내용

　　3.1 테스트 목표·목적

　　3.2 테스트 일정(차수별 기간, 배포 예정일)

　　3.3 테스트 진행 요청서

　　3.4 테스트 환경 및 도구(디바이스, 운영체제 버전, 테스트 환경)

　　3.5 테스트 커버리지(테스트 항목, 리스크 요소)

　　3.6 테스트 제외 범위

4. 배포 버전(클라이언트, 서버)

5. 테스트 시작·완료 조건

총괄 테스트 수행 계획서 예시

테스트 설계

테스트 목표와 목적을 테스트 케이스로 변환하는 단계입니다. 테스트 설계는 고객 요구 사항 명세서, 기획 문서, 개발 설계서와 시스템 아키텍처 등의 산출물과 리스크 분석 결과를 기반으로 테스트 대상을 식별하고 테스트 범위를 정의하며 테스트 절차에 따른 수행 명세서(테스트 케이스 또는 테스트 시나리오)를 작성하는 활동입니다.

테스트 케이스를 작성하기 위해 먼저 ① **테스트 대상을 분석하고 범위를 선정**합니다. 테스트 베이시스를 분석하여 테스트 대상 기능을 선정하고 리스크 분석을 통해 테스트 우선순위를 선정하며 테스트 전략과 총괄 테스트 수행 계획서를 바탕으로 테스트 범위를 결정합니다. 이를 바탕으로 자동화, API, 보안, 성능 등 기술 검증이 필요한 범위를 도출합니다.

품질 특성	테스트 종류	테스트 목적
기능성	기능 테스트	테스트 대상의 주요 요소 및 동작, 절차를 확인한다.
	정책 검수	기업 내·외부 정책 적용을 확인한다(예: 구글, 애플 플랫폼 정책).
	API 테스트	클라이언트의 요청에 대한 서버의 응답을 검증하고 부하를 발생시켜 성능을 확인한다.
	데이터 테스트	데이터 품질 및 데이터 정합성을 검증한다.
신뢰성	보안, 어뷰징 테스트	예외 사항에 대한 보안, 어뷰징 케이스를 확인한다.
	네트워크 테스트	네트워크 전환이나 단절 시 데이터 손실이 없도록 구현되었는지, 네트워크 레이턴시 부하로 발생하는 이슈가 없는지 확인한다.
이식성	디바이스 기능 연동	디바이스 하드웨어 및 소프트웨어 기능에 따른 영향도를 확인한다.
	공존성 테스트	다른 애플리케이션과의 상호작용 능력을 확인한다.
	호환성 테스트	다양한 디바이스의 해상도와 운영체제 버전을 고려했는지 확인한다.
효율성	클라이언트 성능	하드웨어 환경에서 제품을 원활하게 이용 가능한지 확인한다(예: 최소·표준·최고 디바이스 해상도, 패킷, 메모리, cpu, gpu, fps 품질 측정 등).
	서버 부하 테스트	서버 부하·성능을 검수한다.
유지 보수성	운영 테스트	점검, 업데이트 등 운영 중 소프트웨어 변경에 따른 시나리오 기반 테스트를 진행한다.

프로덕트 품질 특성별 테스트 종류 및 수행 목적

테스트 대상 분석 및 테스트 범위가 식별되면 테스트 베이시스를 기반으로 ② **테스트 케이스 또는 테스트 시나리오**를 작성합니다. 테스트 케이스 작성 시 명세서와 요구 사항에 맞춰 테스트 성공과 실패 기준을 정의하고 테스트 설계 기법을 적용하여 테스트 케이스를 작성합니다. 효율적이고 효과적인 테스트 실행을 위하여 기능 연관성과 유저 흐름을 고려하여 테스트 케이스의 순서를 구성합니다. 또한 기술 검증에 필요한 테스트 스크립트 작성을 위해 테스트 케이스를 선별합니다. 테스트 케이스 작성이 완료되면 테스트 조직 내부 또는 프로젝트 관련자와 함께 리뷰를 진행하여 작성된 내용을 검토합니다.

Tip. 테스트 케이스 작성에 대한 상세 내용은 '2강 테스트 설계 기법'을 참고하세요.

테스트 케이스 작성이 완료되면 테스트 수행을 위한 ③ **테스트 데이터 및 테스트 도구를 준비**합니다. 기능 및 기술 검증용 테스트 케이스를 실행하기 위한 데이터와 테스트 대상을 설정하는 데 필요한 데이터, 테스트 케이스에서 요구하는 조건과 상태를 충족하게 만드는 데이터를 준비하고 기술 검증 테스트를 위한 도구(예: 앱피움, 포스트맨, 제이미터 등)와 결함 보고용 관리 도구(예: 지라, 레드마인 등)를 준비합니다.

테스트 구현과 실행

① **테스트 구현**은 선별한 테스트 케이스에 맞게 자동화, 성능, API 등 기술 검증용 테스트 코드를 작성하고 코드를 실행하여 성공·실패 검증 포인트를 설정하고 무결성을 검증하는 활동입니다.

② **테스트 실행**은 작성한 테스트 케이스를 바탕으로 테스트 활동을 수행하는 단계입니다. 테스트 케이스를 수행하기 전 프로젝트 정책에 따라 수행해야 하는 테스트 환경을 확인합니다. 설정된 환경에서 테스트 케이스에 기술된 단계와 테스트 데이터를 확인하고 해당 기능이 수행 절차에 따라 기대 결과를 만족하는지 실행 결과를 기록하며 테스트를 수행합니다.

결과	판단 기준
Pass	테스트 케이스에 기술된 수행 절차로 테스트 수행 시 기대 결과에 만족하며 유효한 버그가 발생하지 않는다.
Fail	테스트 케이스에 기술된 수행 절차로 테스트 수행 시 기대 결과에 만족하지 못하여 유효한 버그가 발생한다.
Block	환경적 요소 또는 개발 미완성 등 여타의 이유로 테스트 불가한 상태다. 그러므로 이전 테스트 케이스에 연결된 다음 케이스가 Fail로 인해 수행이 불가능할 때 블록으로 처리한다.
N/I (Not Include)	기능을 삭제한다. 스펙 제외out of spec 등 이유로 테스트 불가한 상태다.

테스트 케이스 수행 시 결과 판단 기준

테스트 실행 중 기대 결과에 만족하지 못해 실패 처리된 결과는 분석을 통해 테스터의 단순 실수인지 시스템 결함인지 판단하여 수정이 필요한 결함으로 판명되거나 테스트 케이스에 기술되어 있지 않지만 유효한 버그를 발견한 경우 버그 관리 시스템에 ③ **결함을 기록**하고 프로젝트 관계자들에게 이슈를 보고합니다.

등록된 버그에 해당되는 테스트 케이스에는 버그의 ID(식별자)를 기록하여 버그 진행 상태를 체크하고 업데이트합니다.

항목명	작성내용
제목	이슈(결함)에 대해 한 줄 분량으로 요약하여 작성한다. 예시: [project] 발생 현상에 대한 요약 문장
이슈 종류	이슈가 결함인지 개선사항인지 선택한다. • 결함: 테스트 중 발견한 문제점 • 개선 사항: 오류는 아니지만 개선되어 품질을 향상시킬 수 있는 사항
설명	발생한 이슈(결함)에 대해 재현 경로Reproduce Step, 이슈 발생 조건과 현상에 따른 영향을 가능한 한 구체적으로 기술한다. 기획서나 개발 설계서에 명확한 기대동작이 있다면 '기대 결과'로 명세서상 수정해야 할 방향으로 내용을 작성한다. 브라우저 종류 및 버전, 운영체제 정보, 해상도 등 이슈(결함)이 발견된 환경 정보도 기록한다.
우선순위	이슈(결함)의 처리 우선순위로, Low, Normal, High, Urgent 중에 선택한다.
중요도	이슈(결함)의 중요도(심각도)로, 이슈가 영향을 미치는 문제의 심각성을 기준으로 Trivial 〈 Minor 〈 Major 〈 Critical 중에 선택한다.
첨부 파일	이슈(결함) 발생의 근거가 되는 증거를 파일로 첨부하여 발생 현상 파악을 돕는다.

결함 보고서 내용 입력 가이드

구분	등급	설명
우선 순위	Urgent(긴급)	• 즉시 수정해야 하는 우선순위가 가장 높은 결함이다. • 접속에 영향을 주거나 유저에게 물리적, 금전적 피해를 주는 결함이다.
	High(높음)	• 중요도가 높아 출시 전 반드시 수정해야 하는 결함이다. • 주요 기능이 바르게 동작하지 않는 경우다.
	Normal(보통)	• 중요도가 낮아 수정에 다소 시간적 여유가 있는 결함이다. • 일반 기능이 바르게 동작하지 않는 경우다.
	Low(낮음)	• 중요도나 발생 빈도를 고려했을 때 수정이 꼭 필요하지 않은 결함이다.
심각도	Critical(위험)	• 애플리케이션 기능이 작동하지 않는다. • 시스템 운영이 멈춘다(하드웨어 또는 소프트웨어 중단), 데이터가 손실 또는 훼손된다.
	Major(중요)	• 주요 기능이 정확하게 동작하지 않는다. • 요구되는 성능에 미치지 못한다.
	Minor(경미)	• 기능이 대부분 잘 작동하지만 일부 불완전하다.
	Trivial(사소함)	• 기능 수행은 가능하나 화면 표준 불일치, 미관상 거슬림, 사소한 타이핑 오류 등의 현상이 발생한다.

결함 우선순위, 중요도

테스트 수행을 완료하면 ④ **테스트 결과를 기록하고 검토**합니다. 테스트 케이스 실행 결과 및 보고된 결함의 조치 내역을 취합하여 품질 상태에 대한 기록을 작성합니다. 작성된 기록을 확인하여 테스트 진행 상황, 제품 품질 상태, 테스트 활동 품질, 프로젝트 진행 중 논의가 필요한 주제, 주요 결함 내용을 파악하고 테스트 수행에 걸림돌이 되는 부분을 제거하고 계획한 품질 검증 활동을 일정에 맞춰 완료할 수 있도록 필요한 조치를 지원합니다.

테스트 현황 보고 산출물 예시

테스트 활동 기간 동안 계획 대비 일일 테스트 진척도 현황과 테스트 단계별 품질 현황 결과 보고가 진행됩니다. 각각의 결과 보고서 구성과 기술되는 내용은 보고를 받는 대상과 사용 목적에 따라 달라집니다.

일일 테스트 진척도의 경우 테스트 계획을 기준으로 매일 수행한 테스트 분량과 결함, 테스트 진행 중 발생한 특이사항을 기록하여 테스트 리더나 조직 내부에 보고합니다. 이 기록을 통해 리더는 테스트 계획 대비 지연되거나 문제가 발생되는 상황을 파악하여 원인을 분석하고 테스트 진행에 영향을 미치는 요소를 제거합니다. 그리고 일일 테스트 진척 현황을 테스트 단계별로 취합하여 단계가 마무리되는 시점에 프로젝트 관계자에게 보고합니다.

테스트 단계별 품질 현황 결과 보고에는 보고 단계에 포함되는 기간 동안 진행된 테스트 결과와 결과에 따른 제품의 품질 상태, 새롭게 식별된 리스크, 프로젝트 진행에 차질을 발생시킬 수 있는 요인을 기술하고 다음 단계에 수행될 테스트 활동과 기간에 대한 계획을 공유합니다. 보고서를 통해 프로젝트 관리자는 품질 현황을 파악하고 프로젝트 진행에 위험 요인이 되는 부분을 선별하여 조치합니다.

- 일일 테스트 진척 현황 (테스트 조직 내부 공유 및 관리용 산출물)

  일일 테스트 진척 현황 Daily Test Metric 에는 일별·인원별 테스트 케이스 수행 달성 현황, 버그 통계(일별 버그 추이), 테스트 수행 및 버그 품질 확인(버그 아님not a bug 처리, 인원별 fail 처리 기록 등 비교), 프로젝트 수행 중 발생한 이슈(인적 이슈, 일정 이슈, 시급한 해결이 필요한 문제 등)를 기록합니다.

테스트 진행 현황												
전체												
Total	OS	현황	담당자	Total	Pass	Fail	Block	No Run	N/I		Success	목표 달성율
	Android	미진행									0%	0%
	iOS	미진행									0%	0%
콘텐츠 기능												
시트명	OS	현황	담당자	Total	Pass	Fail	Block	No Run	N/I		Success	목표 달성율
기능		완료(issue O)									0%	0%
Regression		완료(issue O)									0%	0%
호환성테스트		완료(issue O)									0%	0%
클라이언트 성능테스트		완료(issue O)									0%	0%

인원별 진행 상태											
Tester	1일차				2일차				3일차		
	업무	목표율	달성율	비고	업무	목표율	달성율	비고	업무	목표율	달성율	비고
홍길동												
김철수												
박영희												
Total		0.0%	0.0%		Total	0.0%	0.0%		Total	0.0%	0.0%

주요 이슈 내용				
이슈 등록 번호	중요도	이슈 내용		등록일
	Major			
	Minor			

업무 진행 특이 사항 / 기타 의견

일일 테스트 진행 현황 Metric

- 테스트 수행 단계별 품질 현황 결과 보고서(프로젝트 관련자 공유용 산출물)

  테스트 단계별 결과 보고서에는 대상 기간에 진행된 테스트 수행 진척도와 결과, 발견한 버그 현황, 품질에 대한 테스트 리더의 의견(품질 검증 활동 결과 공유, 주요 버그 내용, 테스트 커버리지 감소 사유 등), 품질 상태 요약, 프로젝트 진행 관련 이슈, 잔여 리스크 처리 상태에 대한 정보를 작성합니다.

QA 의견	프로젝트의 QA 1차 품질활동 결과 공유입니다. 1차 QA는 MM/DD~MM/DD(N일) 기간 동안 OOO 커버리지로 진행되었고, 해당 기간동안 신규로 발견된 결함은 총 N건 입니다. 테스트에 대한 커버리지는 이슈수정 확인 및 1차QA 제외 및 변경, 이슈로 인해 진행되지못한 커버리지입니다. 미개발, 이슈 처리를 위한 시간 부족 등 테스트 커버리지에서 제외된 스택이 다수 존재하여 1차의 테스트 커버리지가 낮게 측정되었으며, QA 2차에 시작되는 스택들로 인해 다수의 이슈가 발생할 것으로 예상되어 추가 디버깅 및 최종 full test 진행을 위한 기간이 더 필요하다 판단됩니다. 안정적인 서비스 제공을 위해 QA차수를 한 차수 추가 진행하는 것으로 의견을 드렸고 담당 관련자와 논의하여 협의되었습니다.
품질 요약	**[컨텐츠]** 1. 다수의 Critical & Major 이슈들이 발견되어 2차 QA 빌드에서 수정이 필요합니다. 　[QA 제외 커버리지] 　　- 미수정 BTS 건 **[클라이언트 성능]** - AOS와 iOS 모두 최고사양의 Memory가 높게 측정되었습니다. 　그 외 GPU 및 FPS Stability, 발열 결과가 전반적으로 Fail 처리되어 이슈 확인 및 최고 사양 단말기에서의 최적화 개선이 필요 **[네트워크]** - 특정 레이턴시에서 AOS 단말기가 불안정한 상태일 때, 앱이 자동으로 재실행 되는 이슈 발생 - 크래시/프리징 등의 이슈 발생 및 게임 진행이 불가한 이슈에 대한 원인 분석 및 개선이 필요 **[기타 이슈]** 개발자 테스트로 공유된 테스트결과 실패 항목이 다수 확인됩니다. > 다음 차수에서는 이슈가 없는 상태로 전달되어 테스트가 원활히 진행될 수 있도록 부탁드립니다.
프로젝트 진행 관련 이슈	

테스트 수행(TC, 버그) 결과 요약					
주요 버그 리스트					

TC시트명	결과	주요이슈	Success Rate(%)	Progress Rate(%)
기능	[성공율 & 커버리지 감소 요인]		%	%

테스트 종료 보고서

테스트 완료 및 평가

계획한 품질 보증 활동을 완료하면 테스트 완료 조건과 최종 테스트 수행 결과를 비교하여 출시가 가능한 상태인지 판단하여 ① **테스트 최종 결과 보고서**를 작성합니다. 제품의 출시 가능 여부는 **테스트 종료 보고서**^{QA Sign-off}로 전달됩니다. 이 보고서를 통해 품질 목표를 달성했는지, 출시가 가능한 상태인지 공유하고 최종 품질 상태에 대한 테스트 담당자의 판단 결과를 전달합니다. 산출물 구성은 테스트 수행 단계별 품질 현황 결과 보고서와 유사하나 내용상 2가지 차이가 있습니다. 첫째, 테스트 담당자의 테스트 완료 평가와 제품의 출시 가능 여부에 대한 최종 의견을 전달합니다. 출시 불가한 상황일 경우 원인을 공유하고 문제 해결 방안과 출시 여부 결정을 위한 관련자 협의 미팅(오픈 적합성 회의)을 요청합니다. 둘째, 전체 테스트 기간에 수행된 테스트의 최종 상태를 공유합니다. 총 테스트 케이스 수행 결과, 계획 대비 차이점, 잔존 결함과 리스크, 합의된 논 이슈^{known-issue}를 공유하고 전체 품질 검증 활동 진행 결과를 작성합니다.

테스트를 종료하고 제품 출시가 결정되면 예정일에 제품이 고객에게 공개됩니다. 출시 후 테스터는 라이브 환경에서 제품의 주요 기능과 작동에 문제가 발생하지 않는지, 고객의 불편사항과 결함에 대한 피드백이 전달되지 않는지 ② **모니터링을 수행**합니다. 모니터링 후 특별한 이슈나 특이사항이 발생하지 않으면 모니터링 보고서를 공유하고 프로젝트를 최종 마무리합니다. 이후 유지 보수 담당자에게 제품 및 품질 기록을 이관함으로 테스트 프로세스가 종료됩니다.

마지막으로 ③ **완료된 품질 검증 활동과 프로세스를 평가하고 개선사항을 제안하는** 미팅을 진행합니다. 테스트 활동에 대한 평가는 완료된 프로젝트에서 수행한 테스트 활동 데이터를 수집하고 각 테스트 단계와 테스트 종류별로 결과를 분석하여 테스트 활동에 대한 객관적인 평가를 기록합니다. 해당 미팅의 참여 대상은 프로젝트에 참여한 테스트 담당자(QA, TL, SET, TE) 및 테스트 조직 전체이며 미팅의 주요 의제는 테스트 수행 시 발생한 문제점(휴먼 이슈, 테스트 산출물 이슈 등), 수행 절차상 개선사항, 특이 결함 케이스, 프로세스 개선 사항을 공유하여 테스트 지식과 경험을 축적하고 문제점을 개선하는 활동을 수행합니다.

테스트 평가가 완료되면 각 프로젝트 관련자들과 모여 ④ **프로젝트 회고**^{Post-mortem} 활동을 진행합니다. 회고를 진행하는 목적은 각 직무 담당자의 잘잘못을 가리고 찾아내는 것에 집중하는 것보다 모두가 서로에게 안전하게 이야기할 수 있는 환경을 만들고 회고라는 마침표를 찍음으로 새로운 일을 준비하기 위함입니다. 회고의 참여 대상은 기획, 개발, 테스터, 마케팅 등 프로젝트 전체 인원이며 미팅의 주요 회고 내용은 프로젝트에서 발생한 잘한 일(Keep), 잘못한 일

(Problem), 개선 활동(Try)을 복기하는 것입니다. 잘한 일은 앞으로 더 잘할 수 있도록 프로세스로 정립하고 잘못된 일은 재발을 방지하기 위한 대책을 수립하거나 시스템 또는 프로세스의 개선 방안을 도출하여 이전보다 나은 다음을 준비합니다.

협업 프로세스

협업 프로세스 절차는 제품을 고객에게 제공하기 위해 기획, 개발, 테스트, 디자인 각 직무별로 제품을 생산하는 활동에 대한 절차를 정의한 것입니다. 이런 활동들은 각 직무별로 독립적이나 상호 연결되어 있고 각각의 활동들이 모여 프로젝트라는 집합을 이루게 됩니다. 협업 프로세스 절차의 목적은 주어진 기간에 각자의 작업 시간과 활동을 구성하고 목표한 일정 안에 결과를 산출하는 것입니다. 원활한 업무 흐름과 직무별 작업 시간 확보를 위해 각각의 담당자는 약속된 시간과 요구되는 품질 수준의 작업물을 산출하기 위해 노력해야 합니다. 업무 과정상 진행을 방해하는 요인을 사전에 방지하기 위해 협업 프로세스를 도입하지만 담당자 각자의 노력이 동반되지 않는다면 아무리 강력한 프로세스도 무의미해질 수 있습니다.

협업 프로세스가 필요한 이유

- 업무 진행 상황과 흐름을 쉽게 파악할 수 있고 각 직무 활동을 효율적으로 통솔할 수 있다.
- 프로세스 진행 중 발생할 수 있는 병목delay spot과 업무 누락을 빠르게 확인하고 개선할 수 있다.
- 실무자가 프로젝트에서 '해야 할 일'과 '업무 우선순위'를 쉽게 파악할 수 있다.
- 업무 관리에 소요되는 시간을 단축하고 해야 할 일에만 집중할 수 있어 생산성을 높일 수 있다.
- 프로젝트에 투입된 각 담당자와 담당자별 역할을 쉽게 파악할 수 있어 커뮤니케이션 비용을 줄일 수 있다.
- 오픈 커뮤니케이션으로 실무자 각자의 기술, 아이디어를 공유하고 공동의 목표를 달성할 수 있고 팀워크를 높일 수 있다.
- 효과적인 협업으로 프로젝트 성공 경험이 높아짐에 따라 각 개인의 업무 성취감과 경력 개발에 도움이 될 수 있다.

다음의 협업 프로세스 플로는 직무별로 수행되는 작업 활동과 공동이 함께 참여하는 업무 그리고 상호 연결된 업무 흐름 과정을 도식화한 것입니다.

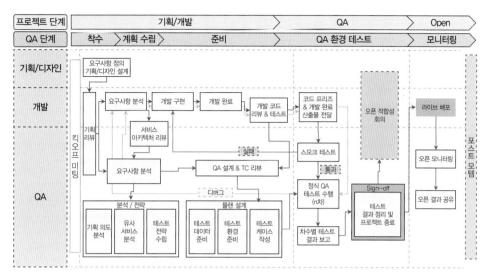

폭포수 개발 생명주기에 기반한 협업 프로세스 흐름

협업 프로세스 플로를 구성하는 활동 중 공동으로 참여하는 업무와 업무 간 상호 연결되는 활동에 집중하여 내용을 살펴보겠습니다.

킥오프 미팅

킥오프 미팅 Kick-off Meeting이란, 프로젝트 시작을 알리는 미팅으로 프로젝트에 대한 정보와 내용 공유 및 협업을 위한 필요사항을 공유하는 자리입니다. 전체 구성원이 프로젝트 구조를 이해하고 업무에 착수하는 것이 목적입니다. 킥오프 미팅의 활동 의제는 프로젝트 참여 인원 구성 및 소개와 인원별 역할을 공유하고 프로젝트에 대한 내용 공유와 목적, 목표, 요구 사항 등 정보를 공유합니다. 그리고 프로젝트 진행 과정과 마일스톤을 협의하고 협업 및 각 작업에 필요한 기술과 아이디어를 논의합니다.

테스트 담당자는 킥오프 미팅을 통해 프로젝트의 방향성, 목적, 요구 사항을 파악하여 올바른 검증 목표를 설정할 수 있습니다. 또 테스트 진행을 위한 필수 일정, 리소스, 리스크, 커버리지를 확보하고 사전 협의를 진행합니다. 그리고 제품의 품질 목표와 기준을 구성원에 공유함으로써 제품을 빌드업하는 단계에서부터 설계·구현 작업이 진행되는 절차 동안 모두가 같은 품질 목표를 두고 완성도 높은 제품을 산출할 수 있도록 품질 목표 기준을 안내합니다. 이 과정을 진행하지 않으면 구성원 각자의 품질 목표점이 달라지고 결국 제품의 완성도와 프로젝트의 성공

지점도 개개인의 목표에 따라 달라질 수 있습니다. 추가로 킥오프 중 프로젝트 요구 사항이나 목적대로 업무 절차가 설계되었는지, 업무 흐름상 비효율적이거나 병목이 발생할 부분은 없는지 확인해서 개선안을 제시합니다.

기획 리뷰

기획 리뷰란 소프트웨어 개발 산출물과 기획 명세서를 검토하여 계획되어 있는 결과와 명세상 불일치하는 것을 확인하고 수정 및 개선 의견을 전달하는 정적 테스트 활동입니다. 기획 리뷰의 목적은 기획서, 개발 설계서, 요구 사항 문서 등을 검토하여 각 기능의 결과를 예상하고 기획된 내용의 결함을 발견하며 제품에 대한 공통의 이해도를 높이고 리뷰 활동을 통한 구성원 간의 소통을 증진하는 것입니다. 기획 리뷰는 다음처럼 4가지 형식으로 진행할 수 있습니다.

비공식 리뷰 Informal Review	공식(문서화된) 절차를 따르지 않고 리뷰를 위한 회의는 선택적으로 진행한다. 문서 작성자 또는 설계자와 검토자가 짝을 이루어 결과물을 리뷰한다. 검토자는 동료나 다른 사람이 수행할 수 있고 검토자에 따라 리뷰의 성과가 달라질 수 있다.
워크스루Walkthrough	문서상 결함, 소프트웨어 개선사항 확인 및 개발 구현 방법 고려를 목적으로 정보를 수집하고 시스템에 대한 공통적인 이해를 갖기 위해 문서 작성자가 리뷰를 주도한다.
기술 리뷰 Technial Review	작업물의 잠재적 결함을 발견하고 합의를 도출하기 위한 목적의 리뷰다. 인스펙션과 같이 문서화된 절차와 검토를 위한 요구 사항을 갖는 리뷰로 작성자가 아닌 중재자에 의해 리뷰를 진행한다. 검토자는 저자의 기술 동료 또는 동일 분야의 기술 전문가가 담당한다.
인스펙션Inspection	개발 표준 위반과 상위 레벨 개발 문서와의 불일치 등과 같은 결함을 찾고자 문서를 눈으로 검사하는 리뷰로 항상 문서화된 절차에 기반하여 수행한다. 검토자는 작성자의 동료 또는 작업과 연관된 분야의 전문가가 참여한다.

기획 리뷰 형식 4가지

기획 리뷰의 형식이 결정되면 참가 인원을 선정하고 역할을 정의한 후 절차를 준수하여 필요한 활동을 수행합니다. 리뷰 절차와 각 과정에서 이루어지는 활동은 다음과 같습니다.

① **계획 활동**	리뷰의 목적을 선정하고 목적에 적합한 참가 인원을 선택한다. 참가 인원은 작업 분야에 따라 검토자, 중재자, 서기로 역할을 분담한다.
② **개별 준비**	미팅 전 사전 리뷰 활동을 진행하여 잠재적인 결함이나 미팅에서 제기할 질문과 의견을 준비한다.

③ 시작	리뷰 문서를 배포하고 리뷰의 목표, 절차를 참석자에게 설명한다.
④ 리뷰 미팅	문서 작성자가 아닌 소프트웨어를 리뷰하고 토의한다. 이에 대한 결과는 문서로 기록하고 미팅 참석자들은 발견한 결함과 처리 방안을 제안하고 개선사항을 결정한다.
⑤ 재작업	대상 문서의 작성자가 문서내 결함을 수정한다.
⑥ 후속 처리 확인	문서의 결함이 조치되었는지 참가 인원이 확인한다.

기획 리뷰 프로세스

테스트 담당자는 기획 리뷰를 통해 주요 리스크와 테스트 범위를 예측할 수 있습니다. 또한 기획 설계 단계에서 조기 결함을 발견함으로써 제품의 품질 향상과 테스트 비용 및 기간을 단축할 수 있습니다. 이외 추가로 발견할 수 있는 결함 종류와 리뷰의 이점은 다음을 참고합니다.

기획서 결함의 종류	리뷰의 이점
표준이나 규정 준수 위반	조기 결함 발견 및 수정
요구 사항의 결함	개발 생산성 향상 및 개발 기간 단축
개발과 디자인 설계 결함	테스팅 비용 감소 및 테스트 기간 단축
불충분한 유지 보수성	보다 적은 결함으로 인한 품질 향상
부정확한 인터페이스 명세	개발 공정 전체에 걸친 비용 감소

기획 리뷰의 이점

시스템 아키텍처 리뷰

아키텍처 리뷰 Architecture Review는 시스템 구조를 설계하거나 참여한 개발자에 의해 개발할 서비스의 시스템 구성과 동작 원리 그리고 시스템의 구성 환경을 설명하고 설계된 아키텍처의 품질을 체크하고 결과를 피드백 하는 것입니다. 아키텍처 리뷰를 수행해 프로젝트 관계자들과 작업 이해 수준을 맞추고 모호하거나 불분명하게 설계된 부분이 있다면 이를 잡아주어 사이드 이펙트를 줄일 수 있습니다. 아키텍처 리뷰 의제는 개발 작업의 배경과 요구 사항에 따른 목표를 소개하고 시스템 구성 및 동작 원리와 구성 요소에 대한 설계 및 구현 수준을 공유합니다. 그리고 구성 요소 간의 상호작용 구조와 외부 환경과의 관계를 기술합니다.

아키텍처 리뷰를 위한 문서에는 시퀀스 다이어그램이나 설계 구조도로 내용을 기술할 수 있습니다. 설계 구조도란 클라이언트, 서버(데이터베이스, Redis 등 모두 포함)가 기능을 수행하기 위한 연관된 시스템의 구성 요소 간 관계나 상호작용, 동작원리에 대한 묘사와 세부 설명을 담은 자료입니다. 주요 서버와 시스템의 구성 요소별 기능(예: 로그인 서버, 리소스 서버, Redis 등)을 설명하고 필요 시 확장성Scale-up/out을 보장하도록 시스템이 설계되었는지 등의 정보를 확인할 수 있도록 작성합니다. 예시는 다음과 같습니다.

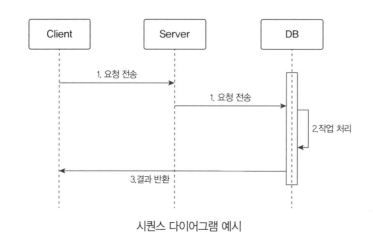

시퀀스 다이어그램 예시

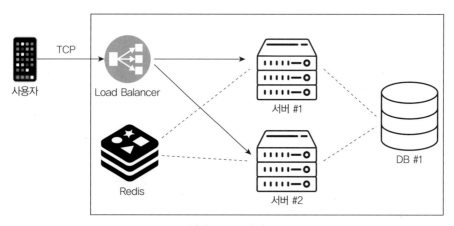

설계 구조도 예시

물리 서버	구성	설명	논리 서버
Main server	병렬	로그인, 인증, 결제 처리	메인 서버
Master server	단일	이벤트 공지, 스케줄링, 이벤트 관리 등 처리	시스템 서버
Redis	병렬	모든 데이터를 메모리에 저장	캐시 서버
User 데이터베이스	병렬	데이터를 저장하며 유저 Key로 분산 저장	데이터베이스 서버
Contents 데이터베이스	단일	계정·콘텐츠 데이터 저장	데이터베이스 서버
Auth 데이터베이스	단일	계정 인증 관리	데이터베이스 서버

시스템 구성 요소 기능 설명 예시

아키텍처 리뷰 시 추가로 연관 작업에 대한 요구 사항, 생명주기 목표 계획, 장애 발생 시 영향도와 리스크 고려사항(작업에 종속되거나 연동된 정책·인적 이슈, 개발 시 에로 사항과 같은 내부 리스크, 유저 행동 경향, 최근 소프트웨어의 동향 등 외부 요인으로 인한 리스크 및 영향도), 개발 세부 작업 리스트와 작업에 소요되는 전체 마일스톤도 함께 공유합니다. 공유되는 내용을 통해 프로젝트 관련자들이 개발 작업을 이해하고 존재하는 문제 상황과 리스크를 함께 검토하여 해결 방안을 마련합니다.

테스트 담당자는 아키텍처 리뷰를 통해 개발 작업 내용, 시스템 구조도의 오류와 리스크, 작업 영향도, 작업 의도, 구성 환경 등을 파악하여 테스트 수행 전략 및 계획을 설계하고 커버리지를 산정합니다. 기획 리뷰와 동일하게 시스템 아키텍처를 검토하여 계획되어 있는 결과와 설계상 불일치하는 부분을 확인하고 수정 및 개선 의견을 전달합니다.

개발자 테스트

개발자 테스트 Build Verification Test는 테스트 조직에서 수행하는 정식 테스트가 시작되기 전 테스트 조직에 개발 구현 작업물을 전달하기 앞서 작업물이 테스트 가능한 상태인지 확인하고자 개발 팀 또는 담당 개발자가 테스트 주체가 되어 개발 마무리 단계에서 실행하는 테스트입니다.

개발자 테스트가 필요한 이유는 개발 구현 작업물에 대한 품질의 책임이 테스트 조직뿐만 아니라 개발자에게도 동일하게 적용되기 때문입니다. 제품을 구현해내는 일이 개발자의 업무이지만 품질 또한 개발자 업무의 일환입니다.

개발자 테스트를 개발 환경에서 테스트 코드로 단위 모듈이나 시스템 모듈을 테스트하는 것이라고 정의하지만 이 책에서는 테스트 환경에서 수행하는 시스템 테스트 수준을 요구합니다. 소프트웨어를 인수하기 전 명세한 요구 사항(인수 조건)대로 동작에 이슈가 없는지 QA 테스트 환경에서 테스팅이 필요합니다.

테스트 코드로 개발자 관점에서 단위 테스트를 진행하고 결과물을 테스트 조직에 인수한 후 QA 테스트 환경에서 테스트를 수행하려고 할 때 기능이 동작하지 않거나 모듈 간 상호작용이 되지 않는 문제들을 경험하는 경우가 자주 발생합니다.

스모크 테스트 단계에서 작동되지 않는 소프트웨어를 확인하게 된다면 디버그 또는 개발구현 과정으로 프로세스가 회귀하게 되고 그만큼 일정과 리소스가 추가로 소모됩니다. 불필요한 과정과 소모를 줄이기 위해 테스트 조직으로 결과물을 인수하기 전 테스트 환경에서 시스템 테스트 수준으로 개발자 테스트를 수행하는 것을 권장합니다.

개발자 테스트 수행 방법과 절차

① 개발 완료 후 담당 개발자가 별도 테스트 케이스 없이 자체 개발 테스트를 진행하거나 또는 테스트 조직에서 전달해준 BVT 테스트 케이스를 기반으로 테스트를 진행한다.

② 테스트 완료 후 테스트 담당자에게 구현 상태에 대한 피드백을 전달한다. 개발자 테스트 중 중대 결함이 발생하거나 전체적인 성공률이 낮아 일정과 리소스 추가 투입이 필요한 경우 테스트를 중단하고 프로젝트 구성원에게 내용을 공유하여 진행 상황과 발생한 문제에 대해 모두가 인지하고 문제 처리 과정을 추적하도록 한다.

③ 개발자 테스트 후 추가 수정사항이 없다면 코드를 프리즈하고 결과물을 테스트 조직으로 인수한다.

코드 프리즈와 코드 리뷰

개발 작업이 완료되고 개발자 테스트까지 수행한 후 테스트 조직으로 작업물을 인수하기 전 개발 팀 내부에서 작성된 코드에 대한 리뷰 활동을 진행하고 추가 수정·개발 작업이 없다면 **코드 프리즈**Code Freeze 상태로 테스트 조직에 결과물을 전달합니다. 여기서 말하는 코드 프리즈 된 상태는 테스트 환경에 배포된 코드, 즉 코드를 더 이상 수정하지 않는 상황을 말합니다. 개발이 완료되고 테스트 조직으로 결과물이 인수된 이후 중간에 어떠한 추가 개발이나 수정 작업을 하지 않는 것입니다.

용어 사전 **코드 프리즈**Code Freeze

기능 동결 또는 영구 동결이라고도 하는 코드 프리즈는 소프트웨어 프로젝트에 새로운 코드 변경을 도입할 수 없는 기간을 말합니다. 코드 동결의 목적은 주요 릴리스 또는 기타 주요 시점에 대비하여 코드 베이스를 안정화하는 것입니다.

코드 프리즈가 필요한 이유는 "왜 테스트 기간 중간에 패치를 하면 안 되는가?"라는 질문에서 시작합니다. 테스트를 요청하는 단계는 계획한 개발 작업이 모두 완료된 상태입니다. 즉, 테스트 중 발견하는 문제가 없다면 라이브로 배포가 가능한 상태입니다. 그런데 코드가 프리즈되지 않은 상태에서 테스트 기간 중 코드를 추가하거나 수정 작업을 진행한다면 테스트 기간동안 발견한 오류의 원인을 규명하는 것이 매우 어려워질 수 있습니다. 또, 테스트 조직에서 진행한 품질 검증 활동과 테스트 결과에 대한 신뢰가 떨어지고 제품의 안정성도 보증할 수 없게 됩니다.

그렇다면 테스트 수행이 n차로 단계별로 진행될 때 코드 프리즈는 언제 해야 하는 걸까요? 테스트를 차수로 진행할 경우에는 차수별로 협의한 개발 작업 목록에 대해 개발이 완료된 후 코드 프리징을 합니다. 테스트 기간 중 다음 차수의 추가 개발 목록과 현재 차수에서 발견된 수정 사항은 테스트 환경에 배포된 코드로 작업하는 것이 아닌 개발 환경의 개발 중 코드에서 작업을 진행합니다. 1차 이후 디버깅된 코드와 추가 개발된 코드는 다시 프리즈 된 상태로 테스트 환경에 배포되고 이후 테스트 2차 수행을 요청합니다. 이후 3차 또는 n차 테스트 기간동안 앞서 작업을 동일하게 반복합니다. 테스트를 완료하고 출시가 가능한 상태라고 결정된 이후에는 추가 코드 작업을 하지 않고 코드 프리즈 후 라이브로 배포합니다.

코드 리뷰 Code Review란 프로그래머가 작성한 코드를 다른 개발자가 검토하고 피드백을 주고받는 활동입니다. 제3자의 시선으로 예상하지 못하거나 발견하지 못한 오류, 사이드 이펙트, 개선점을 식별할 수 있고 이슈에 빠르게 대응할 수 있습니다. 또, 기술 부채를 감소할 수 있고 리뷰에 참여하는 각자의 기술을 공유함으로써 개발 역량을 강화하고 코드에 대한 책임이 조직 전체에 있다는 문화를 만들어 제품에 대한 공동의 책임감을 가질 수 있습니다. 코드 리뷰를 수행하기 위해 구글에서는 다음과 같은 가이드를 제안하고 있습니다(참고: Google Code Review Developer Guide).

코드 리뷰 가이드

- **설계**Design : 코드가 잘 설계되었고, 시스템에 적합한가?
- **기능**Functionality : 코드가 작성자의 의도대로 잘 동작하는가? 유저에게 적합하게 동작하는가?
- **복잡성**Complexity : 더 간단하게 만들 수 있는가? 나중에 코드를 다른 개발자가 봤을 때 쉽게 이해하고 사용 가능한가?
- **테스트**Tests : 정확하고 잘 설계된 자동화된 테스트가 있는가?
- **네이밍**Naming : 개발자가 변수, 클래스, 메서드 등에 명확한 이름을 선택했는가?
- **주석**Comments : 주석이 명확하고 유용한가?
- **스타일**Style : 스타일 가이드(코딩 컨벤션)를 따르는가?
- **문서**Documentation : 개발자가 관련 문서도 업데이트했는가?

❓ 자주하는 질문 **테스터 관점에서 코드 리뷰와 코드 프리즈는 어떤 이점이 있나요?**

코드 리뷰와 코드 프리즈가 정착되기 전 품질이 매우 낮은 상태의 결과물로 인해 테스트로 확보할 수 있는 품질의 한계를 느끼는 상황을 마주하게 됩니다. 코드 리뷰와 코드 프리즈를 프로세스화 함으로써 품질을 일정 수준 확보할 수 있고, 이를 통해 투입 리소스와 테스트 시간이 단축되어 관리 비용을 절약할 수 있고 좋은 개발 문화를 정착시킬 수 있습니다.

5.3 애자일 모델에 기반한 프로세스

애자일Agile이란 특정 개발 방법론의 명칭이 아닌 "날렵한, 기민한, 민첩한"이란 의미로, 다양한 방법론의 전체를 일컫는 말입니다. 애자일 개발 프로세스의 종류에는 **익스트림 프로그래밍**XP. eXtreme Programming, **칸반**Kanban, **스크럼**Scrum 등이 있습니다. 우리는 이 중에서도 스크럼 개발 프로세스와 스크럼을 적용한 테스트 프로세스를 살펴보겠습니다.

애자일의 특징은 초기에 명세서를 작성하느라 많은 시간을 보내는 대신 개발자 간 상호작용,

작동하는 소프트웨어, 고객과의 협력, 변화 대응이라는 4가지 주요 가치에 중점을 두고 생산성과 품질을 높이고 낭비없이 빠르게 고객이 원하는 소프트웨어를 만들어 사람들의 손에 신속하게 전달하는 것을 강조합니다. 또한 개발을 진행하는 내내 지속적으로 고객의 개입을 허용하면서 빠르고 반복적이고 점진적인 개발을 수행하는 데 주목합니다.

애자일 모델

스크럼 프로세스는 계획과 종료 단계는 명확하지만 설계, 개발, 테스트는 애자일 방법론의 실천 방법과 활동을 이용합니다. 스크럼 방법론은 계획 단계에서 최종 유저, 스크럼 팀, 기타 이해관계자들이 모여 개발할 제품에 대한 요구 사항 목록과 이에 대한 우선순위를 결정하여 진행합니다. 스크럼 방법론에 대한 특징은 다음과 같습니다.

스크럼의 특징

- 스프린트(1~4주) 기간을 반복하여 개발을 진행하며 스프린트 기간이 넘으면 기간을 연장하지 않고 다음 주기로 업무를 배치한다.
- 스프린트가 진행되는 동안 선택된 항목(할 일 목록)들은 바뀌지 않는다.
- 스프린트 종료 시점에 이해당사자들과 스프린트를 리뷰하고 팀이 만든 결과물을 데모(시연)한다. 이때 나온 피드백을 다음 스프린트에 반영한다.
- 스크럼은 스프린트의 종료 시점에 코드 통합 및 테스트 완료된 잠재적으로 출시가 가능한 작동하는 제품이 나와야 한다.

테스트 프로세스

스크럼 방법론에서 테스트는 개발 프로세스에서 테스트 대상에 따라 테스트 수행을 구체화하기 어려운 측면이 있습니다. 또, 고객의 피드백이 중요하기 때문에 고객의 참여 여부와 협력 정도에 따라 제품의 품질 차이가 발생할 가능성도 높습니다. 그래서 소프트웨어 테스팅 측면에서 개발 프로세스를 **테스트 주도 개발**TDD, Test Driven Development로 실천 방법을 제시하고 있으나 개발자 프로그래밍 레벨의 테스트에 제한되는 단점이 있습니다.

🔖용어 사전 **테스트 주도 개발**TDD

선 개발-후 테스트 방식이 아닌 선 테스트-후 개발 방식의 프로그래밍 방법으로 업무 코드를 작성하기 전에 테스트 코드를 먼저 만드는 것을 의미합니다.

이런 단점을 해소하고 품질을 확보하기 위한 방법으로 개발과 병행하여 수행되는 테스트 프로세스를 정의하여 프로세스의 동시성을 확보하는 방법이 있습니다. 전체 애자일 개발 프로세스의 민첩성은 유지하면서 제품의 품질 향상을 도모하는 것이 주요 목적이며 스프린트의 테스트를 점진적으로 반복 수행함으로써 테스트 활동을 강화하고 결함과 결함 수정 지연 시간은 줄일 수 있습니다.

스크럼 프로세스는 스프린트 기간에 요구 사항을 분석하여 작업 목록을 도출하고 도출된 작업의 우선순위를 선정합니다. 이후 작업을 수행할 작업자와 작업 시간을 할당하고 스프린트를 진행합니다. 기획, 디자인, 개발, 테스트 각 작업은 스프린트 기간 중에 동시에 진행되고 일일 진척 상황 미팅을 진행하여 각자의 작업 현황과 해결이 필요한 문제 상황 등 피드백을 공유합니다.

스프린트가 종료되면 이해관계자들과 함께 스프린트 리뷰를 진행합니다. 이때 결과물에 대한 인수 테스트와 데모를 수행하고 제품을 출시합니다. 리뷰 중 확인한 피드백은 다음 스프린트에 반영합니다.

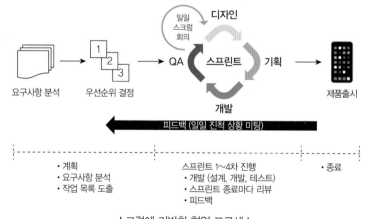

스크럼에 기반한 협업 프로세스

스크럼 프로세스에서 테스트 프로세스만 분리하여 생명주기에 따른 테스트 수행 절차와 단계별 세부 활동을 알아보겠습니다. 스프린트 전 요구 사항 분석을 통해 작업 목록이 도출되면 전달된 목록을 기반으로 테스트 대상을 분석하고 범위를 선정하여 테스트 전략을 계획합니다. 계획이 수립되면 스프린트 기간 중에 테스트 범위를 대상으로 테스트 케이스를 설계하고 유저 스토리 기반으로 테스트를 수행합니다. 이때 발견한 결함을 기록하고 관리하며 수정 여부에 따라 테스트 활동을 반복합니다. 스프린트가 종료되고 제품을 출시하기 전 스프린트 반복 주기별로 배포된 코드를 통합하고 시스템 테스트와 인수 테스트를 최종적으로 진행합니다. 보고된 결함이 모두 수정되거나 또는 다음 스프린트로 이관되면 현재 스프린트의 결과물에 대한 테스트 종료를 보고하고 완료조건을 평가하여 제품을 출시합니다.

스크럼에 기반한 테스트 프로세스 생명주기

스크럼 테스트 프로세스 생명주기의 테스트 수행 단계별 활동에 대한 정의와 수행 방법을 자세히 살펴보겠습니다.

테스트 전략

스크럼 테스트 프로세스의 테스트 전략은 개발방법론에 영향을 받습니다. 스크럼 개발방법론은 소프트웨어 개발 과정에서 지속적으로 발생하는 변경에 유연하게 대응해 생산성과 품질 향상을 목표로 합니다. 테스트 전략도 마찬가지입니다. 처음 정해진 계획이나 일정을 고집하기보다 개발 주기, 개발 환경에 따라 유연하게 대처하고 스프린트 내 테스트를 반복적이고 점진적으로 수행함으로써 생산되는 제품의 품질 향상과 스프린트 종료 후 제품 출시를 목표로 테스트 수행 전략을 계획합니다.

테스트 전략 및 접근 방안 계획은 스프린트 전 단계에서 수행합니다. 요구 사항과 작업 목록 분석을 통해 유저 스토리를 기반으로 우선순위를 결정하고 테스트 범위, 리스크 분석, 테스트 소요 시간, 제약 사항 등을 설정하여 스크럼 팀에 공유합니다.

스크럼 테스트는 개발 구현과 테스트 단계를 구분하지 않고 각각의 유저 스토리별로 동시에 이루어집니다. 각 스프린트 차수가 끝나면 작동 가능한 소프트웨어가 만들어져야 하며 반복 주기별로 배포가 이루어지는 특징을 참고하여 테스트 전략을 수립합니다.

🔍 용어 사전 유저 스토리 테스트

유저의 요구 사항을 '누가, 이러한 이유로 인해, 이러한 기능이 필요하다'의 형태로 기술한 것으로 제품을 이용하는 유저가 기능에 대한 요구 사항을 고객이나 개발자 모두 이해할 수 있도록 작성하는 것입니다. 유저 스토리 테스트는 이런 유저의 요구 사항을 세분화하여 고객이 원하는 기능이 제대로 동작하는지, 예외 상황이 발생하지 않는지 확인하는 테스트입니다.

테스트 단계가 구분되는 시스템 테스트와 인수 테스트는 스프린트 이후 제품 출시 전에 수행하도록 계획합니다. 테스트는 스프린트 종료 후 반복 주기별로 배포된 코드를 통합할 때 연계된 이슈와 비즈니스 이벤트 중심의 시나리오 그리고 비기능 요구 사항을 중심으로 테스트를 수행합니다. 테스트 중 요구 사항에 대한 구현이 미흡하거나 개선사항에 대한 피드백은 스프린트 종료 시마다 의견을 전달합니다.

스크럼 팀은 개발 조직과 테스트 수행 조직을 구분하지 않습니다. 스크럼 팀에 테스트 인력을 투입하거나 테스트 특화된 기능을 수행하는 역할자를 배치합니다. 스크럼 팀에 소속된 각 작업자의 역할과 담당 업무 그리고 테스터의 역할과 책임은 다음과 같습니다.

역할	담당 업무 및 책임
기획자	유저 요구 사항에 대해 우선순위를 결정하여 제품 백로그를 작성한다.
스크럼 마스터	개발자와 테스터 작업 결과에 대해 리뷰하고 피드백 수행한다. 스프린트 진행 중 개발자와 테스터가 참여하는 일일 회의를 주관하고 스프린트 진행의 장애 요소나 이슈 등을 공유하고 제거하는 역할을 수행한다. 스프린트 종료 후 다음 스프린트 계획 수립 시 우선순위를 재조정하고 구체화한다.
개발자	요구된 기능을 구현한다(UI설계 및 코드 개발, 단위 테스트). 작업 수행 진척과 이슈는 일일 회의에서 공유하고 결함을 포함한 개발 이슈에 대해 조치한다.
테스터	요구 사항과 작동되는 제품을 비교하여 테스트 케이스를 작성한다. 유저 스토리 테스트와 통합 테스트를 수행한다.

역할과 책임

테스트 설계

스프린트 기간 내 개발 작업(설계, 코딩, 단위 테스트)이 진행되는 동안 테스트 담당자는 스프린트별로 세분화하여 할 일 목록으로 전달된 **테스트 대상을 분석하여 테스트 수행 범위를 선정**합니다. 테스트 범위는 유저 스토리 단위로 우선순위가 선정되고 테스트 케이스 작성을 동시에 진행합니다. 스크럼에서 수행되는 테스트 유형은 다음과 같습니다.

테스트 유형	테스트 목적	수행자
단위 테스트	컴포넌트, 모듈 단위 레벨에서 테스트를 수행한다.	개발자
유저 스토리 테스트	유저 스토리에 대한 테스트를 수행한다.	테스터
시나리오 테스트	• 유저 스토리를 기준으로 인터페이스를 포함한 유저의 비즈니스 또는 이벤트 시나리오에 대해 테스트를 수행한다. • 제품의 사용성, 성능, 효율성, 유지 보수성 확인한다.	테스터
시스템 테스트	비기능적 요구 사항을 중심으로 테스트를 수행한다.	테스터
인수 테스트	• 계획 단계의 요구 사항에 대해 구현을 확인한다. • 배포 이후 운영관점에서 테스트를 수행한다.	테스터 및 일부 스크럼 관계자

테스트 유형 및 테스트 목적

테스트 범위가 선정되면 **테스트 케이스를 작성**합니다. 이때 자동화와 같은 기술 검증에 필요한 테스트 스크립트도 함께 작성합니다. 테스트 케이스는 유저 스토리를 기반으로 설계하고 테스트를 설계하는 시점에 테스트 케이스 작성도 동시에 진행합니다. 작성된 테스트 케이스는 스크럼 팀에 공유하고 개발자 단위 테스트에 활용하며 테스트 케이스와 테스트 스크립트는 지속적으로 피드백을 받고 개선합니다.

테스트 케이스 작성을 완료하면 테스트 수행을 위한 **테스트 데이터 및 테스트 도구**를 준비합니다. 테스트 데이터는 테스트 케이스에서 요구하는 조건을 충족하는 데이터로 준비하되 유저 스토리 관점의 테스트 데이터로 준비합니다. 테스트 도구는 자동화 또는 기타 기술 검증 테스트가 요구될 경우 필요에 맞는 도구로 준비합니다. 결함 보고용 관리 도구가 이미 존재할 경우 스프린트 기간별로 결함을 추적하고 관리할 수 있도록 형상 관리 버전을 적용하도록 준비합니다.

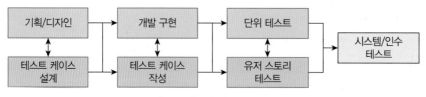

스크럼 프로세스의 테스트 준비 절차

테스트 실행

테스트 케이스가 준비되면 계획한 테스트 활동을 수행합니다. 스프린트 기간에 개발 작업이 진행되는 동안 테스트 설계와 시나리오 작성이 동시에 진행되는 것과 마찬가지로 테스트 실행도 설계와 함께 스프린트 타임박스 안에서 동시에 수행합니다.

동시 진행이라고 해서 테스트 설계와 작성, 실행이 뒤섞여 순서 없이 진행되는 것이 아니라 각각의 수행 단계별로 고정된 일정은 없으나 같은 기간 안에 절차를 갖고 업무가 진행됩니다. 예를 들어 스크럼 기간을 2주로 산정했다면 해당 기간 안에 기획과 개발의 설계, 구현이 진행되고 같은 기간 안에 절차에 따라 테스트 범위를 산정하여 테스트 케이스를 작성하고 테스트를 수행하는 것입니다. 다만 애자일의 특성상 변경과 변화가 지속적으로 발생하기 때문에 주어진 기간과 업무도 유연하게 대응하는 것이 필요합니다.

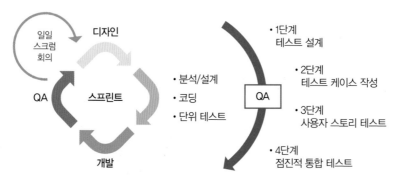

애자일에 기반한 테스트 프로세스

스프린트 기간에 진행되는 테스트 실행은 테스트 가능한 페이지가 완성되면 유저 스토리 관점에서 기능 레벨 테스트를 수행하고 이후 유저 스토리를 기반으로 모듈 간 인터페이스를 포함한 유저의 비즈니스 또는 이벤트 시나리오에 대해 테스트를 수행합니다. 그리고 스프린트가 반복될 때마다 점진적 통합 테스트를 수행합니다.

테스트 케이스나 시나리오를 수행하는 중 기능이 제대로 동작하지 않거나 사용자 요구 사항이 적용되지 않았거나 예외 상황이 발생하면 결함을 기록하고 보고합니다. 보고된 결함이 수정 적용되면 수정사항에 대한 확인을 위해 테스트 활동을 반복해서 진행합니다.

각 스프린트 차수가 끝나면 유저 스토리 및 시나리오 테스트에 대한 결과를 공유하고 스프린트 기간 중 수정하지 못한 결함이 존재할 경우 문제 상황과 결함을 반영할 스프린트 차수 결정, 개선사항에 대한 피드백을 전달합니다. 피드백은 일일 진척 상황 미팅을 진행하여 각자의 작업 현황과 해결이 필요한 문제 상황 등을 공유합니다.

스프린트가 종료되면 이해관계자들과 함께 스프린트 리뷰를 진행합니다. 보고된 결함이 모두 수정되거나 또는 다음 스프린트로 이관되면 현재 스프린트의 결과물에 대한 완료조건을 평가하여 테스트 종료를 보고합니다. 리뷰 중 확인한 피드백은 다음 스프린트에 반영합니다.

스프린트 종료

스프린트가 종료되면 제품 출시 전 스프린트 반복 주기별로 배포된 코드를 통합하여 최종 시스템 테스트와 인수 테스트를 수행하고 잔존한 이슈가 없으면 제품을 출시합니다. 시스템 테스트는 비기능적 요구 사항을 중심으로 테스트를 수행하고 인수 테스트는 배포 이후 운영 관점에서 테스트를 수행합니다. 인수 테스트의 경우 출시 진 배포가 가능한 상태인지 확인을 위한 마지막 절차로 테스터 외에 기획이나 개발, 스크럼 마스터가 함께 참여하여 시연할 수 있습니다.

테스트가 종료되면 완료 조건과 최종 테스트 수행 결과를 비교하여 출시 가능 여부를 확인합니다. 제품의 출시 가능 여부는 테스트 최종 결과 보고서로 의견이 전달되며 품질 목표를 달성하여 배포가 가능한 상태인지 공유하고 최종 품질 상태에 대한 테스트 담당자의 판단 결과 오픈 가능 여부를 전달합니다.

5.4 프로세스가 필요한 이유

기술적이고 표준화된 프로세스를 프로젝트에 맞게 설계하여 적용했지만 각 직무별 담당자가 프로세스를 지키지 않고 일방적으로 업무를 진행한다면 아무리 좋은 프로세스가 있어도 무용지물이 될 것입니다. 아무도 지키지 않는 프로세스라면 도입을 고려하거나 없애도 되지 않을까요?

우리가 공동체의 일원으로 사회를 살아갈 때 사회 생활의 준칙인 법률, 규칙, 도덕 등 사회 규범을 받아들이고 규칙을 따라야 합니다. 일부 규칙은 법률로 정해져 있어 지키지 않았을 때 직접적인 제재를 받을 수 있고 도덕·관습과 같은 규칙은 마땅히 지켜야 할 사회적 도리이기는 하나 개인의 선택과 책임에 맡기기도 합니다.

프로세스도 이와 같습니다. 프로세스는 각 구성원의 합의로 결정된 하나의 약속입니다. 하지만 강제성은 없습니다. 구성원의 선택과 책임입니다. 하지만 약속을 지키지 않아 발생하는 문제에 대한 책임에서 결코 자유로울 수는 없습니다. 사회적 약자를 보호하고 더 나은 공동체를 유지하려면 법을 폐지할 수 없듯이 프로세스를 지키지 않는다고 해서 없앨 수는 없습니다.

프로세스가 필요한 이유는 프로젝트 구성원들의 지식과 역량 수준의 차이에 따라 제품의 품질 수준에 차이가 발생할 수 있기 때문입니다. 따라서 일정 수준의 품질을 제공하려면 조직 단위의 공통화 된 프로세스가 필요합니다. 프로세스의 도입으로 품질의 불확실성을 제거할 수 있고 프로젝트 또는 조직의 업무 수행 능력을 향상시킬 수 있으며 정량화된 데이터로 리스크를 예측해서 위험을 방지할 수 있습니다. 또 오류의 근본 원인을 제거함으로써 고객을 보호하고 고객 만족을 달성할 수 있습니다.

품질 관리자의 역할 중 '프로세스 품질 관리'와 '프로세스 준수 심사'가 포함되는 이유가 여기에 있습니다. 지켜지지 않는 프로세스로 인해 프로세스 존재 여부를 고민하는 것이 아닌 프로젝트 진행 중 프로세스가 준수되지 않음으로 인해 품질에 영향을 끼치는 요인이 있는지를 지속적으로 심사하고 관리해야 합니다.

Tip. CMMi를 사용하여 현재 조직이 위치한 프로세스 품질 레벨을 확인하고 높은 레벨에 도달하기 위한 프로세스 성숙도 및 수행 능력을 평가하여 개선 작업을 수행합니다. 프로세스 품질이 개선되면 프로덕트 품질 개선의 효과도 획득할 수 있습니다. 제품의 품질은 프로세스 품질과 밀접한 관련이 있기 때문입니다.

📖 용어 사전 **CMMi** Capability Maturity Model Integration

CMMi란 조직의 프로세스 성숙도 및 수행능력을 평가하고, 개선 가능케 하는 통합 모델입니다. 레벨 5에 가까울수록 제품의 품질은 높아지고 리스크는 낮아지며 레벨 1에 가까울수록 품질은 낮아지고 리스크는 높아집니다.

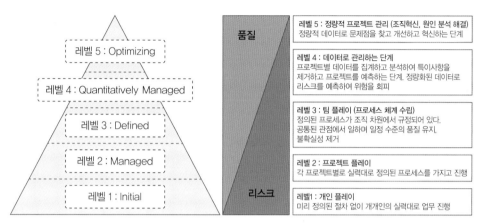

		레벨 5 : 정량적 프로젝트 관리 (조직혁신, 원인 분석 해결) 정량적 데이터로 문제점을 찾고 개선하고 혁신하는 단계
품질		레벨 4 : 데이터로 관리하는 단계 프로젝트별 데이터를 집계하고 분석하여 특이사항을 제거하고 프로젝트를 예측하는 단계. 정량화된 데이터로 리스크를 예측하여 위험을 회피
		레벨 3 : 팀 플레이 (프로세스 체계 수립) 정의된 프로세스가 조직 차원에서 규정되어 있다. 공통된 관점에서 일하며 일정 수준의 품질 유지. 불확실성 제거
		레벨 2 : 프로젝트 플레이 각 프로젝트별로 실력대로 정의된 프로세스를 가지고 진행
리스크		레벨1 : 개인 플레이 미리 정의된 절차 없이 개개인의 실력대로 업무 진행

CMMi 프로세스 품질 레벨(출처: CMMi)

팀 구성원, 프로젝트, 조직 차원에서 프로세스 품질 관점을 도표로 설명한 것으로 레벨 5를 목표로 레벨 1~4를 수행합니다.

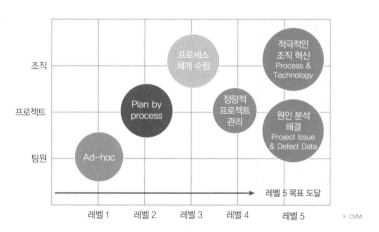

CMMi 프로세스 품질 레벨 도표(출처: 오토에버시스템즈 발표 자료)

핵심 요약

소프트웨어 테스트 프로세스

테스터가 설계에 참여하고 절차에 관여하며 관리해야 할 프로세스 품질 관리 활동입니다. 품질 목표 달성을 위한 프로세스 준수 여부, 품질 통제 활동, 프로세스의 품질 심사, 프로세스 개선 활동을 수행합니다.

폭포수 모델

소프트웨어를 개발하는 기본 모델로 요구 사항 분석–설계–구현–테스팅–유지 보수 단계로 작업이 진행됩니다. 폭포수 모델을 기반으로 테스트 프로세스와 협업 프로세스를 설계합니다.

- **테스트 프로세스**: 소프트웨어의 품질 기준을 만족하기 위한 테스트 수행 절차로 테스트를 효율적으로 실행하기 위한 테스트 단계별 활동이다.
- **협업 프로세스**: 프로젝트에 참여한 작업자가 상호 연결된 절차와 일이 처리되는 과정의 조정을 통해 목표한 제품을 생산하는 활동이다.

애자일 모델

애자일 개발 방법론 중 스크럼을 적용한 테스트 프로세스와 수행 절차를 설계합니다.

- **테스트 프로세스**: 개발 작업과 병행하여 수행되는 테스트 프로세스로 스프린트 내 테스트를 반복적이고 점진적으로 수행함으로써 테스트 활동을 강화하고 결함은 줄이기위한 테스트 활동이다.

프로세스가 필요한 이유

조직 단위의 공통화 된 프로세스로 일정 수준의 품질을 제공하고 구성원의 역량에 따른 품질의 불확실성을 제거하고 리스크를 예측하여 방지합니다.

4
주 차

실전
소프트웨어 테스팅

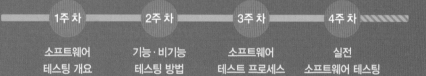

1주차	2주차	3주차	4주차
소프트웨어 테스팅 개요	기능·비기능 테스팅 방법	소프트웨어 테스트 프로세스	실전 소프트웨어 테스팅

4주 차에서는 경험을 중심으로 테스트를 수행하는 데 필요한 관련 정보를 소개하고 실무에 서만 배울 수 있는 경험과 지식을 이 책을 통해 참고하여 업무에 쉽게 활용할 수 있도록 정 보를 제공합니다.

6강

실무에서 경험하는 테스팅

6강에서 소개하는 내용은 다음과 같습니다.

- 테스트 범위에 포함되는 리스크 요소를 이해하고 식별하는 방법

- 테스트 대상의 커버리지 크기에 따라 테스트 실행 범위를 계획하는 방법

- 다양한 원인으로 발생하는 버그를 식별하고 내용을 기술하는 방법

- 테스트 종료 후 서비스 출시에 대한 최종 결정을 판단하고 사인오프를 선언하는 방법

- 유지 보수를 위해 시스템 환경과 테스트 산출물의 버전을 관리하는 방법

실무에서만 배울 수 있는 경험과 지식을 책을 통해 좀 더 쉽게 참고해서 업무에 활용해볼 수 있을 것입니다. 그로 인해 여러분 앞에 놓인 문제에 대한 걱정과 실패를 줄이고 해결책을 찾을 수 있기를 기대합니다.

6강 커리큘럼

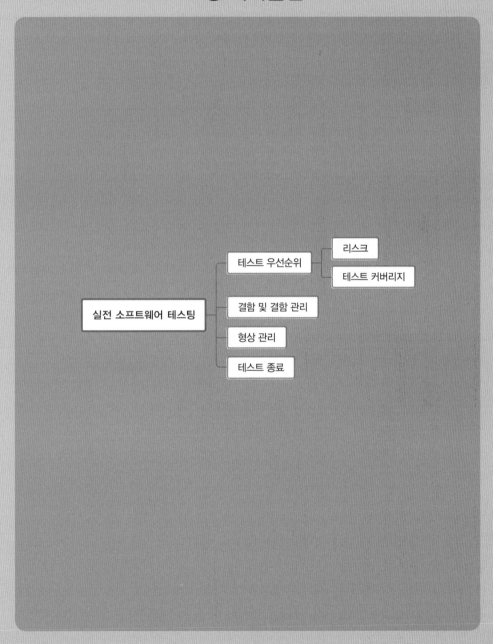

6.1 품질에 영향을 미치는 요소, 리스크

앞서 테스터는 제품 설계 단계부터 출시 이후까지 제품에 영향을 미치는 모든 요소를 발견하고 제어하며 차단하고 예방하는 활동을 수행한다고 했습니다. 여기서 '제품의 품질에 영향을 미치는 요소'는 과연 무엇일까요? 이 질문에 "소프트웨어에 존재하는 기능적 결함으로 소프트웨어가 제대로 작동하지 않는 것"이라고 답했다면 맞기도 하고 틀리기도 합니다. 정확하게 얘기하면 다음과 같습니다.

품질에 영향을 미치는 요소 = 위험 요소 = 리스크

이 정의를 소프트웨어 기능상 결함 범위를 벗어난 상황으로 예시를 들어보겠습니다.

[사례]

완성도가 높은 기획 명세서와 개발 설계서가 준비되었고 테스터 A에게 테스트 케이스 설계를 요청했습니다. 참고로 테스터 A의 특징은 어떤 소프트웨어를 테스트하든 오탈자와 디자인 UI의 깨짐을 가장 중요한 우선순위로 두고 테스트를 수행합니다. 테스터 A는 테스트 케이스의 70% 이상을 UI 확인에 중점을 두고 테스트를 설계했습니다.

이후 테스트 케이스 설계 범위와 계획을 프로젝트 구성원과 공유하지 않았고 테스트 조직이나 리더도 테스트 케이스 리뷰 활동을 누락합니다. 그리고 테스터 A는 준비된 테스트 케이스로 테스트를 수행합니다. 테스터 A가 작성한 (오탈자와 UI 깨짐을 중심으로 작성된) 테스트 케이스의 성공률이 100%에 도달했고 테스트 리더는 성공률만 확인하고 "제품 출시가 가능하다."라는 의견을 전달합니다.

제품을 출시한 이후 '품질을 검증하지 못한 영역에서' 너무 많은 결함이 발생해서 제품에 대한 고객의 신뢰도는 끝없이 하락했습니다. 결국 고객은 제품 사용을 포기하기에 이릅니다. 고객은 제품을 떠나는 것에 그치지 않고 제품을 만든 회사에 대한 신뢰까지 버렸습니다. 소프트웨어의 실패로 회사의 명성도 위험에 이르게 됩니다.

예시 상황에서 발견되는 위험 요소를 살펴보면, 테스트 인력의 역량과 경험 부족 그리고 테스트 설계기법을 적용한 설계와 체계적인 테스팅을 준비하지 못한 것, 개발자 테스트를 수행하지 않은 것, 테스트 리더의 테스트 케이스 리뷰 누락 및 테스트 전략 공유 누락, 리스크와 우선순위 분석을 통한 테스트 범위 설정 미흡, 테스트 완료 조건 평가 누락, 테스트 제어활동 누락까지 대략만 살펴봐도 소프트웨어의 기능상 결함 범위를 벗어난 위험 요소가 일곱 가지나 됩니다.

이처럼 제품에 영향을 미치는 위험 요소는 기능적 결함에만 존재하지 않습니다. 투입 인력, 일정, 프로세스, 리스크 관리, 제어 활동 등 제품의 결과물이 나오기까지 영향을 미치는 모든 요소가 위험 요소가 될 수 있습니다. 대표적인 위험 요소를 정리하면 다음과 같습니다.

대표적인 위험 요소 12개

① 작동하지 않는 소프트웨어

② 발생 빈도가 높고 영향력이 높은 오류를 내포한 소프트웨어

③ 부족한 인력

④ 빠듯한 일정

⑤ 비용 증가 요소

⑥ 고객 요구 사항의 잦은 변경

⑦ 테스팅 중요성의 인식 부족으로 테스트 조직 또는 테스트 활동 부재

⑧ 개발 프로세스 내 테스트 절차 누락

⑨ 리스크 관리와 우선순위 결정 누락

⑩ 투입 인력의 전문성, 역량, 기술, 경험 부족

⑪ 직무별 단위 프로세스 및 협업 프로세스 부재

⑫ 개발·테스트 작업에 대한 제어 및 감사 활동을 진행할 컨트롤타워 부재

품질에 영향을 미치는 위험 요소 즉, 리스크가 높다는 것은 제품의 결함 가능성을 높이고 결함으로 인한 장애 발생율을 높이며 이로 인한 손실이 크게 발생된다는 것을 의미합니다.

테스터는 이런 위험 요소를 제어하기 위해 발생할 수 있는 모든 리스크를 이해하고 식별할 수 있어야 합니다. 리스크 분석을 기반으로 도출된 위험 요소를 완화하고 컨트롤할 수 있는 테스트 전략과 기술을 이용해 위험에 대비할 수 있는 방책을 마련해야 합니다. 이를 통해 테스터는 제품의 품질에 영향을 미치는 모든 요소를 차단하고, 예방하는 활동을 수행할 수 있습니다.

리스크 식별

리스크를 도출하고 완화하기 위해 가장 중요한 것은 리스크를 식별하는 것입니다. 가장 쉽게 식별하는 방법은 소프트웨어나 시스템에서 중요성이 높고 사용 비율이 높은 영역(기능·콘텐츠, 서버 등)과 결함이나 장애 발생시 손실 비율이 높은 범위를 선별하는 것입니다. 또 인적·기술적(예: 복잡한 시스템) 이슈가 잠재된 경우 결함이 발생할 가능성이 높은 범위를 리스크로 선정할 수 있습니다.

리스크를 식별하는 활동은 테스터가 단독으로 결정할 수 없습니다. 예를 들어 인적 이슈로 인한 리스크가 존재할 경우 프로젝트에 투입된 각 작업자의 특징을 테스터가 모두 파악할 수 없기 때문입니다. 앞서 12가지로 살펴본 잠재적 위험요소에서 실제 결함을 발생시키는 리스크를 식별하기 위해 프로젝트 매니저, 협업관계자, 조직 또는 리더들과 함께 공동의 지식을 모아 리스크를 결정해야 합니다. 여기서 테스터는 다양한 프로젝트와 협업, 결함 발견 경험을 활용해 발생할 수 있는 새로운 리스크에 대한 의견을 주고 불확실한 리스크를 결정하지 않도록 지원합니다.

리스크 기반 테스트

리스크 기반 테스트 Risk Based Test는 식별된 리스크에 우선순위를 부여하여 테스팅 순서를 결정하는 것입니다. 실무에서 리스크 기반 테스트를 사용할 수 있는 방법은 작성된 테스트 케이스에서 리스크가 높은 범위에 레벨(예: 리스크 높음–레벨1〉〉리스크 낮음–레벨3)을 달아 테스트 수행 범위에서 우선적으로 진행하는 방법이 있는가 하면 테스트 케이스 설계 단계에서 리스크에 중점을 둔 기법(예: 강한 동등 분할+경곗값 분석, 페어와이즈)을 적용하는 방법도 있습니다.

리스크 관리

제품의 목표 달성을 위해 리스크 요인을 식별하고 이를 처리하여 잠재적으로 발생할 수 있는 결과를 파악하여 대책을 마련해야 합니다. 프로젝트 또는 조직이 새로운 리스크를 식별하고 해결한 과정을 문서화하여 프로세스에 리스크를 관리하는 계획을 포함합니다.

리스크를 예방하기 위해 때로는 위험 요소를 차단하는 절차나 규정을 만들어 강제하기도 합니다. 또는 리스크 관리 프레임워크를 활용하여 체계적인 리스크 관리를 수행합니다. 소프트웨어에 위험 요소가 되는 목록을 만들어 리스크가 발생하면 미치게 될 영향력에 따라 우선순위를 설정합니다(순위에 따라 리스크 허용 범위 기준을 설정합니다). 그리고 프로젝트의 작업 단계별로 위험 요소가 발생할 수 있는 경로를 확인하여 문제를 해결하고 재발을 방지하기 위한 보안 강화 등의 대책을 마련합니다.

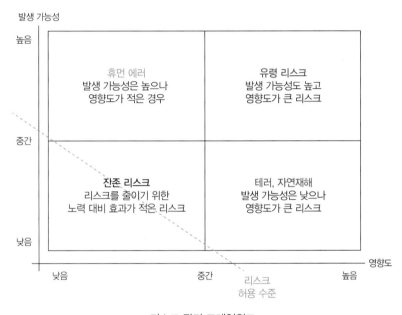

리스크 관리 프레임워크

테스터는 리스크 요인으로 발생된 이슈 사례와 위험 요소 리스트를 활용하여 별도의 리스크 검증을 위한 체크리스트를 생성하고 프로젝트 구성원과 공유합니다. 기능 테스트나 자동화를 적용하여 확인할 수 있는 위험 요소는 테스트 프로세스 안에 테스트 수행 절차를 도입하여 품질을 확보하도록 계획합니다. 테스팅 범위를 벗어난 개발 설계, 시스템 구조와 관련된 요소는 협업 프로세스 안에 절차를 마련하여 담당 작업자가 체크리스트를 확인하고 결과를 공유할 수 있도록 프로세스화 합니다. 테스트 중 새롭게 발견한 리스크는 체크리스트로 기록하고 지속적으로 관리할 수 있도록 규칙을 적용합니다.

확인 부서	리스크 체크리스트	확인 결과
개발 - 클라이언트	개발자 테스트가 수행되지 않았다.	이슈 있음 ▼
개발 - 서버	시스템 구조상 개인 정보가 유출될 가능성이 높다	해당 없음 ▼
개발 - 인프라	보안 정책이 적용되지 않았다.	해당 없음 ▼
기획	국가별 관리 정책이 마련되지 않았다.	이슈 없음 ▼
운영	운영자 메일 발송시 다른 유저의 정보가 노출되는 사례에 대한 대응책을 마련하였다.	이슈 있음 ▼
테스터	리스크와 우선순위 분석을 통한 테스트 범위 설정을 하지 않았다.	이슈 있음 ▼

리스크 검증을 위한 체크리스트 예시

리스크 관리 단계에는 발생 가능성이 높고 미치는 영향력에 따라 우선순위를 선정하고 대응 전략을 통해 리스크를 처리하는 과정을 나타냅니다. 리스크 관리 계획을 통해 잠재된 리스크를 식별하고 분석하여 사전 대응하는 방법과 전략을 마련합니다.

① 리스크 식별	리스크를 식별하고, 식별한 리스크는 체크리스트에 기록하여 문서화한다.
② 리스크 분석	리스크 요소를 분석하여 예측되는 문제를 입증하고 발생할 확률을 예상한다.
③ 리스크 평가	리스크 분석을 통해 리스크가 영향을 미칠 범위에 따라 우선순위를 설정한다. 평가를 통해 허용 가능한 리스크 수준을 결정한다.
④ 리스크 완화	리스크의 대응 전략을 마련한다.
⑤ 리스크 모니터링	적용한 대응 전략에 따라 리스크의 영향도를 제어한다.

리스크 관리 5단계

6.2 테스트 크기에 따른 커버리지 계획

언젠가 여러분은 테스트 리더가 되어 제품의 품질을 관리하고 담당하는 역할을 맡게 될 것입니다. 경험과 노하우가 많은 시니어에게는 테스팅 계획에 따른 테스트 커버리지를 선정하는 것이 매우 쉬운 일입니다. 하지만 신입이나 경험이 부족한 주니어에게는 테스팅을 계획하고 테스트 범위를 선정하는 단계부터 큰 벽에 가로막힙니다. 테스트 리더로서 테스트가 누락되어 검증되지 않은 영역이 없도록 가장 적절한 테스팅 기법을 선택하고 계획을 설계해야 한다는 부담은 매우 큽니다. 물론, 주변 선배나 조력자에게 배우거나 또는 실무에서 테스트를 수행하면서 발생하는 시도나 실패를 경험하며 배울 수 있습니다. 하지만 많은 경우 이런 도움을 받을 수 있는 경로나 실패를 경험하며 배울 수 있는 시간조차 주어지지 않을 때가 많습니다.

테스트 종류와 방법에 대해 알려 주는 사이트나 책은 많지만 테스트 크기에 따라 커버리지를 어떻게 선정할 수 있는지에 대한 안내를 찾기는 어렵습니다. 아마도 주어지는 임무에 따라 시스템의 크기가 다양하고 각 회사의 테스트 조직 크기와 테스트 인원이 보유한 역량이 다르며 테스트를 위해 지원되는 자원도 다르기 때문일 것입니다. 그래서 특정한 케이스로 커버리지를 선정하는 방법을 설명하기가 어렵습니다.

이 책에서도 여러분이 처한 상황과 환경 안에서 가장 적절한 커버리지를 선정하는 방법을 안내할 수는 없습니다. 대신 좀 더 다양한 사례로 테스트 범위를 계획하는 예시를 통해 커버리지를 선정하는 방법을 소개하려고 합니다. 이 예시를 참고하여 실무에 적용하거나 아이디어를 얻을 수 있는 도구로 활용하기 바랍니다. 문제의 해답을 줄 수는 없지만 해답을 고민하고 스스로 해결하는 능력을 갖추어 간다면 가장 좋은 방법을 알아낼 수 있을 것입니다.

테스트 커버리지를 선정한다는 것은 간단히 말해 **무엇**what을 **어떻게**how **테스트할지 결정하는 것입**니다. '5강 소프트웨어 테스트 프로세스'에서 기능 테스트와 비기능 테스트 유형을 살펴보면서 단위 테스트, 통합 테스트, 시스템 테스트, 기능 테스트, 호환성 테스트, 성능 테스트 등 수많은 테스트 종류가 있는 것을 확인했습니다. 그리고 테스트 리더는 배운 것을 토대로 테스트 크기와 상관없이 무조건 모든 테스트를 동원하여 테스트를 수행하겠다는 계획을 세웠습니다. 이것이 올바른 선택과 결정이라고 할 수 있을까요?

좋은 커버리지를 확보하는 방법은 테스트할 제품을 먼저 이해하고 고객과 관련자의 요구 사항과 시스템 크기, 리스크 요소, 주어진 일정, 투입 인원과 인원이 보유한 역량, 프로젝트의 목표, 지원되는 자원(테스트 도구, 테스트 환경 등) 등 여러 조건을 고려해야 합니다.

테스트 커버리지를 선정할 때 제품에서 발생하는 모든 문제를 해결하기 위해 너무 많은 것을 하려고 시도하지 않아야 합니다. 테스트 리더는 제품을 충분히 이해하고 제품과 개발 작업에서 중요한 것이 무엇인지에 초점을 맞추어야 합니다. 중요한 것부터 우선순위로 정리해서 테스트 커버리지를 선정하는 것이 중요합니다.

때로는 대형 프로젝트가 할당되기도 하고 때로는 작은 이슈 수정 또는 개선 정도의 유지 보수 업무가 할당되기도 합니다. 맡겨진 임무에 따라 테스트 크기도 달라집니다. 그러므로 여기서는 테스트 범위를 선정하는 방법으로 테스트 크기에 따라 커버리지를 분류하는 방법으로 소개하겠습니다.

> **💡Tip.** 구글에서는 테스트의 단계(단위 → 통합 → 시스템 → 인수)를 크기로 분류해 소형, 중형, 대형, 초대형으로 분류합니다. 이 책에서의 테스트 크기는 '테스트 범위가 포함되는 정도' 또는 '테스트 부피'를 의미합니다. 테스트 크기에 따른 테스트 범위를 선정하는 방법을 이해하기 쉽게 설명하기 위해 작은 사이즈 테스트, 중간 사이즈 테스트, 큰 사이즈 테스트라고 명명했습니다.

작은 사이즈 테스트

작은 사이즈 테스트 Small Size Test는 모듈 간 상호작용이 없는 독립된 하나의 기능을 테스트하는 수준으로 봅니다. 테스트 반경을 확장하더라도 테스트하는 기능에 영향을 받는 주변 기능 또는 시스템이 범위에 해당됩니다.

예를 들어, 기존에 운영되는 소프트웨어 시스템에서 결함이 발견되어 이를 수정하여 패치하고자 한다면 첫째, 수정되는 결함에 대한 확인 테스트만 수행하거나 둘째, 디바이스나 운영체제별로 수정 패치가 동일하게 적용되었는지 호환성 테스트를 수행하거나 셋째, 수정되는 결함에 연관된 주변 기능에 대한 리그레션 테스트를 수행할 수 있습니다.

작은 사이즈 테스트를 수행할 경우 선정되는 테스트 종류는 **단위 테스트** 또는 **기능 테스트**(수정되는 기능에 제한된), **호환성 테스트**, **리그레션 테스트** 이 3가지로 테스트 커버리지를 선정할 수 있습니다.

개발 생명주기 단계로 분류하는 경우, 작은 사이즈 테스트에 해당되는 테스트는 단위 테스트입니다. 하나의 모듈이나 프로그램, 클래스, 메서드 등 가장 작은 단위의 소프트웨어를 대상으로 요구 사항대로 작동하는지 확인하는 테스트(예: 로그인, 결제 등 하나의 기능에 대한 독립된 테스트)가 테스트 단계 중 가장 작은 사이즈에 해당됩니다.

운영 중인 소프트웨어의 유지 보수로 분류하면 이슈 수정 패치(간단한 버그 수정), 하나의 메서드나 클래스 수준의 신규 기능 추가 또는 개선이 작은 사이트 테스트에 해당합니다. 작은 사이즈 테스트에 해당되는 테스트 대상 소프트웨어는 라이브 출시 전, 모든 테스트 유형에 대한 검증이 완료되었다는 조건을 만족한 상태여야 합니다.

작은 사이즈 테스트는 테스트 크기가 작기 때문에 매우 빠르게 테스트를 수행할 수 있고 투입되는 인원과 리소스도 최소한으로 잡을 수 있어서 짧은 일정 안에 테스트를 완료할 수 있습니다. 테스트 프로세스는 애자일 또는 별도의 축소된 프로세스(예: 패치 테스트)를 도입하여 독립된 프로세스로 운영할 수 있습니다.

또는 일부 회사의 경우 작은 사이즈 테스트는 테스트 조직으로 업무가 이관되지 않고 개발자 작업 단계에서 개발자가 주도하는 테스트와 함께 처리하는 경우도 있습니다. 개발 생명주기에 개발자 테스트가 잘 정착되어 있고 코드에 대한 유지 관리가 잘 된다는 조건에 만족한다면 이런 프로세스도 참고하는 것이 좋습니다.

> **⁇ 자주하는 질문**
>
> Q. '하나의 기능'만 패치할 때 작은 사이즈 테스트가 적용되는 것인가요? 우리 회사의 유지 보수 패치 노트에는 여러 건의 이슈 수정 목록이 있는데 이런 경우에도 작은 사이즈 테스트를 활용할 수 있을까요?
>
> A. 테스트할 기능에 모듈 간 상호작용이 포함되어 있지 않은 경우에는 작은 사이즈 테스트 범위로 수행할 수 있습니다. 유지 보수 패치 빌드 노트를 보면 대부분 개별 결함 수정 목록이나 건 별 개선 내용이 나열되어 있고 목록 간 모듈 통합은 높은 확률로 포함되어 있지 않은 경우가 많습니다.
> 작은 사이즈 테스트는 '하나의 기능'에 초점을 두는 것이 아니라 '모듈 간 상호작용이 없는 독립된 기능을 테스트'하는 것으로 이해해야 합니다. 즉, 패치 노트에는 여러 건의 수정 결함과 개선 건이 있지만 각각이 독립된 하나의 기능에 해당되는 것이고 각 기능에 대해서 작은 사이즈 테스트가 진행되는 것입니다.

중간 사이즈 테스트

중간 사이즈 테스트 Medium Size Test는 새로운 소프트웨어의 출시나 기존에 운영 중인 소프트웨어에 하나 이상의 기능이 포함되어 있고 모듈 간 인터페이스가 존재하는 기능이 추가되거나 개선되는 경우에 해당됩니다.

예를 들어, 기존 배송 시스템을 새로운 시스템으로 변경하거나, 기존 결제 기능 내 신규 결제 시스템이 추가되거나, 로그인 인증에 신규 인증 시스템이 추가되는 등 출시 당시 컴포넌트에 대한 품질 검증이 완료되었으나 이후 폐기 또는 신규 서비스로 교체되는 경우입니다. 그리고 서버, 데이터베이스, 운영체제 등 시스템 업그레이드가 전체 서비스 품질에 미치는 영향도 확인이 필요한 경우도 중간 사이즈 테스트에 해당됩니다. 마지막으로 기존에 존재하지 않았던 완전히 새로운 기능 추가로 테스트 대상 범위에 대한 전체 품질 검증과 기존 시스템과의 상호작용 확인이 필요한 경우도 해당합니다. 여기에는 기존 시스템에 추가되는 기능 외 운영 도구와 같은 외부 시스템과 연계도 포함할 수 있습니다.

중간 사이즈 테스트는 크게 개발 생명주기 단계와 운영 중인 소프트웨어 유지 보수로 분류할 수 있습니다. 먼저 개발 생명주기 단계로 분류하는 경우 중간 사이즈 테스트에 해당되는 테스트는 통합 테스트와 시스템 테스트입니다. 하나 이상의 신규 또는 변경 기능과 각각의 모듈을 통합하는 과정에서 발생할 수 있는 모듈 간 상호작용이 존재하는 기능을 추가할 때 수행하는 테스트와 통합이 완료된 소프트웨어를 하드웨어와 통합한 후 상호작용을 확인하는 테스트가 중간 사이즈 테스트에 해당됩니다.

운영 중인 소프트웨어의 유지 보수로 분류하면 하드웨어 운영체제, 서버, 데이터베이스 등 시스템 업데이트 또는 변경, 데이터 마이그레이션, 신규 서비스 국가 추가, 소규모 프로젝트 출시, 대규모 업데이트 또는 신규 서버 추가가 중간 사이트 테스트에 해당합니다. 그리고 제품 출시 당시 수행하지 못했던 테스트 유형에 대한 추가 검증이 필요한 경우도 포함합니다.

중간 사이즈 테스트에 해당되는 테스트 대상 중 유지 보수 제품은 라이브 출시 전 모든 테스트 유형에 대한 검증이 완료되었다는 조건을 만족한 상태여야 합니다.

중간 사이즈 테스트를 수행할 경우 선정되는 테스트 종류는 맡겨진 임무(테스트 객체, 크기, 리스크, 영향도 등)에 따라 변동될 수 있습니다. 예시로 다음과 같이 상황별 테스트 커버리지를 선정할 수 있습니다.

상황별 테스트 커버리지 선정

① **신규 서비스 국가가 추가되는 경우**: 운영 중인 서비스에 국가가 신규로 추가되는 경우입니다. 이때 선정할 수 있는 테스트 종류는 네트워크 테스트, 해당 국가의 주 사용 디바이스와 운영체제에 대한 호환성 테스트와 클라이언트 성능 테스트, 리그레션 테스트입니다.

② **하드웨어 운영체제와 서버, 데이터베이스가 업그레이드되거나 변경되는 경우**: 마이그레이션 테스트와 기존 운영 시스템과 새로운 운영 시스템 간의 통합 테스트를 선정할 수 있습니다.

③ **시스템을 교체하는 경우**: 기존 시스템에서 모든 테스트 종류에 대한 검증이 완료되었더라도 새로운 시스템에서 동일한 품질 검증을 재수행해야 합니다. 해당되는 테스트 종류는 교체되는 시스템의 주요 기능과 특징을 확인하는 기능 테스트, 교체되는 시스템의 성능과 호환성 등의 유용성과 안정성 확인을 위한 비기능 테스트, 모듈 간 그리고 하드웨어와 외부 시스템과의 상호작용 동작을 확인하는 통합 테스트, 유저 환경에서 수행되는

시스템 테스트로 선정합니다.

④ **기존에 없던 새로운 기능 또는 시스템이 추가되는 경우**: 이때 선정할 수 있는 테스트 종류는 기능, 비기능, 통합, 시스템, 인수 테스트입니다.

중간 사이즈 테스트는 작은 사이즈 테스트보다 테스트 커버리지가 넓어서 소요되는 테스트 일정, 투입되는 인원에도 차이가 발생합니다. 작은 사이즈 테스트 수행 시간과 투입 인원이 1Man/Day(1명, 8시간) 정도라면, 중간 사이즈 테스트는 최소10에서 최대 60Man/Day(2~3명, 2~4주 기간)가 소요됩니다.

작은 사이즈 테스트를 개발 단계에서 개발자 테스트로 대체했다면 중간 사이즈 테스트부터는 테스트 조직을 중심으로 수행합니다. 테스트 프로세스는 기존의 폭포수 모델의 테스트 프로세스와 협업 프로세스 그대로 적용할 수 있습니다.

큰 사이즈 테스트

큰 사이즈 테스트 Large Size Test는 한 번도 출시된 적 없는, 품질에 대한 검증이 이뤄지지 않은 전체 소프트웨어에 대한 테스트를 진행할 때 적용하는 범위입니다.

개발 생명주기 단계로 분류하면 큰 사이즈 테스트에 해당되는 테스트는 단위 테스트, 통합 테스트, 시스템 테스트, 인수 테스트 모두 해당되고, 모든 테스트 종류(기능, 비기능, 스모크, 리그레션, API/서버 부하 등 기술 검증 등)를 포함합니다.

중간 사이즈 테스트가 기존에 운영 중인 환경에서 대규모 패치나 신규 기능을 추가할 때 해당 범위에 대한 통합 테스트와 시스템 테스트를 수행한다면 큰 사이즈 테스트는 전체 소프트웨어가 대상이 되어 모든 테스트 유형으로 모든 테스트 단계를 통과하는 테스트를 수행합니다.

큰 사이즈 테스트를 수행할 때 선정하는 테스트 종류는 전체 시스템의 기능과 특징을 확인하는 기능 테스트, 전체 시스템의 성능·API·호환성·네트워크·앱 공존성 등의 예외 처리를 확인하는 비기능 테스트, 모듈·운영체제·하드웨어·외부 시스템과 상호작용 동작을 확인하는 통합 테스트, 유저 환경에서 하드웨어와 상호작용 동작을 확인하는 시스템 테스트, 실제 운영 환경에서 수행하는 인수 테스트 그리고 예외 케이스로 테스트 시작이 가능한 상태인지 확인하는 스모크 테스트까지 모든 테스트 활동이 해당됩니다.

큰 사이즈 테스트의 테스트 일정과 투입 인원은 최소 160Man/Day에서 최대 투입 인원 수에 따라 변동 Man/Day (4명~α(알파)+2~6개월 기간)이 소요됩니다. 중간 사이즈 테스트도 개발 문화나 프로젝트에 따라 애자일 프로세스를 도입할 수 있지만 큰 사이즈 테스트는 폭포수 모델의 테스트 프로세스와 협업 프로세스로 수행하는 것이 좋습니다.

6.3 버그

소프트웨어 또는 시스템 실행 중 기능이 정상적으로 동작하지 않거나 동작하지 않아야 함에도 동작하는 오류를 만날 때가 있습니다. 이런 오류를 **버그**[Bug], **결함**[Defects] 또는 **이슈**[Issue]라고 부릅니다. 이는 유저 관점에서의 버그이고 제품을 만드는 개발 관점에서 버그는 그 의미가 조금 다릅니다. 개발 관점에서의 버그는 소프트웨어나 시스템의 오작동의 원인이 되는 코드상 오류 외 다음과 같은 것이 포함됩니다.

코드상 오류 외 버그의 종류

- 요구 사항과 다르게 동작하거나 요구 사항이 누락된 소프트웨어나 시스템
- API, 네트워크, 하드웨어 문제로 발생하는 오류 또는 기대하지 않은 동작 발생
- 해커의 공격, 어뷰징 등으로 발생한 보안 이슈
- 고객 요구 사항, 기획 명세서, 개발 설계서 등 문서에 존재하는 결함
- 복잡한 코드, 아키텍처의 복잡도로 발생하는 문제. 구체적으로 어떤 코드가 시스템에 무슨 영향을 미칠지 예측할 수 없을 정도로 관리가 어렵거나 구조와 기능 파악이 어려운 경우 그리고 수정, 개선, 최적화 등 유지 보수가 어려운 코드나 아키텍처
- 운영체제, 시스템, 하드웨어 등 개발 환경 변경(예: 버전 업, 외부 물리적 요인 등 영향에 의한 변경 등)
- 유저 시나리오 사용성 문제
- 클라이언트, 서버, 데이터가 적절한 성능을 제공하지 못하는 문제
- 데이터가 조회되지 않거나 데이터의 누락, 내용 오류가 발생되는 문제
- 소프트웨어가 다양한 환경으로 이식되지 못하는 문제
- 시스템, 모듈 간 인터페이스가 안 되는 문제

이와 같은 다양한 원인으로 발생하는 결함은 장애의 원인이 될 수 있습니다. 따라서 테스터는 소프트웨어 테스트를 수행하며 발견된 문제를 결함으로 판단하여 버그 관리 시스템(예: 지라)에 내용을 기록하고 **수정 → 완료 → 회귀**로 처리 상태를 추적합니다. 또한 프로젝트별, 제품별로

버그 데이터를 관리하고 이를 분석하여 재발을 방지하고 발생할 수 있는 문제를 예측하는 데 사용합니다.

버그 관리 시스템이 필요한 이유

버그 관리 시스템 또는 **이슈 트래킹 시스템**이라고 불리는 프로그램은 버그를 발견하는 것부터 해결까지 프로젝트의 이슈를 추적하고 관리하는 시스템입니다. 버그 관리 시스템의 종류에는 지라 JIRA, 레드마인REDMINE, 코드비머CodeBeamer, 맨티스Mantis 등이 있습니다.

버그를 등록하고 관리하는 데 굳이 비용을 들여 별도의 시스템을 도입하는 이유는 바로 버그, 고객의 요구 사항과 불만, 개선 요청 하나하나가 모두 조직의 자산이기 때문입니다. 버그 관리 시스템으로 등록되고 관리되는 기록을 통해 관리자는 조직의 자산을 효과적으로 운영할 수 있고 후임자는 버그의 과거 히스토리를 재발 방지를 위한 지식과 경험의 거름으로 사용할 수 있습니다. 그리고 프로젝트에서는 각 구성원에게 할당된 업무와 역할, 프로젝트의 진행 상황과 관련 정보를 버그 관리 시스템이라는 하나의 채널을 통해 빠르게 공유하고 소통할 수 있습니다.

이외에도 버그 관리 시스템을 사용하는 이유는 표준화, 병목 구간 파악, 성과 지표 대체 등 여러 이유가 있습니다. 보다 세세한 내용은 다음과 같이 정리할 수 있습니다.

버그 관리 시스템이 필요한 이유

- 이슈 보고 내용과 보고 체계의 일관성과 표준화를 통한 명확한 커뮤니케이션이 가능하다.
- 버그 발견에서 해결까지 형상 관리 도구의 개정 버전별로 버그 처리 과정을 구체화할 수 있고 진행 상황을 쉽게 추적할 수 있다.
- 버그 데이터를 관리하고 분석하여 재발을 예방하고 발생할 수 있는 문제를 예측할 수 있다.
- 프로젝트별, 제품별, 담당자별, 이슈 유형별, 버그 중요도별 등 유용한 버그 통계 자료를 제공한다.
- 버그 증가율, 수정률 등 버그 통계를 분석하여 프로젝트와 제품의 품질 상태를 측정하고 품질을 제어할 수 있으며 병목이 발생하는 컴포넌트 또는 담당자를 확인하여 문제를 빠르게 해결할 수 있다.
- 테스트 조직, 개발 조직의 성과 지표로 사용할 수 있다. 예를 들어, 발견 버그 수 대비 유효 버그율, 오픈 후 장애 발생 수, 장애/결함 예방 활동 수행, 프로젝트별 결함 발생 수준, 사이드 이펙트 발생 또는 재등록률로 회귀 버그 발생률 확인 등을 지표로 사용할 수 있다.
- 프로젝트 일정 관리, 고객 요구 사항 관리(예: 고객의 요청사항을 실시간 접수하고 일원화하여 관리), 배포 관리를 할 수 있다.

버그 보고서 작성 방법

버그를 발견하고 보고하는 것은 테스트 업무 흐름 중 중요한 활동에 해당됩니다. 발견된 버그는 정확한 정보와 내용이 작성된 상태로 개발자 또는 관련자에게 전달해야 합니다. 버그 보고서를 잘 작성하는 것은 모든 테스터에게 필요한 업무 수행 능력에 해당됩니다.

버그를 등록할 때 버그 판단이 잘못되거나 정확한 내용으로 기술하지 않으면 버그를 찾는 데 시간만 소모하고 수정하지 못하는 비생산적인 시간만 발생합니다. 잘못 작성한 버그 보고서의 가장 큰 문제점은 다시 재현할 수 없다는 것이며 이는 테스트 방법의 차이, 개발·테스트 환경 차이, 테스트 수행 절차의 잘못된 기술로 인해 발생합니다.

버그 판단의 오류를 줄이기 위해 확인된 버그에 대한 검증은 테스터가 2~3회 재검사를 수행하고 확신이 서면 내용을 작성합니다. 버그로 판명될 경우 하나의 환경에서만 발생하는 버그인지, 여러 환경에서 재현해보고 환경적 특이사항을 기술합니다. 또 발생한 버그의 이전 히스토리를 확인해서 회귀 버그 여부 또는 이슈 수정에 의해 새롭게 발생한 사이드 이펙트에 해당하는지 확인한 후 기록해서 이슈 담당자의 작업 과정 중 유의할 부분에 대해 내용을 전달합니다.

버그 보고서는 버그 내용과 이를 재현하는 과정을 명확하고 간결하며 사실적으로 기술하고 불필요한 절차를 줄이고 공격이나 비난 등 오해할 수 있는 모호한 표현을 사용하지 않도록 주의하며 디버깅을 위해 필요한 정보를 제공해야 합니다.

다음은 버그 보고서를 구성하는 방법과 이를 반영하여 작성한 버그 보고서의 예시입니다.

필드	상세 설명
요약	이슈의 증상에 대해 한 줄 정도의 분량으로 요약하여 작성한다.
중요도 Priority	버그 및 기능 개선 사항의 상태에 따른 중요도를 결정한 후 기입한다. • Blocker: 기능이 구현되지 않아 테스트 진행이 어려운 문제 • Critical: 대부분의 유저에게 치명적인 영향을 끼치는 문제 • Major: 사용 빈도가 높은 페이지나 기능의 오류로 인해 다수의 유저에게 피해를 줄 수 있는 문제 • Minor: 기능 동작에는 문제가 없으나 제품에 대한 신뢰를 감소시킬 수 있는 불편한 문제 • Trivial: 사용 빈도가 낮은 기능 또는 UI의 사소한 문제
컴포넌트 Component	프로젝트·제품의 세부 기능을 구성 요소로 등록하고 발생하는 오류나 기능 개선해야 할 서비스가 무엇인지 선택한다.
담당자 Assignee	이슈의 담당자(기획자 또는 담당 개발자)를 지정한다.

등록자 Reporter	이슈의 등록자를 지정한다.
참조자 CC	이슈와 연관되어 있거나 이슈를 참조해야 할 사용자를 지정한다.
이슈 타입 Issue Type	기능 · UI · 기획 검토 · 시스템 · 개선사항에 따라 타입을 분류한다. • 기능: 기능에 관련된 버그일 경우(기능 동작 불가, 기능 오동작 등) • UI: 텍스트, 디자인 관련 버그일 경우(텍스트 오류, 그래픽 오류, 경고 메시지 오류 등) • 기획 검토: 기획 스펙이 불명확하거나 문서상 결함이 있어 검토가 필요한 경우 • 시스템: 시스템에 관련된 버그일 경우(시스템 동작 이상으로 발생한 오류 등) • 개선사항: 추가 기능이나 유저 편리성을 위해 개선이 필요할 때
파일 첨부	이슈 발생의 근거가 되는 증거물을 파일(이슈 발생 화면 캡쳐, 동영상 등)로 첨부하여 발생 현상 파악을 돕는다.
우선순위 Severity	이슈(결함)의 처리 우선순위로서 Urgent, High, Normal, Low 중 선택한다. • Urgent: 즉시 수정해야 하는 우선순위가 가장 높은 결함 • High: 이용도가 높아 출시 전 반드시 수정해야 하는 결함 • Normal: 이용도가 낮아 수정에 다소 시간적 여유가 있는 결함 • Low: 중요도나 발생 빈도를 고려했을 때 수정이 꼭 필요하지 않은 결함
본문 설명 Description	오류가 발생한 절차를 구체적으로 기술한다. 또는 요청하는 작업에 대한 내용을 작성한다. 테스트 데이터: 이슈가 발생한 테스트 환경 및 테스트 디바이스의 정보를 기록한다(디바이스 종 류/버전, 운영체제정보, 해상도 등). • 수행 절차: 이슈를 발생시킬 수 있는 재현 경로를 단계별로 나누어 기술한다. • 사전 조건: 이슈가 발생하는 특별한 조건을 작성한다. • 오류 내용: 이슈의 내용 작성 및 이슈 발생으로 인한 영향에 대해 구체적으로 기술한다. • 기대 결과: 기획서나 개발 설계서에 명확한 기대 동작이 있다면 이를 명시한다. 개발자가 디버 깅하는 방법에 대한 가이드나 정보가 될 수 있다.
해결 소요 시간	이슈를 해결하는 데 걸리는 시간이다.
이슈 발생 버전	이슈를 발견한 소프트웨어 버전이다(예: 1.0.1).
이슈 수정 버전	이슈가 수정 적용될 소프트웨어 버전이다.
해결책 Resolution	이슈 해결 여부를 선택한다. • Fixed(수정함) • Cannot reproduce(재현할 수 없음) • Duplicate(중복됨) • As Designed(기획 의도) • postpone(수정 보류) • Not a bug(버그 아님) • Won't fix(수정 안 함)

버그 보고서의 구성

요약

[front] 마이페이지의 구매 상세 내역에서 주문 취소 시 구매 목록에서 해당 리스트가 삭제되지 않는 오류 발생

테스트 데이터

- 테스트 URL
- 테스트 재현 환경: iPhone 11 pro/OS 16
- 이슈 발생 시간: YYYY.MM.DD

사전 조건

상품을 구매한 상태

수행 절차

① 마이페이지 → 구매 목록 이동 → 구매한 딜 목록의 [구매 상세 보기] 버튼 클릭

② 구매 상세 내역의 상태 영역에 [주문 취소] 버튼 클릭

③ 주문 취소 팝업 창에 상품 선택 후 [저장] 시 팝업 창이 닫히며 페이지 재실행되는지 확인

④ 구매 상세내역 하단 [목록 보기] 클릭하여 구매 목록에 주문 취소한 리스트 노출 여부 확인

이슈 내용

- 주문 취소 팝업 창에서 상품 선택 후 저장 시 팝업 창이 닫히지 않고 페이지가 재실행되지 않는다.
- 구매 목록 리스트 확인 시 주문 취소한 리스트가 삭제되지 않고 노출된다.

기대 결과

- 주문 취소 팝업 창에서 상품 선택 후 저장 시 팝업 창이 닫히며 페이지 재실행되어야 한다.
- 구매 목록에서 주문 취소한 리스트 삭제되어 노출되지 않아야 한다.

Priority & Severity

Minor/normal

버그 보고서의 작성 예시

버그 생명주기

버그 생명주기[Bug Life Cycle]는 결함 또는 버그를 식별하고 등록한 시점부터 수정까지 각 단계를 통과하는 방법을 정의하는 순환 절차를 뜻합니다. 즉, 테스터가 버그를 기록할 때 시작되고 수정되면 완료되는 과정을 추적하는 절차입니다. 버그 생명주기 동안 버그나 작업 흐름은 ① 등록,

② 진행 중인 작업, ③ 해결, ④ 완료 또는 종료 상태라는 4가지 상태로 구성됩니다.

등록New/Open/Reopen	New와 Open은 신규로 발견한 버그를 등록한 상태고 Reopen은 이전에 등록하고 수정한 버그가 다시 재현된 경우의 상태. 버그 등록 시 해당 버그를 처리할 담당자를 지정하고 지정된 담당자가 이슈를 수락하면 Assigned로 상태가 변경된다.
진행 중인 작업 Work in Progress	이슈의 담당자가 내용을 확인한 후 작업이 시작되면 In Progress 상태로 변경된다.
해결Resolved	이슈 처리 작업이 완료된 상태. 해결 방안은 다음처럼 7가지로 구성되어있다. • 수정Fixed: 등록된 버그가 실제 오류로 판명되었고 수정이 완료된 상태 • 중복된 버그Duplicated: 이미 등록된 결함 중에 동일한 결함이 있는 경우 • 의도됨As Designed: 문서에 명세되어 있지 않으나 기획·개발에서 의도한 대로 동작하는 경우 • 재현 안 됨Cannot reproduce: 이슈가 재현되지 않는 경우 • 수정 보류Postpone: 수정을 보류하거나 차후로 연기하는 경우 • 버그 아님Not a Bug: 등록된 버그를 결함으로 볼 수 없는 경우 • 수정 안 함Won't fix: 버그나 개선이 필요한 상황은 맞지만 수정하지 않기로 한 결함
완료 또는 종료 Closed /Done	해결된 결함에 대한 테스터의 수정 확인이 완료된 상태다.

버그 생명주기의 흐름

버그 생명주기에 따른 절차를 도식화하면 다음과 같습니다. 전체 작업 흐름과 여러 상태를 포괄하는 버그의 주기를 쉽게 파악할 수 있습니다.

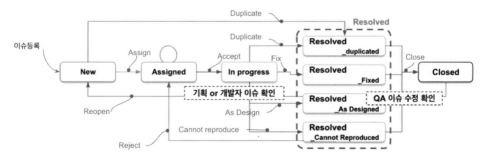

버그 생명주기 단계

6.4 테스트 종료 선언

품질 보증 활동이 마무리되는 시점이 오면 테스트 리더는 언제 테스트를 종료할지, 종료가 가능한 상황인지를 판단합니다. 이후 최종 품질 상태를 평가하고 프로젝트 구성원에게 제품의 출시 가능 여부에 대한 의견을 전달해야 합니다.

프로세스를 도입할 때 각 테스트 단계별 테스트 목표 기준을 설정하고, 전체 테스트 수행 결과에 대한 완료 기준을 정량적 수치로 측정할 수 있도록 품질 기준을 도입합니다. 정성적 수치가 아니라 정량적 수치로 기준을 도입하는 이유는 테스트 리더에 따라 최종 품질에 대한 평가를 분석함에 있어 그 근거가 다를 수 있고 테스트 리더의 견해와 주관적 판단을 근거로 하여 품질 담당자에 따라 최종 품질 상태의 간극이 커질 수 있기 때문입니다.

담당자에 따라 최종 품질의 상태가 천차만별이라면 테스트 조직의 품질 보증 활동 전체에 대한 신뢰도가 하락할 수 있습니다. 또 담당자별로 비교해서 특정 리더만 선호하는 현상이 발생할 수도 있습니다. 일정 수준의 품질을 유지하고 품질의 불확실성을 제거하기 위해 조직 단위의 공통화 된 정량적 품질 기준이 필요한 이유입니다.

테스트 완료 조건과 품질 목표 수준은 회사마다 기준이 다르고 때로는 프로젝트나 도입된 프로세스(애자일이나 폭포수)에 따라 기준이 다를 수 있습니다.

품질 보증 활동이 모두 완료되고 품질 목표 기준을 달성했다면 테스트가 종료되고 출시 가능한 상태로 판단할 수 있습니다. 품질 보증 활동이 완료되지 않은 경우 추가 일정을 투입하여 테스트를 더 수행할 것인지, 품질 목표를 달성하지 못했다면 목표를 변경할 것인지 등 상황에 따라 또는 잔존한 리스크나 이슈에 따라 프로젝트 관련자와 논의로 결정해야 합니다. 테스트 완료 기준과 최종 품질 목표 기준을 예시로 들면 다음과 같습니다.

테스트 완료 기준 예시

- 개발 구현 완료율이 100%다.
- 테스트 조직에서 계획한 품질 보증 활동을 모두 완료해야 하고 테스트 실행 결과가 완료 조건을 만족해야 한다(예: 테스트 케이스 수행률·성공률 100%). 또는 준비된 테스트 케이스를 1번 이상 수행해야 한다.
- 잔존 리스크가 없거나 또는 수정되지 않은 경우 대응 방안을 마련해야 한다.
- 결함 수정율은 100% 또는 수정되지 않은 이슈 중 Major 이상 주요 결함이 없어야 한다. 잔존하는 이슈와 리스크의 대응 방안이 준비되지 않았다면 테스트를 종료할 수 없다.

- 테스트 마무리 단계에 진입해서도 심각한 결함이 발생하거나 결함 수치가 높을 때는 테스트 종료를 할 수 없다.
- 품질 활동 중 권고된 시정 사항에 대한 조치를 완료하거나 대응 방안을 마련해야 한다(예: DDOS 공격에 대한 대응 방안 마련).
- 테스트 종료가 불가능한 경우 그 원인과 제품의 품질 상태를 프로젝트 관련자에게 공유하여 제품 출시 여부를 결정한다.

테스트 완료 기준과 품질 목표를 만족함에도 테스트 리더 중 완료 기준과 품질 목표 자체를 신뢰하지 못해서 오픈을 결정하기 직전까지도 불안해하는 경우가 있습니다. 이건 정량적 완료 기준이 문제되는 것이 아니라 기준에 도달했다고 속이거나, 테스트 수행 활동을 신뢰하지 못할 때 발생합니다. 예시로, 준비된 테스트 케이스가 주요 기능이나 리스크를 누락해서 테스트 결과를 신뢰하지 못하는 상황이 발생하거나 테스터가 테스트 케이스를 수행하지 않고 거짓으로 결과만 기입하고 넘어간 케이스를 경험한 경우를 들 수 있습니다.

품질을 검증하고 책임져야 할 담당자가 품질을 의심한다면 어느 누가 제품을 신뢰할 수 있을까요? 테스트 리더가 먼저 제품의 품질을 확신할 수 있어야 합니다. 품질 보증 활동 마무리 단계에서 이런 일이 발생하지 않도록 테스트 리더는 테스트 프로세스 전반에 걸쳐 계획 대비 실제 진행 상황을 비교하는 활동, 즉 다음과 같이 테스트 제어 활동을 수행해야 합니다.

테스트 제어 활동

- 테스트 리더가 테스트 케이스를 작성하지 않는 경우라면 명확한 테스트 범위와 리스크 요소를 작성자에게 사전에 공유한다.
- 테스트 케이스 작성자에게 제품이 충족해야 될 품질 수준, 특성(기능성, 효율성, 신뢰성 등), 테스트 전략을 상세히 전달한다.
- 작성된 테스트 케이스에서 누락된 부분이 없는지 테스트 케이스를 리뷰하고 수시로 진행 상황을 검사한다.
- 테스트 실행 중에는 리더도 참여하여 테스트 진행 상황을 통제한다.

달성해야 할 품질 목표에 초점을 두고 프로젝트가 진행되는 동안 지속적으로 테스트 활동을 모니터링해야 합니다. 뿐만 아니라 계획과 테스트 진행 상황을 비교하여 필요할 때마다 발생하는 차이에 조치를 취해야 합니다. 이것이 만족될 때 테스트 리더는 품질에 대한 확신을 가지고 테스트 종료를 선언할 수 있습니다.

6.5 시스템 버전 관리

시스템 버전 관리(형상 관리)란, 소프트웨어의 변경 사항을 추적하고 여러 사용자의 작업을 체계적으로 통제하고 조율하기 위한 것으로 소스 코드, 개발 환경, 배포 버전 등 작업 내역에 대한 관리 체계를 정의한 것입니다. 개발자 관점의 종류에는 배포 관리(작업자별 배포 시점 관리), 복구(버전 관리로 복구 또는 백업 가능), 협업(작업자별 수정 사항 파악)으로 분류할 수 있습니다.

또, 형상 관리는 단순히 소프트웨어 운용을 위한 시스템 버전 관리를 의미하지 않고 소프트웨어와 연관된 문서나 파일의 변경사항 등을 포괄합니다.

그렇다면 소프트웨어 테스팅 관점에서 형상 관리의 정의와 필요한 이유, 버전 관리를 통해 얻을 수 있는 이점은 무엇인지 살펴보겠습니다.

프로젝트나 제품에 대한 테스트를 수행할 때 별도의 테스트 환경(시스템, 컴포넌트, 데이터 등)에서 이를 수행합니다. 테스트 환경은 프로젝트나 제품별로 테스트 요청이 발생할 때마다 새로 생성하여 사용할 수 없습니다. 제한된 환경에서 테스트 요청은 여러 건이 발생할 수 있고 모든 테스트 항목이 서로 섞여 정확한 테스트를 불가능하게 하여 테스트 실패의 결과를 초래할 수 있습니다. 이런 이유로 시스템 버전을 관리하는 **형상 관리**Configuration Management 활동이 필요합니다.

안전한 환경에서 신뢰할 수 있는 테스트 결과를 얻기 위해 테스트 수행 시스템에 대한 테스터의 요구 사항은 다음과 같습니다.

테스트 수행 시스템에 대한 테스터의 요구 사항

- 각 테스트 항목은 다른 테스트와 독립적이어야 한다(테스트 생명주기, 버그 관리, 데이터베이스 포함).
- 관리되지 않은 시스템으로 인해 의도하지 않은 사이드 이펙트가 발생하지 않아야 한다(예: 테스트 수행 중 데이터 파일의 변경·삭제, 시스템이나 소프트웨어 환경 설정 중 테스트 기준 사항 위반 등).
- 테스트 대상에 대한 개발 작업과 연관된 **테스트웨어**Testware 항목이 식별되고 그 상태로 정확하게 유지되어야 한다.
- 시스템 버전을 제어할 수 있고, 변경 사항을 버전별로 추적하고 관리할 수 있어야 한다.

테스터에게 형상 관리는 시스템이나 소프트웨어에 고유 식별 번호를 부여함으로써 각 테스트 항목을 식별할 수 있고 항목 간 충돌을 막아 배타적으로 테스트할 수 있게 도와주는 유용한 과정입니다. 또한 테스트웨어 버전을 관리하고, 변경 사항을 기록하고, 테스트 항목 버전과 연결해서 테스트 프로세스 전반에 걸쳐 추적성을 유지할 수 있게 해주고 상호 참조할 수 있게 도와줍니다.

'형상 관리'를 잘 유지하고 관리하려면 고유 식별 번호가 부여된 테스트 환경의 테스트 대상, 가용된 자원, 테스트 문서, 파일 시스템, 변경 사항 등을 자세히 기록하여 문서화해야 합니다. 이를 통해 다양한 테스트 수행 환경을 원하는 형태로 이용할 수 있습니다.

💡용어 사전 테스트웨어 Testware
테스트 계획, 설계, 실행, 평가에 활용하기 위해 테스트 기간 동안 생성되는 산출물을 의미합니다.

버전 관리 규칙

프로젝트나 제품 유지 보수 시 사용할 버전(고유 식별 번호)에 대한 표기 방법이나 정의는 정해진 것이 없습니다. 팀 혹은 구성원과의 합의로 빌드 버전, 배포 버전, 환경 버전, 문서 버전, 버그 관리 버전을 동일하게 사용하기 위한 규칙을 정하고 약속된 규칙을 준수하는 것이 중요합니다. 다음은 몇 가지 버전 네이밍 규칙에 대한 예시입니다.

버전 네이밍 규칙 예시 ①

'배포 버전_개발 Tagging number or Flag_프로젝트명_테스트 서버 환경' 구성으로 규칙을 정하는 방법입니다. 이 규칙을 적용해서 프로젝트A를 테스트할 서버 1번에 배포된 빌드 버전 1.0(태깅 번호 123456)을 가정해서 네이밍을 표기하면 최종 고유 식별 번호는 "1.0_1234566_ProjectA_1"이 됩니다.

버전 네이밍 규칙 예시 ②

iOS/안드로이드의 빌드 버전과 ios-CFBundleVersion/aos-version code를 사용하는 방법으로 '프로젝트명_빌드 버전_bundle version'이라는 규칙을 적용합니다. 이 규칙을 적용해서 프로젝트A를 테스트할 빌드 버전 1.3(번들 버전)을 가정해서 네이밍을 표기하면 최종 고유 식별 번호는 "ProjectA_1.3_201.4"가 됩니다.

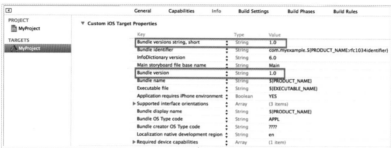

앱스토어 애플리케이션의 버전 및 빌드 번호 예시

버전 네이밍 규칙 예시 ③

[Major].[Minor].[Patch] 순으로 버전 규칙을 적용하는 방법입니다. 해당 방식은 깃허브 Github의 공동창업자인 톰 프레스턴-베르너[Tom Preston-Werner]에 의해 설계된 방법을 인용하는 것입니다.

빌드 교체나 API 변경 등 기존 버전과 호환되지 않는 메이저 기능을 변경할 때는 Major 버전을 올리고, 기존 버전과 호환되면서 마이너 기능을 변경할 때는 Minor 버전을, 기존 버전과 호환되면서 리소스, 데이터 등 사소한 패치를 변경할 때는 Patch 버전을 올리는 것입니다. 예를 들어, 기존 버전 1.0.0에서 major 버전 업데이트 시 2.0.0, minor 버전업 시 1.1.0, patch 버전 업데이트 시 1.0.1이 고유 식별 번호가 됩니다.

지금까지 예시로 살펴본 버전 네이밍 규칙을 적용하면 버전에 관리 규칙을 부여하고 명확한 정의를 제공함으로써 프로젝트 관련자에게 패키지가 어떤 식으로 변경되었는지 의도를 전달할 수 있습니다. 그러면 프로젝트 관련자들이 이를 이해하고 기존 소프트웨어와의 호환을 확인할 수 있습니다.

핵심 요약

리스크 관리

소프트웨어의 품질에 영향을 미치는 기능적 요소와 기능 결함 범위를 벗어난 비기능적 요소의 유형을 확인하여 리스크 요인을 식별하고 리스크 관리를 통해 사전에 잠재적 위험요소를 대응하는 활동입니다.

테스트 크기별 커버리지 계획 방법

테스트 수행을 위한 커버리지를 확보하기 위해 요구 사항, 시스템 크기 등 조건을 고려하여 테스트 대상의 크기에 따라 테스트 수행 범위를 선정합니다.

- 작은 사이즈 테스트: 모듈 간 상호작용이 없는 독립된 하나의 기능을 테스트
- 중간 사이즈 테스트: 하나 이상의 기능과 모듈 간 상호작용이 존재하는 기능을 테스트
- 큰 사이즈 테스트: 품질에 대한 검증이 수행되지 않은 전체 소프트웨어에 대한 테스트

버그의 유형과 보고서 작성 방법

버그는 소프트웨어와 시스템 오작동의 원인이 되는 코드 오류와 요구 사항의 누락, 보안 이슈, 설계의 복잡도, 개발 환경 변경으로 발생되는 결함으로 구성됩니다.

테스터는 발견한 문제를 버그 관리 시스템을 통해 기록하고 이슈의 처리 과정 상태를 추적하고 관리합니다. 버그 보고서는 버그가 발생된 환경, 디버깅에 필요한 정보를 제공하고 버그 내용과 재현 과정을 간결하고 사실적으로 기술합니다.

테스트 종료 선언

정량적 수치의 테스트 완료 기준과 테스트 수행 중 제어 활동을 통해 제품의 최종 품질에 대한 확신을 가지고 테스트 종료를 선언하는 활동입니다.

시스템 버전 관리

제한된 테스트 환경에서 신뢰할 수 있는 결과를 얻기 위해 시스템 버전을 관리하는 활동입니다. 버전 관리를 통해 테스트 항목을 소프트웨어와 연계하여 식별할 수 있고 테스트 항목간 충돌을 막아 배타적으로 테스트할 수 있습니다.

테스트 전문가로 나아가는 이들에게 들려주고 싶은 마지막 이야기

이 책을 처음부터 끝까지 모두 읽었다면 제가 반복해서 제시했던 테스트 전문가의 역할을 이해했을 것입니다.

> "테스트 전문가는 발생한 문제에 대응하는 사람이 아니라
> 문제를 미리 예측하고 예방하는 사람이어야 한다."

이미 존재하는 문제를 찾아 대응하는 역할에만 과업이 집중되어 있다면 큰 문제없이 제품이 순조롭게 작동하는 것에 만족하고 목표를 달성했다고 생각할 것입니다. 마치 화재가 발생하지 않도록 사전에 예방하고 대처하기 위한 수칙을 마련하기보다 지금까지 아무 문제가 없었다는 안일한 생각으로 방심하는 것처럼 말입니다. 하지만 결함은 아무리 완벽하게 테스트를 한다고 해도 100% 제거되지 않습니다. 어느 영역에서 어떤 트리거로 발생할지 아무도 예상할 수 없기 때문입니다. 제품을 출시한 초반에는 아무런 문제가 없지만 유지 보수를 거듭할수록 초기부터 문제를 내포했던 시스템은 끊임없이 결함을 생산하고 재생산할 것입니다.

이런 경우 잠재된 문제가 수면 위로 드러났을 때 달성했다고 자축했던 목표는 실패로 결과가 다시 바뀌게 되는 것일까요? 아니면 테스트 조직이 목표한 품질 활동을 100% 달성했기 때문에 이후에 발생한 문제는 테스터가 결함을 찾지 못한 잘못이 아니라고 할 수 있을까요? 테스트 전문가의 역할 범위를 '문제를 찾아 대응하는 역할'에 한정한다면 발생한 문제는 (뻔뻔하겠지만) 우리 책임이 아니라고 말할 수 있을 것입니다. 아니, 어느 조직의 일이나 책임이 아닐 수도 있습니다. 하지만 테스트 전문가의 역할을 '문제를 예측하고 예방하는 역할'로 확장한다면 우리의 일과 책임이 될 수 있습니다.

이 말을 들은 누군가는 "나는 그렇게까지 많은 일과 책임을 지고 싶지 않습니다. 왜 시키지도 않은 일을 자발적으로 나서서 책임을 지려고 해야 하나요?", "회사에서 테스트 조직에게 요구하는 기대 수준이 매우 낮습니다. 이런 환경에서 내가 나서도 되는 걸까요?"라는 질문을 할 수도 있습니다. 이 질문에 대한 답은 '주인 의식'입니다. 문제가 발생했을 때 여러분은 이미 해결 방법을 알고 있었을 것입니다. "누가 나서서 문제의 원인과 해결 방안을 제시할 수 있을 것인

가?"라는 물음에 내가 아니라면 그 누구도 해결할 수 없다는 의식을 가져야 합니다.

목표를 달성하고 준비한 품질 활동을 완성했다고 해서 문제로부터 자유로울 수 없습니다. 테스터나 테스트 조직도 발생한 문제의 피해자라고 변명하기보다 문제의 소유자로 인식을 바꾸고 근본 원인을 찾아 문제를 뿌리뽑고 이후에 또 다시 발생할 수 있는 문제를 예방하는 역할에 집중할 때 우리의 기대보다 더 놀라운 결과를 얻을 것입니다.

사람들은 스스로가 들인 노력보다 더 많은 인정과 좋은 평가를 받고 싶어합니다. 역할을 한정하고, 하고 싶은 일만 하면서 소프트웨어 테스팅에 대한 인식이 높아지길 기대하고 전문성을 인정받고자 하는 것은 모순입니다. 각자가 해야 할 역할을 받아들일 때 변화는 시작됩니다. 문제의 책임이 테스터나 테스트 조직만의 것이 아니라 제품에 연관된 모든 조직의 책임임을 깨닫게 될 것입니다. 테스트하고 버그를 찾아내는, '전문 지식이 없어도 누구나 할 수 있는 일을 하는' 테스터에서 제품을 만드는 데 없어서는 안 될 전문가로 인정받을 것입니다.

현재 일하는 환경과 다음 세대가 일하게 될 환경의 발전을 희망한다면 현재 우리의 사고방식의 변화가 필요합니다. 하지만 여기서 한 가지 짚고 넘어가야 할 중요한 것은 이러한 변화와 노력이 개인 차원에서 진행되지 않아야 한다는 것입니다. 이 글을 읽는 여러분이 리더이든 아니든 상관없습니다. 조직 차원에서 시도하고 조직이 권력을 갖고 변화를 주도할 수 있도록 의견을 제안하는 것이 필요합니다.

문제가 눈앞에 드러나지도 않았는데 예방을 위한 선제적 대응이 필요하다고 사람들을 설득하는 것은 분명 쉬운 일은 아닙니다. 피싱 공격에 대비하고 넘어가지 않도록 훈련시키기 위해 보안 팀에서 가짜 피싱 메일을 보내는 것처럼 예방적 테스팅 활동을 해서 발생할 수 있는 문제를 예측하고 대비하고자 하는 소프트웨어 테스팅의 역할과 활동을 이해할 수 있도록 관련자들을 꾸준히 훈련시키고 교육해야 합니다.

여러분과 여러분의 조직은 이미 그럴 자격과 권한이 있습니다. 변화를 시도할 때 마지막 종착지에 도착하여 승리를 거머쥐는 사람이 자신이 아닐지라도 그 혜택은 우리 모두의 것이 될 것입니다. 축구 경기에서 골을 넣은 한 명의 선수만이 그 경기의 주인공이 될 수 없는 것처럼 말입니다.

찾아보기

찾아보기

찾아보기